Schiedsverfahren zwischen Staaten und Investoren
nach Artikel 26 Energiechartavertrag

Schriftenreihe der August Maria Berges Stiftung für Arbitrales Recht

Herausgegeben von Dr. Hubertus W. Labes

Band 7

PETER LANG
Frankfurt am Main · Berlin · Bern · Bruxelles · New York · Oxford · Wien

Richard Happ

Schiedsverfahren zwischen Staaten und Investoren nach Artikel 26 Energiechartavertrag

Eine Studie zum Wandel der Streitbeilegung im Investitionsschutzrecht unter den Bedingungen einer globalen Weltwirtschaft

PETER LANG
Europäischer Verlag der Wissenschaften

Die Deutsche Bibliothek - CIP-Einheitsaufnahme

Happ, Richard:

Schiedsverfahren zwischen Staaten und Investoren nach Artikel 26 Energiechartavertrag : eine Studie zum Wandel der Streitbeilegung im Investitionsschutzrecht unter den Bedingungen einer globalen Weltwirtschaft / Richard Happ. - Frankfurt am Main ; Berlin ; Bern ; Bruxelles ; New York ; Oxford ; Wien : Lang, 2000
(Schriftenreihe der August Maria Berges Stiftung für Arbitrales Recht ; Bd. 7)
Zugl.: Kiel, Univ., Diss., 1999
ISBN 3-631-36734-1

D 8
ISSN 1435-4748
ISBN 3-631-36734-1

Meinen Eltern

Vorwort

Diese Untersuchung wurde im Oktober 1999 fertiggestellt und im Wintersemester 1999/2000 von der Rechtswissenschaftlichen Fakultät der Christian-Albrechts-Universität zu Kiel angenommen. Später erscheinende Literatur und Rechtsprechung konnte nur noch in Einzelfällen berücksichtigt werden.

Ich habe insbesondere meinem Doktorvater und verehrten akademischen Lehrer, Herrn *Professor Dr. Jost Delbrück,* zu danken, der dieses Thema unterstützt und mir die Freiheit gegeben hat, meinen Thesen und Schwerpunkten nachzugehen. Darüber hinaus habe ich Frau *Professor Dr. Marianne Roth* zu danken, an deren Lehrstuhl ich zwei Jahre lang als wissenschaftlicher Mitarbeiter tätig war. Sie hat diese Untersuchung angeregt, gefördert und mir als engagierte und kritische Gesprächspartnerin zur Seite gestanden. Der Arbeit an ihrem Lehrstuhl verdanke ich wichtige Impulse, die diese Untersuchung letztlich erst möglich gemacht haben. Herrn *Professor Dr. Dr. Rainer Hofmann* danke ich für die rasche Erstellung des Zweitgutachtens.

Die *August Maria Berges Stiftung für Arbitrales Recht* hat meine Arbeit in ihre Schriftenreihe aufgenommen und die Druckkosten übernommen. Ihrer Förderung verdanke ich, daß meine Arbeit in dieser Form und zu dieser Zeit erscheint.

Schließlich möchte ich denjenigen danken, die mit zum Gelingen dieser Arbeit beigetragen haben: meinem Freund und ehemaligen Kollegen *Dr. Rainer Stelling* für anregende Gespräche sowie für ungezählte Tassen Kaffee; *Gisela Manske* und *Frank Martens* für die Mühen des Korrekturlesens; sowie schließlich *meinen Eltern,* die mich in vielfältiger Weise gefördert haben.

Kiel, im Mai 2000 Richard Happ

Inhaltsübersicht

Inhaltsverzeichnis

Einleitung

Völkervertragsrechtlich vereinbarte Schiedsverfahren zwischen Staaten und ausländischen Investoren beruhen auf einem völkerrechtlichen Vertrag zwischen mehreren Staaten. Dieser völkerrechtliche Vertrag enthält zum einen Normen zum Schutz von Investitionen der Angehörigen der anderen Vertragsstaaten. Zum anderen enthält er auch Vorschriften zur Beilegung von Streitigkeiten zwischen den Vertragsstaaten und Investoren der anderen Vertragsstaaten wegen einer vorgebrachten, angeblichen Verletzung dieser Schutznormen. Solche Streitigkeiten sollen zwischen dem Vertragsstaat und Investor vor einem Schiedsgericht ausgetragen werden, so daß der Investor selbst die Verletzung des Vertrages rügen kann.

Es handelt sich damit um eine relativ neue Form der Beilegung von Streitigkeiten wegen der Verletzung völkerrechtlicher Investitionsschutznormen. Das klassische völkerrechtliche Streitbeilegungssystem setzt die Ausübung diplomatischen Schutzes durch den Heimatstaat des Investors voraus. Der diplomatische Schutz beruht auf der Grundannahme, daß die Vorschriften eines völkerrechtlichen Vertrages nur Wirkung zwischen den Vertragsstaaten entfalten. Völkerrechtliche Normen, die ausländische Investoren schützen sollen, z.B. das Verbot der entschädigungslosen Enteignung, verpflichten den ausländischen Gaststaat nur gegenüber dem Heimatstaat des Investors[1]. Konsequenz ist, daß bei einer völkerrechtswidrigen Behandlung des Unternehmens im Ausland nicht der Investor, sondern nur der Heimatstaat des Investors als in eigenen völkerrechtlichen Rechten verletzt gilt. Kann das Unternehmen vor den Gerichten des Gaststaates keinen Ersatz erlangen, so kann sein Heimatstaat auf völkerrechtlicher Ebene diesen Anspruch im Wege diplomatischen Schutzes aufnehmen. Rügt der Heimatstaat dann die Verletzung der streitigen Völkerrechtsregel, so macht er gegenüber dem Verletzerstaat sein eigenes Recht geltend, nämlich daß seine Staatsangehörigen

1 "Gaststaat" ist der Staat, in dem die Investition erfolgt, "Heimatstaat" der Staat, dem der Investor völkerrechtlich zugeordnet wird.

völkerrechtsgemäß behandelt werden[2]. Einigen der bekanntesten völkerrechtlichen Fälle der letzten 100 Jahre lagen solche Streitigkeiten zwischen ausländischen Investoren und den Staaten, in denen sie investiert hatten, zugrunde. Der Ständige Internationale Gerichtshof (StIGH) entschied u.a. die Fälle *Mavrommatis Concessions*, *Panevezys-Saldutiskis-Railway* und *Oscar Chinn*[3], der Internationale Gerichtshof (IGH) 1952 den Fall *Nottebohm*[4], 1972 den *Barcelona-Traction*[5] Fall und 1989 den *ELSI-Fall*[6].

Diese Art der Streitbeilegung wurde in den letzten 50 Jahren jedoch zunehmend durch direkte Entscheidung des Streits in einem Verfahren zwischen Staat und Investor vor einem Schiedsgericht abgelöst. Am Anfang dieser Entwicklung standen Streitigkeiten zwischen Ölfirmen und arabischen Staaten. Bekannt wurden z.B. die Fälle *Abu Dhabi*[7], *Aramco*[8] und die drei libyschen Verfahren *BP*, *Liamco* und *TopCo*[9]. Diese Verfahren beruhten noch auf einer Schiedsvereinbarung in einem Vertrag zwischen der Ölfirma und dem jeweiligen arabischen Staat. 1965 wurde dann durch multilateralen völkerrechtlichen Vertrag das *International Centre for the Settlement of Investment Disputes* (ICSID) gegründet. Das ICSID ist eine internationale Organisation, die einen institutionellen Rahmen für Schiedsverfahren zwischen Mitgliedstaaten und Investoren aus anderen Mitgliedstaaten bietet. Haben solche Parteien die Jurisdiktion des ICSID vereinbart, sind andere Rechtsmittel und auch der diplomatische Schutz durch den Heimatstaat ausgeschlossen. Aber auch die Jurisdiktion des ICSID setzt noch eine Schiedsvereinbarung zwischen

---

2 StIGH, *Mavrommatis Palestine Concessions Case* (1924), PCIJ, Ser. A, No.2, p.12; auch *Verdross/Simma*, § 47 und *Jennings /Watts*, Oppenheims I/1 S. 512 jeweils mwN; ausführlich zu dieser Regel *Amerasinghe*, State Responsibility, S. 37-65; Döhring, in: *Ress/Stein*, Der diplomatische Schutz im Völker- und Europarecht, S. 13-20.

3 StIGH, *Mavrommatis Palestine Concessions* (1924), PCIJ Ser. A No.2, S. 4ff; StIGH, *Panyvezys-Saldutiskis Railway Case*, PCIJ Ser. A/B No. 76 (1939), S. 4ff.; StIGH, *Oscar Chinn Case (1934)*, PCIJ Ser. A/B No. 63, S. 4ff.

4 IGH, *Nottebohm Case* (2nd Phase), ICJ Reports 1955, S. 4.

5 IGH, *Barcelona Traction Case* (2nd Phase), ICJ Reports 1970, S. 3ff.

6 IGH, *Case Concerning Elettronica Siccula*, ICJ Reports 1989, S. 4ff.

7 *Petroleum Dev. Ltd. v. Sheikh of Abu Dhabi*, ILR 18 (1951), S. 144ff.

8 *Saudia Arabia v. Arabian American Oil Co.*, ILR 27 (1963), S. 47ff.

9 *Lybian Amrican Oil Co. v Lybia*, ILR 62 (1982), S. 140ff; *BP v. Lybia*, ILR 53 (1979), S. 279ff; *Texaco Overseas Petroleum Co. v. Lybia*; ILR 53 (1979), S. 389ff.

Staat und Investor voraus. Mittlerweile verweisen von den ca. 1500[10] bilateralen völkerrechtlichen Investitionsschutzverträgen über 900 in irgendeiner Form auf das ICSID oder andere Schiedsinstitutionen für die Beilegung von Streitigkeiten zwischen Staaten und Investoren[11]. Immer öfter enthalten diese Verträge bereits die Zustimmung der Vertragsstaaten zu einem Schiedsverfahren, und schreiben vor, daß mit Zustimmung des Investors eine Schiedsvereinbarung als zustandegekommen gilt.

Direkt in dieser Entwicklung steht Artikel 26 des Energiechartavertrages, der den Untersuchungsgegenstand dieser Arbeit darstellt. Der Energiechartavertrag (ECT) wurde am 17.12.1994 in Lissabon von insgesamt 49 Staaten West- und Osteuropas und Asiens sowie der Europäischen Gemeinschaft unterzeichnet[12]. Ziel und Zweck des Vertrages ist es nach Artikel 2, ein rechtliches Rahmenwerk für langfristige Kooperation zwischen den Vertragsparteien im Energiesektor zu schaffen. Zu diesem Zwecke enthält der Energiechartavertrag umfassende Regelungen über den Handel mit Energieprodukten, den Umweltschutz, die Durchleitung von Energie durch Leitungssysteme sowie Vorschriften zum Schutz von Investitionen. Artikel 26 ECT regelt die Beilegung von Streitigkeiten zwischen Vertragsparteien und Investoren anderer Vertragsparteien, sofern diese Streitigkeiten auf einer angeblichen Verletzung des dritten Teils des Vertrages beruhen. Dieser 3. Teil enthält Vorschriften zur Förderung und Schutz von Investitionen und verpflichtet z.B. dazu, Investoren nicht zu enteignen, es sei denn, die Enteignung liegt im öffentlichen Interesse, ist nicht-diskriminierend, läuft in einem geordneten Verfahren ab und wird von der Zahlung prompter, angemessener und effektiver Entschädigung begleitet. Artikel 26 eröffnet dem Investor die Wahl, eine solche Streitigkeit entweder vor innerstaatlichen Gerichten, vor zwischen Staat und Investor vereinbarten Instanzen oder gemäß den in Artikel 26 Abs. 4 ECT vorgesehenen Verfahren beizulegen. Gemäß Artikel 26 Abs.4 ECT hat der Investor die Möglichkeit, die Streitigkeit einem Schiedsgericht zu unterbreiten, wobei er zwischen drei Möglichkeiten wählen kann. Die Vertragsparteien des Energiechartavertrages haben in

10 *UNCTAD*, World Investment Report 1998, S. xix.

11 *Gaillard*, New York Law Journal April 1998, 1ff; auch *Peters*, Dispute Settlement Arrangements, Neth. Yb. Int'l Law 22 (1991), S. 91, 125ff.; vgl. auch *ICSID*, 1999 Annual Report, Introduction.

12 Energy Charter Treaty, Final Act of the European Energy Charter Treaty Conference, Lissabon, 12.12.1994, abgedruckt in ILM 34 (1995), S. 381ff.

Artikel 26 Abs. 2 bereits ihre unbedingte Zustimmung zu einem solchen Schiedsverfahren gegeben, so daß mit der Wahl des Investors eine Schiedsvereinbarung als zustandegekommen gilt und das Verfahren beginnen kann. Die Zustimmung der Staaten gilt für *alle* zukünftigen Dispute mit *allen* Investoren aus *allen* Vertragsparteien, so daß Investoren die Möglichkeit haben, einen Staat auch gegen dessen aktuellen Willen wegen Verletzung der Normen eines völkerrechtlichen Vertrages vor einem Schiedsgericht zu verklagen.

Das Untersuchungsinteresse gilt aber nicht dem Energiechartavertrag *an sich.* Der Schiedsverfahrensmechanismus des Energiechartavertrages steht zur Zeit am Höhepunkt einer Entwicklung, die durch eine zunehmende völkerrechtliche Regelung, eine "Internationalisierung" der Staat-Investor-Schiedsverfahren gekennzeichnet ist. Während die Öl-Schiedsverfahren der fünfziger und sechziger Jahre noch auf einer Schiedsvereinbarung in einem Vertrag zwischen Staat und Investor beruhten und die Verletzung dieser privaten Verträge zum Gegenstand hatten, so beruhen Verfahren nach Artikel 26 ECT auf einem völkerrechtlichen Vertrag und haben die Verletzung dieses völkerrechtlichen Vertrages zum Gegenstand. Das Untersuchungsinteresse dieser Arbeit gilt daher dem Ausmaß dieser "Internationalisierung" möglicher unter dem Energiechartavertrag zustandekommender Schiedsverfahren. Dieses etwas theoretische Interesse ist für die Zwecke einer Untersuchung selbstverständlich zu konkretisieren.

Erstens soll untersucht werden, ob der Investor, wenn er die Verletzung der Investitionsschutzvorschriften des Energiechartavertrages rügt, die Verletzung eigener Rechte rügt. Die Parteien eines Schiedsverfahrens sind gleichzeitig auch Parteien der dem Verfahren zugrundeliegenden vertraglichen Beziehungen, d.h. formelle und materielle Parteistellung stimmen überein. In Artikel 26 ECT ist diese Übereinstimmung von Vertrags- und Streitparteien nicht gegeben. Der Investor ist nicht Vertragspartei des ECT, kann aber gegenüber einem Staat als Vertragspartei die Verletzung des völkerrechtlichen Vertrages rügen. Es gilt daher zu untersuchen, ob neben den Vertragsstaaten auch Investoren durch die Vorschriften des Vertrages völkerrechtlich berechtigt werden. Ist dem so, sind Investoren unter dem Energiechartavertrag Völkerrechtssubjekte. Ist dem nicht so, ist zu erörtern, ob der Investor lediglich in Prozeßstandschaft für seinen Staat auftritt. Das Ergebnis ist auch von unmittelbarer praktischer Relevanz. Werden Investoren durch den Energiechartavertrag unmittelbar berechtigt, so entstehen ihre Rechte unabhängig von der Umsetzung des Energiechartavertrages in staatliche Rechtsordnungen. Investoren könnten einen Gaststaat bereits dann wegen der Verletzung der Investitionsschutzvorschriften verklagen, wenn dieser den Vertrag zwar ratifiziert, aber noch nicht in seine innerstaatliche Rechtsordnung umgesetzt hat.

Zweitens wird untersucht, wie sich die völkerrechtliche Regelung auf die Rechtsnatur der Schiedsverfahren auswirkt, die auf der Grundlage des Artikel 26 ECT zustandekommen. Die Untersuchung basiert dabei auf der Unterscheidung zwischen völkerrechtlichen Schiedsverfahren und internationalen privatrechtlichen Schiedsverfahren. Während völkerrechtliche Schiedsverfahren allein dem Völkerrecht unterliegen und nicht durch nationale Rechtsordnungen beeinflusst werden, ist die Gültigkeit und Wirksamkeit eines internationalen privatrechtlichen Schiedsverfahrens nach einer oder mehreren nationalen Rechtsordnungen zu beurteilen. Die Frage nach der Rechtsnatur dieser Schiedsverfahren wird durch zwei Tatsachen gerechtfertigt. Erstens hat die direkte Beilegung von Streitigkeiten zwischen Staat und Investor durch ein Schiedsverfahren mittlerweile das indirekte, zwischenstaatliche Verfahren des diplomatischen Schutzes rechtstatsächlich überlagert. Denn fast jeder moderne Investitionsschutzvertrag enthält Klauseln, wonach diese Streitigkeiten durch Schiedsverfahren beizulegen sind[13]. Diese völkerrechtliche Ausgestaltung könnte zu einer völkerrechtlichen Rechtsnatur der Schiedsverfahren führen. Zweitens verweist der Artikel 26 ECT auf Mechanismen der internationalen privaten Wirtschaftsschiedsgerichtsbarkeit, so z.B. die *New Yorker Konvention über die Anerkennung und Vollstreckung ausländischer Schiedssprüche*[14]. Diese aber unterwirft das Schiedsverfahren und den Schiedsspruch der Kontrolle nationaler Gerichte, was wiederum für eine privatrechtliche Rechtsnatur der Verfahren spricht.

Eine solche Untersuchung setzt voraus, daß man sich über die anzuwendende Perspektive klar ist. Schiedsverfahren können aus einer internen oder einer externen Perspektive analysiert werden[15]. Die Unterscheidung zwischen interner und externer Perspektive beruht auf der Doppel-

---

13 *UNCTAD*, Bilateral Investment Treaties in the mid-1990's, S. 89, 139.

14 *Convention on the Recognition and Enforcement of Foreign Arbitral Awards*, New York, 10.06.1958, BGBl. 1961 II, S. 121.

15 Dazu *Caron*, AJIL 84 (1990), S. 104, 109; *Rensmann*, S. 38.

natur eines jeden Schiedsverfahrens. Ein Schiedsverfahren ist zunächst ein privates Verfahren zwischen den Parteien. Wenn die Parteien in allen Phasen des Verfahrens kooperieren, könnte das Verfahren ohne jegliche Berührung mit irgendeiner nationalen Rechtsordnung ablaufen. Wenn beide Parteien am Verfahren teilnehmen, keine Partei die Gültigkeit oder Existenz der Schiedsvereinbarung bestreitet und die unterlegene Partei den Schiedsspruch freiwillig befolgt, besteht keine Notwendigkeit, auf externe Durchsetzungsgewalt zurückzugreifen. Verweigert jedoch eine Partei die Kooperation, oder bestreitet die Gültigkeit einzelner Verfahrensabschnitte oder sogar des Schiedsspruches, so bedarf es eines externen Gültigkeitsmaßstabes. Dieser externe Gültigkeitsmaßstab ist eine Rechtsordnung - entweder Völkerrecht oder eine nationale Rechtsordnung - und die Perspektive dessen, der dann die Gültigkeit beurteilt, ist die externe Perspektive. Die nachfolgenden Untersuchungen erfolgen aus der externen Perspektive eines staatlichen Richters. Ihre Anwendung rechtfertigt sich aus zwei Gründen: zum einen besitzt nicht das Völkerrecht, sondern nur eine jede staatliche Rechtsordnung organisierte Durchsetzungsgewalt. Zum anderen verweist Artikel 26 ECT selbst auf die New Yorker Konvention über die Anerkennung und Vollstreckung ausländischer Schiedssprüche, die sich ihrem Inhalt nach an nationale Gerichte wendet.

Zur Klärung der Ziele der Untersuchung ist zunächst der Untersuchungsbereich zu erläutern und näher einzugrenzen. Artikel 26 Energiechartavertrag ist eingebettet in die allgemeine Problematik von Investitionen und Investitionsstreitigkeiten und kann nicht ohne Kenntnis dieser Problematiken erörtert werden. Teil I der Arbeit liefert daher neben einer begrifflichen Klärung auch eine Beschreibung des Netzes der rechtlichen Regelungen auf privater, staatlicher und völkerrechtlicher Ebene sowohl für Investitionen, Investitionsstreitigkeiten wie auch für die Mechanismen zur Beilegung dieser Streitigkeiten. Insofern werden zunächst die wirtschaftlichen und rechtlichen Rahmenbedingungen von Investitionen erläutert, um die einer Streitigkeit zugrundeliegenden Interessengegensätze und deren rechtliche Ausgestaltung herauszuarbeiten. Dabei sind Auslandsinvestitionen in die generelle Entwicklung der Weltwirtschaft, die allgemein als "Globalisierung" bezeichnet wird, einzubetten. Auf dieser Basis können bestimmte Investitionsrisiken identifiziert werden, deren Verwirklichung zu einer Streitigkeit führt. Diese Risiken können sodann den völkerrechtlichen Investitionsschutzregelungen gegenübergestellt werden.

Nach Erörterung dieses materiellrechtlichen Regelungsrahmens sind der diplomatische Schutz sowie die Schiedsgerichtsbarkeit als Streitbeilegungsmechanismen darzustellen. Die Darstellung folgt dabei der bereits geschilderten "Internationalisierung". Zunächst werden die rechtlichen Grundstrukturen "normaler", d.h. nicht völkervertragsrechtlich geregelter Schiedsverfahren, darzustellen sein. Da diese aber nur für zwei gleichgeordnete Streitparteien - zwei private Investoren, d.h. natürliche oder juristische Personen - geschaffen sind, ist zu untersuchen, welche Besonderheiten sich ergeben, wenn zwei ungleiche Parteien - nämlich Staat und private Partei - sich gegenüberstehen. Sodann ist der institutionelle Mechanismus des ICSID darzustellen, der gerade geschaffen wurde, um den Besonderheiten der Staat-Investor-Verfahren gerecht zu werden. Abschließend können auf dieser Grundlage die völkervertragsrechtlichen Regelungen über Staat-Investor-Schiedsverfahren in bi- und multilateralen Verträgen dargestellt werden.

Teil II widmet sich dann dem eigentlichen Untersuchungsobjekt, dem Energiechartavertrag. Nach einer Beschreibung der vertraglichen Regelungen des Schiedsverfahrensmechanismus aus völkerrechtlicher Perspektive gilt es zu klären, ob die durch den Vertrag geregelten Beziehungen zwischen Staat und Investor nur Ausfluß zwischenstaatlicher Pflichten der Vertragsparteien sind oder die Qualität völkerrechtlicher Beziehungen haben, der Investor also Träger eigener völkerrechtlicher Rechte ist. Unabhängig von dem Ergebnis gilt es dann die rechtliche Natur eventueller Verfahren unter Artikel 26 ECT zu klären, d.h. ob es sich um völkerrechtliche oder privatrechtliche Schiedsverfahren oder etwas ganz anderes handelt. Dazu wird herauszuarbeiten sein, welche Bedeutung diese Unterscheidung hat und nach welchen Kriterien sie erfolgt. Auf der gewonnen Grundlage können dann ECT-Verfahren eingeordnet und die Auswirkungen dieser Einordnung analysiert werden.

Die Untersuchung konzentriert sich auf eine Analyse der Verfahrensvorschriften. Zwar ist mit der Untersuchung von Staat-Investor-Schiedsverfahren zwangsläufig auch die Erörterung materiellrechtlicher Probleme verbunden, wie z.B. die Frage der rechtlichen Einordnung von Verträgen zwischen Staat und Investor, der sog. "state contracts". Aufgrund der verfahrensrechtlichen Fragestellung werden diese Fragen aber nur erläutert, um Verfahrensprobleme zu klären[16]. Die rechtlichen Probleme von Beziehungen zwischen Staaten und Investoren sind in der Literatur bereits oft erörtert worden. Die Darstellung beschränkte sich meist auf die Investitionsverträge zwischen Staat und Investor und klammerte insoweit die Schiedsverfahren aus[17]. Nur einige wenige Artikel und Bücher behandeln Schiedsverfahren zwischen Staaten und Investoren, und sie beschränken sich auf die Erörterungen anderer Verfahren als des ECT[18]. Die Arbeiten über den Energiechartavertrag reißen die dargestellten Probleme nur kurz an, führen sie aber nicht aus[19]. Soweit ersichtlich, wurde bisher noch nicht erörtert, ob der Investor unter dem Energiechartavertrag die Verletzung eigener völkerrechtliche Rechte in einem möglicherweise völkerrechtlichen Schiedsverfahren rügen kann.

---

16 Die Diskussion um die "state contracts" knüpft an das Diktum des StIGH im *Serbian Loans-Case* an, wonach alle Verträge, die nicht völkerrechtliche Verträge zwischen Staaten darstellen, dem Recht eines Staates unterliegen. Damit würden auch private Investitionsverträge zwischen Staaten und Investoren dem Recht eines Staates unterliegen, wobei die staatliche Seite in der Regel auf ihrem Recht beharrt. Um zu verhindern, daß der Staat durch Änderung seiner eigenen Rechtsordnung auch den Vertrag ändert, wurde argumentiert, daß solche Verträge direkt dem Völkerrecht unterständen. In dieser Untersuchung geht es aber nicht um die rechtliche Einordnung solcher Verträge, sondern um die Einordnung von Verfahren. Vertragliche Beziehungen zwischen Staaten und Investoren sind unter dem ECT gar nicht nötig.

17 Z.B. *Böckstiegel*, Der Staat als Vertragspartner ausländischer Privatunternehmen, *Kischel*, State Contracts; *Merkt*, Investitionsschutz durch Stabilisierungsklauseln; *Paasivirta*, Participation of States.

18 So z.B. *Toope* (ICSID und Iran-U.S. Claims-Tribunal); *Caron*, AJIL 1990, S. 104ff (Iran-U.S. Claims Tribunal); *Brower*, RdC 224 (1990 V) S. 123ff (Iran-U.S. Claims Tribunal); *Broches*, RdC 136 (1972 II), S. 337 ff. (ICSID); *von Mehren/Kourides*, AJIL 1981, S. 476ff (Lybische Enteignungsverfahren); *Delaume*, AJIL 1981, S. 784ff (allgemein).

19 *Wälde*, Investment Arbitration, Arb. Int'l 12 (1996), S. 429-466.

Teil I
Investitionsstreitigkeiten in einer globalen Wirtschaft

A. Auslandsinvestitionen

I. Begriff und Struktur

Auslandsinvestitionen beinhalten den Transfer von Vermögenswerten aus einem Land (dem Heimatstaat des Investors) in ein anderes Land (den Gaststaat), wo sie in einem Unternehmen oder einem Projekt gebraucht werden und Mehrwert erzeugen. Der Begriff der "Investition" wird im Völkerrecht weit definiert und umfasst alle Vermögenswerte, die im Eigentum eines Investors stehen oder von ihm direkt oder indirekt kontrolliert werden[20]. Zur Verdeutlichung werden in völkerrechtlichen Investitionsschutzverträgen oftmals beispielhaft Gruppen von geschützten Rechten aufgezählt[21]. Investitionen sind demzufolge:

- das Eigentum an beweglichen und unbeweglichen Sachen und gesellschaftsrechtliche Beteiligungen,
- Ansprüche auf Geld oder auf vertragliche Leistungen, die einen wirtschaftlichen Wert haben; ferner geistiges Eigentum wie z.B. Handels- und Markenrechte und Goodwill sowie
- vertraglich oder gesetzlich gewährte Rechte und Konzessionen, z.B. zur Erforschung und Ausbeutung natürlicher Ressourcen.

Durch die langfristige Anlage im Gastland unterscheiden sich Investitionen vom grenzüberschreitenden Handel, in welchem die Vermögenswerte nur transferiert werden. Soweit sich die Auslandsinvestitionen auf Beteiligungen an Unternehmen beziehen, werden Direktinvestitionen von Portfolioinvestitionen unterschieden. Unterscheidungsmerkmal zwischen beiden ist das Element der Kontrolle über das Unternehmen. Bei Direktinvestitionen stehen die investierten Vermögenswerte unter partieller

---

20 Vgl. Artikel 1 Abs. 6 des Energy Charter Treaty. Vgl. dazu auch *Dolzer*, Eigentum, Enteignung und Entschädigung, S. 153ff.

21 *Dolzer*, aaO. Die nachfolgend aufgeführten Fallgruppen finden sich auch in Artikel 1 Abs.6 a-f Energy Charter Treaty.

oder vollständiger Kontrolle des Investors[22], z.B. durch Gründung neuer Unternehmen oder Erwerb maßgeblichen Einflusses auf ein bestehendes Unternehmen im Gaststaat. Im Gegensatz dazu werden bei Portfolioinvestitionen die Finanzmittel breitgestreut in Wertpapieren oder Aktien angelegt, ohne dabei jedoch die Kontrolle über die Unternehmen zu erwerben[23]. Die Grenze für den Erwerb eines maßgeblichen Einfluß ermöglichenden Anteils wird zwischen 10% und 25% der Anteile eines Unternehmens angesetzt[24].

Auslandsinvestitionen größeren Maßstabs begannen im 19. Jahrhundert mit der industriellen Revolution, die einen ständigen Kapitalüberschuß generierte. Das Fehlen größerer Kriege zwischen 1815 und 1914 sowie die Verfeinerung der finanziellen Institutionen führte zu erheblichen, meist britischen Auslandsinvestitionen[25]. Diese Investitionen gingen Hand in Hand mit dem Erwerb neuer Kolonien und der sogenannten "Kanonenboot-Diplomatie"[26] zum Schutz der Investitionen. Insgesamt gingen 3/5 der weltweiten Auslandsinvestitionen in die afrikanischen und asiatischen Kolonien der europäischen Mächte. Hauptanlagefelder des Kapitals waren Rohstoffe, Eisenbahnen und allgemeine Infrastrukturprojekte; Ölfelder und Bergwerke spielten noch eine Nebenrolle[27].

In der Zeit zwischen den Weltkriegen fand ein struktureller Wandel der Investitionen statt. Erfolgten die Investitionen vor dem 1. Weltkrieg noch überwiegend als Portfolioinvestitionen, so gingen die Investoren jetzt zu direkten Auslandsinvestitionen über, d.h. sie gründeten Tochtergesellschaften im Ausland oder kauften dort Firmen auf[28]. Weiterhin gingen aber über 50% der Investitionen in den unterentwickelten Teil der Welt und wurden in die Förderung und Verarbeitung von Rohstoffen ge-

---

22 *Sornarajah*, Foreign Investment, S.4; *Riesenfeld*, Foreign Investments, in: *Bernhardt* (Hrsg.), EPIL Bd. 8, S. 246.

23 *Sornarajah*, Foreign Investment, S.5; *Riesenfeld*, aaO.

24 *Ebenroth*, Code of Conduct, S. 86.

25 Die britischen Auslandsinvestitionen betrugen 1820 ca sechs Mill. Pfund Sterling, zwischen 1870 und 1875 aber ca. 75 Millionen Pfund. Die daraus resultierenden Zinsen und Dividenden in Höhe fünfzig Millionen Pfund 1875 wurden meist wiederum sofort angelegt, Kennedy, Aufstieg und Fall der großen Mächte, S. 247.

26 *James*, Rise and Fall, S. 173-177; *Sornarajah*, Foreign Investment, S. 9ff.

27 *Gramlich*, S. 65; *Kuusi*, S.4; *Muchlinski*, S. 22.

28 *Kuusi*, S. 5; *Gramlich*, S. 68.

lenkt[29]. Die Investitionsstruktur förderte den Export von Rohstoffen nach Europa und in die USA und gleichzeitig im Gaststaat den Import von Waren der Industrien des Heimatstaates des Investors[30]. Die Weltwirtschaftskrise bewirkte dann ab 1929 einen weltweiten Zusammenbruch der Märkte, was zu einer "Desintegration der Weltwirtschaft", zunehmend protektionistischen Maßnahmen einzelner Staaten, und letztendlich dem fast völligen Erliegen des grenzüberschreitenden Kapitalstroms führte[31].

Der Aufschwung der Weltwirtschaft nach dem zweiten Weltkrieg führte zu einem erneuten Anstieg der Investitionen, fiel aber gleichzeitig mit einem doppelten Strukturwandel zusammen. Zum einen setzte sich endgültig die Ablösung privater Portfolioinvestitionen durch Direktinvestitionen als bedeutendste Form der Auslandsanlage durch[32]. Zum anderen sank bis 1960 der Anteil der weltweiten Auslandsinvestitionen, die in die Entwicklungsländer[33] flossen, auf 40%[34]. Die Investitionen flossen verstärkt in die verarbeitende Industrie anderer Industrieländer und immer weniger in die Primärindustrie wie z.B. die Förderung von Rohstoffen[35]. Konnte dies bis 1975 noch auf die abschreckende Wirkung der Enteignungen und Nationalisierungen in den Entwicklungsländern zurückgeführt werden, so bewirkte seitdem die zunehmende Technisierung der verarbeitenden Industrie sinkende Arbeitskosten, sinkenden Rohstoffbedarf und wurden qualifiziertere Arbeitskräfte erforderlich - Faktoren, die nicht für die Entwicklungsländer sprachen[36]. Unberührt stieg die weltweite Investitionssumme von US-$ 315 Milliarden im Jahr 1995[37] auf US-$ 400 Milliarden 1997, von denen nur US-$ 149 Milliarden in die Entwicklungsländer flossen[38]. In den Industrieländern entfiel das Gros

---

29 *Sornarajah*, Foreign Investment, S. 30; *Kuusi*, S. 6.

30 *Kuusi*, S. 6.

31 *Gramlich*, S. 70; *Muchlinski*, S. 23.

32 *Gramlich*, S. 77; vgl. *Kuusi*, S. 21.

33 Zum Begriff der Entwicklungsländer *Fatouros*, Developing States, in: *Bernhardt* (Hrsg), EPIL Bd.1 (1992), s. 1017-1024.

34 *Kuusi*, S. 20; *Muchlinski*, S. 28.

35 *Muchlinski*, aaO; *Gramlich*, S. 79. Die Summe der Investitionen in den Entwicklungsländern stieg aber insgesamt an, *Kuusi*, S. 20.

36 *Muchlinski*, S. 31.

37 *UNCTAD*, World Investment Report 1996, S. xiv.

38 *UNCTAD* World Investment Report 1998, S. xvii.

der Investitionen, nämlich US-$ 233 Milliarden, auf Mergers & Acquisitions, d.h. Erwerb von beherrschenden Anteilen an ausländischen Firmen oder Zusammenschluß mit einer ausländischen Firma[39].

Obgleich immer weniger Investitionen in den Rohstoffsektor fließen, wird dieser Bereich auch in der Zukunft bedeutend bleiben. Bereits aus technologischen und finanziellen Gründen können manche Rohstoffvorkommen nur von multinationalen Konsortien ausgebeutet werden[40]. Für diese Investitionsformen haben sich neue Formen internationaler Investitionen jenseits der Direktinvestition entwickelt. Zu diesen neuen Investitionstypen gehören Lizenzgeschäfte, Subcontracting, Beratungs- und Kooperationsverträge sowie Joint-Ventures[41], die allesamt durch vertragliche Vereinbarungen zwischen Staat und Investor gekennzeichnet sind. Der Zusammenbruch des Ostblocks hat insbesondere der Ölindustrie neue Chancen eröffnet, die auch rege wahrgenommen werden. 1995 wurden 70 geplante oder bereits arbeitende Investitionsprojekte im Ölsektor auf dem Gebiet der früheren Sowjetunion gezählt, mit Investitionssummen von US-$ 80 Millionen - 50 Milliarden[42].

II. Investoren

1. Begriff

Aus dem Begriff der Investition kann abgeleitet werden, daß "Investor" jede ausländische natürliche oder juristische Person ist, in deren Eigentum Vermögenswerte im Gaststaat stehen oder die solche Vermögenswerte direkt oder indirekt kontrolliert. Investoren können somit Einzelpersonen und Firmen sein. Von besonderem Interesse sind die sog. "transnationalen Unternehmen".

---

39 *UNCTAD*, World Investment Report 1998, aaO. Mergers & Acquisitions fanden entsprechend hauptsächlich den Bereichen Telekommunikation, Energie und pharmazeutische Industrien statt, die dem Wettbewerb besonders ausgesetzt sind; aaO, S.10.

40 *Gramlich*, S. 93.

41 *Ebenroth*, Code of Conduct, S. 51.

42 Ausführlich *Dorian/Khartukov*, International Oil and Gas Investment in the CIS States, in: *Wälde* (Hrsg.), Energy Charter Treaty, S. 37-67.

2. *Transnationale Unternehmen (TNU)*

Sowohl die Bezeichnung wie auch die Definition dieser Unternehmen ist uneinheitlich[43]. Ein neuerer Entwurf der UN definiert transnationale Unternehmen als

> "enterprises, irrespective of their country of origin and their ownership, including private, public or mixed, comprising entities in two or more countries, regardless of the legal form and fields of activities of these entities, which operate under a system of decision-making, permitting coherent policies and a common strategy through one or more decision-making centres, in which the entities are so linked, by ownership or otherwise, that one or more of them may be able to exercise a significant influence over the activities of others and, in particular, to share knowledge, resources and responsibilities with the others"[44]

Ein transnationales Unternehmen ist somit ein Unternehmensverbund unter einheitlicher Leitung, der wirtschaftlich in mehr als einem Land tätig ist und dessen Teile eine gemeinsame Strategie verfolgen[45]. Diese gemeinsame Strategie zeigt sich darin, daß die einzelnen Abteilungen/Unternehmen untereinander Wissen, Ressourcen und Waren austauschen, so daß das Unternehmen als ganzes Wettbewerbsvorteile erlangt. Das Phänomen grenzüberschreitend arbeitender Unternehmen ist keineswegs neu. Vorläufer der heutigen TNU sind in der Hanse, den Fugger und den britischen und niederländischen Ostindienkompagnien zu sehen[46].

---

43 Die Bezeichnung ist unterschiedlich: "Transnational Corporations (TNC), Transnational Enterprises (TNEs) oder Multinational Enterprises (MNE). Die UNO verwendet den Begriff TNC und reserviert MNE für Unternehmen, die von Firmen aus mehreren Staaten gebildet werden, während die OECD weiterhin die Bezeichnung MNE verwendet, *Muchlinski*, S. 13; vgl. *Grewlich*, Transnational Corporations, S. 28; *Ebenroth*, Code of Conduct, S. 106.

44 Draft Code of Conduct on Transnational Corporations, UN Doc. ST/STC/103 (31.5.90).

45 *Ebenroth*, Code of Conduct, S. 106.

46 *Dahm/Delbrück/Wolfrum*, Völkerrecht I/2, § 109 (in Vorbereitung); vgl. auch *Fischer*, Das transnationale Unternehmen als Phänomen in der Völkerrechtsgeschichte, FS Verosta, S. 345ff.

Die wirtschaftliche Macht transnationaler Unternehmen, von denen einige über einen größeren Etat verfügen als kleine Staaten[47], hat in der Vergangenheit insbesondere bei den Entwicklungsländern Anlaß zur Sorge gegeben[48]. In Erwiderung darauf haben die UNO und die OECD Verhaltenskodizes für TNU entworfen, die jedoch nicht rechtlich bindend sind[49]. Die Wirkung solcher Kodizes dürfte eher darin liegen, daß transnationale Unternehmen sich selbst schaden, wenn sie durch Verletzung dieser Regeln ein negatives Image aufbauen.[50] Seit dem Ende kalten Krieges hat sich aber letztlich auch das Bild dieser Unternehmen in den Entwicklungsländern geändert. Es wird anerkannt, daß TNU aufgrund ihrer Finanzkraft durch ihre Investitionen einen bedeutenden Beitrag zur Entwicklung der Gaststaaten leisten können, und daß Kooperation effektiver ist als Konfrontation[51].

Als privatrechtlich organisierte juristische Person ist ein transnationales Unternehmen einem Staat zugeordnet und dessen Jurisdiktion unterworfen. Völkerrechtlich werden juristische Personen dem Staat zugeordnet, in dem die Firma gegründet wurde und in dem sie ihren registrierten Sitz hat[52]. Der effektive Verwaltungssitz und die Nationalität der Mehrheitsaktionäre werden nur als zusätzliche Kriterien herangezogen[53]. Die Struktur transnationaler Unternehmen macht die Bestimmung

---

47 *UNCTAD*, World Investment Report 1996 führt auf S. 30/31 die 100 größten transnationalen Konzerne auf. So hat General Electric (USA) einen geschätzten Gesamtwert von $ 250 Milliarden, davon $ 33 Milliarden in Auslandswerten. Royal Dutch Shell (NL) hat einen Wert von $ 102 (63) Milliarden, setzt $ 93 (50) Milliarden um und hat 102.000 (79.000) Beschäftigte.

48 Diese Sorge war auch nicht unbegründet. So war die chilenische Tochterfirma des amerikanischen Konzerns ITT in Pläne zum Sturz des Allende-Regimes in Chile verwickelt, *Muchlinski*, S. 6.

49 Siehe dazu *Horn*, Legal Problems of Codes of Conduct for Multinational Enterprises (1980); Blanpain, The OECD Guidelines for Multinational Enterprises (1979); *Wallace*, Legal Control of Multinational Enterprises (1982).

50 *Peter*, Arbitration and Renegotiation, S. 11.

51 *Ebenroth*, Code of Conduct, S. 116, unter Verweis auf §§ 6-20 des UN Code of Conduct; *Sornarajah*, Foreign Investment, S. 15-17; *Nwogugu*, S. 2.

52 IGH, *Barcelona Traction Case*, ICJ Reports 1970, S. 4, 42; vgl. *Bippus*, S. 45; *Jennings/Watts*, Oppenheim I/2-4, S. 859.

53 *Jennings/Watts*, Oppenheims I/2-4, S. 862. Diese „Sitztheorie" begegnet zumindest in der EG seit der Entscheidung des EuGH in der Rechtssache C-212/97 (*Centros Ltd. / Erhverv- og Selskabsstyrelsen*), JZ 1999, S. 669ff. gemeinschaftsrechtlichen Bedenken.

der Staatsangehörigkeit nun doppelt kompliziert. Erstens bestehen transnationale Unternehmen aus einem miteinander verflochtenen Firmenverband aus einer "Mutterfirma" und mehreren "Tochterfirmen", die in den jeweiligen Staaten nach dessen Recht gegründet worden sind. Diese Tochterfirmen sind damit dem jeweiligen Gaststaat zuzuordnen. Zweitens ist die Nationalität der "Mutterfirma" schwierig zu bestimmen. Viele Staaten betrachten juristische Personen nur dann als ihnen zugehörig, wenn neben der Inkorporation die Firma auch von Staatsangehörigen beherrscht wird oder diese "substantiellen Einfluß" ausüben können[54]. Die Aktien an einer TNU sind oftmals breit gestreut, so daß mehrere Personen einen substantiellen Anteil haben können. Im Endeffekt könnten transnationale Unternehmen damit mehreren Staaten zugerechnet werden[55].

III. Wirtschaftliche und politische Rahmenbedingungen

Die wirtschaftspolitischen Rahmenbedingungen ausländischer Direktinvestitionen werden wesentlich durch die Auswirkungen der Globalisierung der Weltwirtschaft bestimmt.

1. Globalisierung der Weltwirtschaft

a) Globalisierung als Vernetzung wirtschaftlicher Prozesse

Der Begriff der "Globalisierung" wird von Soziologen[56], Wirtschaftswissenschaftlern[57], Politologen[58] und Juristen[59] verwandt. Dies deutet daraufhin, daß die "Globalisierung" ein umfassendes Phänomen ist, welches sowohl die Gesellschaft, die Weltwirtschaft, das internationale System

---

54 *Bippus*, S. 45; *Jennings/Watts*, Oppenheims I/2-4, S. 859.

55 *Bruno*, S. 45; *Muchlinski*, S. 536; *Bippus*, S. 50.

56 vgl. *Waters*, Globalization (1992); *Beck*, Was ist Globalisierung ? (1997).

57 Z.B. *Siebert*, Weltwirtschaft (1997).

58 vgl. *McGrew*, Conceptualizing Global Politics, in: *McGrew/Lewis* (Hrsg.), Global Politics (1992).

59 Z.B. *Delbrück*, Ind. J. Global Legal Studies 1 (1993), S. 9ff; *Teubner*, Global Bukowina, in: *Teubner* (Hrsg.), Global Law without a State, 3-30.

und das Recht ergreift[60]. Es handelt sich um einen unscharfen Begriff, der einer allgemeingültigen Definition nicht zugänglich ist[61]. Schon vom Wortlaut her ist Globalisierung als ein *Prozeß* zu verstehen, der bestimmte Ursachen hat, auf bestimmte Strukturen einwirkt und Veränderungen herbeiführt. Damit hängt die Definition dessen, was als Globalisierung bezeichnet wird, davon ab, welche Strukturen und Veränderungen man betrachtet. Der Prozeß, der als "Globalisierung der Weltwirtschaft" bezeichnet wird, ist gekennzeichnet durch eine zunehmende Verflechtung wirtschaftlicher Aktivitäten, die zu *globalen Gütermärkten* führt und von *globalen Firmen*, den sogenannten transnationalen Unternehmen[62] vorangetrieben wird[63]. Diese grenzüberschreitende wirtschaftliche Tätigkeit ist Ausdruck einer zunehmenden internationalen Arbeitsteilung, geprägt durch eine neuartige Mobilität von Kapital und Technologie sowie der Tatsache, daß die Industrialisierung insbesondere in Asien neue weltwirtschaftliche staatliche Akteure geschaffen hat, die zu den traditionellen Akteuren (Westeuropa, den Vereinigten Staaten und Japan) in Konkurrenz treten[64]. Die Entwicklung der Informationstechnologien und der Telekommunikation verursacht einen weiteren Aspekt der Globalisierung, nämlich die *globale Verknüpfung der Kapitalmärkte*[65], der

60 *Seita*, Cornell Int'l Law Journal 30 (1997) S. 429; *Beck*, S. 42, spricht von den unterschiedlichen Dimensionen der Globalisierung".

61 Nach *Beck*, S. 42, ist Globalisierung das am "meisten mißbrauchte und am seltenste definierte, ... mißverständlichste, .. nebulöseste Schlagwort der letzten Jahre". Den Begriff der Globalisierung zu bestimmen, gleiche "dem Versuch, einen Pudding an die Wand zu nageln", S. 44.

62 Weitere Aspekte, die hier aber nicht weiter erörtert werden sollen, sind globale Güter, z.B. Informationen und Medienprodukte wie Filme. Dazu *Scholte*, International Affairs 73 (1997) S. 429, 432 ff.

63 *Gundlach/Nunnenkamp*, S. 3; *Siebert*, S. 14; *Gold*, Business & the Contemporary World 4 (1994), S. 143, 145; *Dunning*, BNL Quart. Rev. 48 (1995), S. 125ff.

64 *Gundlach/Nunnenkamp*, S.3; *Siebert*, S. 11; *Waters*, S.70.

65 *Delbrück*, Ind. J. Global Legal Studies 1 (1993), S. 9, 17; *Gundlach/Nunnenkamp*, S.4. Die Finanzmärkte der Welt wurden so miteinander verbunden, so daß ein globaler Kapitalmarkt entstanden ist. In diesem ist, da sich die Öffnungszeiten der Finanzmärkte überschneiden, ein globaler Handel rund um die Uhr möglich. Diese Vernetzung und Interaktion führt dazu, daß das weltweite Finanzsystem nur noch schwer zu kontrollieren ist, was sich in der Woche vom 27.-31. Oktober 1997, während der die Kursstürze der Börse in HongKong sich in Wellen um die Welt bewegten, eindruckvoll gezeigt hat, vgl. "Schockwellen aus Fernost", *SPIEGEL* 4/1998, S. 76-86.

aber außerhalb des Untersuchungsbereichs dieser Arbeit liegt und im weiteren nicht darzustellen ist.

Die Globalisierung der Weltwirtschaft basiert auf den Prinzipien des Freihandels und der Nichtdiskriminierung, dem freien Kapitalverkehr sowie der technologischen Entwicklung[66]. Als Ausgangspunkt kann die Gründung der Vereinten Nationen, ihrer Sonderorganisationen und des GATT nach dem Ende des zweiten Weltkriegs angesehen werden[67]. Die Etablierung des GATT mit dem Ziel der Verringerung tarifärer und nicht-tarifärer Handelshemmnisse legte die Grundlage für das Wachstum des internationalen Handels und war ein Schlüsselmoment für die wirtschaftliche Globalisierung[68]. Die Entwicklung der Telekommunikation und stetig sinkende Frachttransportkosten führten gleichzeitig zu einer Verringerung der Transaktionskosten und der Transaktionszeit und bewirkten so, daß die Entfernung zwischen Käufer und Verkäufer einer Ware immer weniger von Bedeutung wurde[69]. Mit Ende des Ost-West-Konflikts 1989 konnten die entscheidenden wirtschaftlichen Prozesse dann wirklich globale Auswirkungen entfalten[70].

b) Investitionen als Motor der Globalisierung

Motor der Globalisierung sind Auslandsinvestitionen, die die *Globalisierung der Gütermärkte* herbeiführen[71], indem sie eine Verflechtung der nationalen Märkte bewirken. So nehmen die Direktinvestitionen im

---

66 *Gundlach/Nunnenkamp*, S.3; *Delbrück*, Ind. J. Global Legal Studies 1 (1993), S. 9, 17; *Lubbers*, S.5; The Economist, One World ?, October 18th, 1997, S. 103.

67 *Seita*, Cornell Int'l L. Journal 30 (1997), S. 429, 435; *Lubbers*, S.7; ähnlich *Scholte*, Foreign Affairs 73 (1997) S. 429, 432, der vom Beginn der Prozesse der Globalisierung in den 50er Jahren spricht. *Friedrichs*, Aus Politik und Zeitgeschichte B 33-34/97, S.1, 5 bezieht auch das Bretton Woods-System von 1944 mit ein, da es eine zunehmende Mobilität des Kapitals ermöglicht habe.

68 *Seita*, Cornell Int'l Law Journal 30 (1997) S. 429, 438 mwN. und Erläuterung der Ziele und Regelungsmethoden des GATT (1947); vgl. auch *Delbrück*, Ind. J. Global Legal Studies 1 (1993), S. 9, 17.

69 Nach *Siebert*, S.11, sind die Luft- und Seefrachtkosten seit den zwanziger Jahren auf ein Fünftel gefallen, die Kosten für ein Drei-Minuten Gespräch von New York nach London sogar auf ein Hundertstel.

70 *Lubbers*, S. 7.

71 *Seita*, Cornell Int'l Law Journal 30 (1997), 429, 442; *Drucker*, Foreign Affairs 76 (1997) Nr.5, S. 159, 166; *Dunning*, BNL Quart. Rev. 48 (1995), S. 125, 143.

Ausland seit den achtziger Jahren stärker zu als der Welthandel, und der Handel wiederum wächst real stärker als die weltweite Produktion, was auf eine fortschreitende Vernetzung der Weltwirtschaft hinweist[72]. Direktinvestitionen sind damit Vorläufer zukünftiger Güterströme.

Sinkende Transportkosten erlauben es zunehmend, arbeitsintensive Industrien in Drittländer zu verlegen, die Vorteile in Form niedrigerer Löhne und Steuern sowie liberalerer Arbeits- und Umweltgesetze bieten[73] und bewirken so eine internationale Arbeitsteilung. Die ehemals dem globalen Kapital verschlossenen Staaten Mittel- und Osteuropas sowie China haben sich gegenüber ausländischen Investoren geöffnet und nehmen an dieser Arbeitsteilung teil[74]. Diese Staaten brechen auch zunehmend Monopole auf und privatisieren staatseigene Betriebe, um ausländische Firmen, die über die notwendigen Technologien und das Kapital verfügen, an Infrastrukturprojekten zu beteiligen[75]. Der notwendige Ausbau der nationalen Infrastruktur erfordert nämlich Summen, die viele Staaten allein nicht aufbringen können, allein für China werden US-$ 700 Milliarden veranschlagt[76]. Die Beteiligung erfolgt dabei durch private Investitionsabkommen zwischen Staat und Investor, die die Rechte des Investors und eine eventuelle spätere Übertragung des Projektes auf den Staat regeln (z.B. Build-Operate-Transfer Abkommen[77]). Zu diesen Investitionsabkommen gehören Li-

---

72 *Siebert*, S. 14; *Gundlach/Nunnenkamp*, S. 4.

73 *Friedrichs*, Aus Politik und Zeitgeschichte B 33-34/97, S. 1, 5; *Scholte*, International Affairs 73 (1997) S. 429, 435 führt als Beispiel den Sportartikelhersteller Nike an, der in fünf Jahren 20 Fabriken geschlossen und tausende Kilometer entfernt, hauptsächlich in Asien, 35 neue Fabriken aufgemacht habe.

74 *Dunning*, BNL Quart. Rev. 48 (1995), S. 125, 127; *Muchlinski*, S. 32. Zur Liberalisierung in Asien *Laprès* (Hrsg.), Business Law in China:Trade, Investment, Finance und *Schot*, Legal Aspects of Foreign Investment in Vietnam.

75 In vielen Ländern geschieht dies allerdings noch inkonsequent, siehe "Indien wirbt für deutsche Beteiligung am Ausbau des Telefonnetzes", FAZ vom 5.9.1997, S. 21.

76 Die für Asien in den nächsten 10 Jahren notwendige Investitionssumme wird auf $ 1400 Milliarden geschätzt, allein $ 700 Milliarden entfallen auf die Volksrepublik China; *UNCTAD*, World Investment Report 1996, S. 20.

77 Bei diesem Vertragstyp baut der Investor die Anlage, z.B. ein Kraftwerk, betreibt sie für einen längeren Zeitraum, um seine Ausgaben zu amortisieren und Gewinn zu machen, und überträgt sie dann auf den Staat. Ähnliche Vertragstypen sind Build-Transfer-Operate und Build-Own-Operate. Für Erläuterungen und Beispiele vgl. *UNCTAD*, World Investment Report 1996, S. 20.

zenzgeschäfte, Subcontracting, Beratungs- und Kooperationsverträge sowie Joint-Ventures[78]. Diese Verträge enthalten regelmäßig Schiedsklauseln, mit denen entstehende Streitigkeiten nationaler Jurisdiktion entzogen werden[79]. Gefördert wurden die Direktinvestitionen im Ausland durch das immer dichter werdende Netz völkerrechtlicher Investitionsschutzverträge, die den Unternehmen erhöhte Rechtssicherheit für ihre Auslandsinvestitionen bieten sollen[80]. Die Förderung von Investitionen ist auch eines der Ziele des Energiechartavertrages[81].

Entscheidend vorangetrieben wird die Vernetzung der Weltwirtschaft durch die transnationalen Unternehmen[82]. Ihre Investitionen sind es, die weltweite Arbeitsteilung bewirken und so die Märkte vernetzen. 1997 gab es ca. 53.000 TNU mit 450.000 Tochterunternehmen[83], die bis zu 40 % des Welthandels innerhalb ihrer Firmenstrukturen abwickelten[84]. Um im globalen Wettbewerb bestehen zu können, arbeiten TNU zunehmend sektoral in strategischen Allianzen zusammen[85]. Wo dies nicht möglich ist, kommt es insbesondere in den sog. globalen Industrien Chemie, Luftfahrt und Telekommunikation verstärkt zu Mergers&Aquisitions, d.h. Fusionen und Erwerb von Mehrheitsanteilen.

78 *Ebenroth*, Code of Conduct, S. 51.

79 *Rawding*, Arb. Int'l 11 (1995), 341, 342; vgl. auch *UNCTAD*, World Investment Report 1996, S. 193; nach *Berger*, Kodifizierung, S. 67 werden ca. 90% aller Streitigkeiten in der internationalen Wirtschaft durch Schiedsverfahren beigelegt.

80 *Lubbers*, S. 5.

81 ECT, Präambel : " ...wishing to implement the basic concept [...] which is to catalyse economic growth by means of measures to liberalize investment and trade in energy,"

82 *Gundlach/Nunnenkamp*, S.3; *Dunning*, BNL Quart. Rev. 48 (1995), S. 125, 143. *Friedrichs*, Aus Politik und Zeitgeschichte B 33-34/97, S. 1,6; *Gold*, Business & The Contemporary World 4 (1994), S. 143, 145. Aus der überaus umfangreichen Literatur *Muchlinski*, Multinational Enterprises and the Law, 1995; *Grewlich*, TNE in a new international System, 1980.

83 *UNCTAD*, World Investment Report 1998, S. xvi, 21.

84 *Scholte*, International Affairs 73 (1997), S. 429, 437.

85 Strategische Allianzen sind alle Formen von Kooperation zwischen unabhängigen Firmen. Bekannt ist die "Star Alliance" im Luftverkehr von Lufthansa, Thai Airways, Delta u.a, bei der die Gesellschaften gemeinsame Flüge anbieten und so das Passagieraufkommen erhöhen.

2. *Auswirkungen der Globalisierung*

Fundament des klassischen internationalen Systems ist der souveräne Staat, der kraft seiner Souveränität über alle sein Staatsgebiet betreffenden Vorgänge frei entscheiden kann[86]. Dabei ist zwischen der inneren und der äußeren Souveränität eines Staates zu unterscheiden. Die innere Souveränität bedeutet, daß der Staat auf seinem Staatsgebiet Träger der relativ höchsten Herrschaftsgewalt ist und nicht durch andere innerstaatliche Gewalten in Frage gestellt ist[87]. Die äußere Souveränität bedeutet, daß der Staat keiner übergeordneten Macht, sondern nur dem Völkerrecht unterstellt ist[88].

a) *Denationalisierung wirtschaftlicher Prozesse*

Die dargestellten Globalisierungsprozesse beeinträchtigen zunächst die innere Souveränität der betroffenen Staaten, denn sie führen zu einer Denationalisierung wirtschaftlicher Prozesse. Darunter wird hier verstanden, daß die zunehmende wirtschaftliche Verflechtung die Effektivität staatlicher Kontrolle über wirtschaftliche Prozesse verringert[89]. Die Souveränität ermöglicht territorial begrenzte Herrschaftsgewalt und erfordert damit eine Welt, in der Ereignisse nur lokal innerhalb abgegrenzter Jurisdiktionen stattfinden oder nur kontrolliert Grenzen überschreiten[90]. Staaten können heute jedoch nur noch versuchen, den grenzüberschreitenden bzw. grenzdurchdringenden Informations- und Kapitalfluß zu be-

---

86 Der Begriff der Souveränität ist in seinem Gehalt umstritten, ebenso, ob in einem Zeitalter humanitärer militärischer Interventionen durch den Sicherheitsrat Souveränität noch von Bedeutung ist. Vgl. dazu *Gading*, S. 182ff.

87 *Dahm/Delbrück/Wolfrum*, S. 216; *Verdross/Simma*, S. 29; *Gading*, S. 185.

88 *Dahm/Delbrück/Wolfrum*, S. 216.

89 *Held*, in: *Held*, S. 207; *Saxer*, 17ff; vgl. *Sassen*, Losing Control, S. 28 und grundlegend *Strange*, The Retreat of the State, S. 3-90; *Robé*, Multinational Enterprises, in: *Teubner* (Hrsg.), Global Law, S. 45. Zum Begriff der Denationalisierung auch *Delbrück*, Ind. J. Global Legal Studies 1 (1993), S. 9, 11.

90 Ein Beispiel für die Kontrolle grenzüberschreitender Kapitalflüsse ist das Wettbewerbsrecht. Durch extraterritoriale Anknüpfung können Mergers&Acquisitions kontrolliert und eventuell verhindert werden. Ausführlich für das Beispiel der Telekommunikationsindustrie *Grewlich*, Konflikt und Ordnung in der globalen Kommunikation, S. 79-164.

einflussen, kontrollieren können sie ihn nicht mehr[91]. Fundamentale wirtschaftspolitische Daten, wie die Höhe der Wechselkurse, sind der Kontrolle der Staaten fast ganz entzogen. So betrug 1995 das tägliche globale Handelsvolumen auf den Finanzmärkten US-$ 1,200 Milliarden, und überstieg damit die Devisenreserven der Industrieländer um das Doppelte[92].

Die Handelspraktiken transnationaler Firmen sind ebenfalls zunehmend staatlicher Kontrolle entzogen. Durch "transfer pricing"[93] und Ansiedlung von Fabriken im Ausland können Gewinne an Tochterfirmen in denjenigen Ländern verlagert werden, in denen die Steuern am geringsten sind. Die globale Mobilität des Kapitals in einer globalen Wirtschaft bewirkt ferner, daß Standortmerkmale wie z.B. die Steuergesetzgebung verglichen und zum Entscheidungsmerkmal für neue Investitionen gemacht werden[94]. Die Staaten treten so in einen Wettbewerb um Anlagemöglichkeiten und Modernisierungschancen, der die Möglichkeiten eigenständiger nationaler Wirtschafts- und Sozialpolitik relativiert[95]. Dieser Wettbewerb zwingt Staaten auch dazu, ihr internes Wirtschaftsrecht an das anderer Länder anzupassen, um Ungleichheiten im Wettbewerb

---

91 *Scholte*, International Affairs 73 (1997) S. 429, 442; *Lubbers*, S. 7. *Seita*, Cornell Int'l L. J. 30 (1997), 429, 458 führt aus, daß eine Regierung theoretisch zwar internationale Kommunikation in und aus ihrem Land kontrollieren könne, jedoch nur um den Preis einer Abschottung von der internationalen Wirtschaft. Eine Teilnahme an der globalen Wirtschaft bedinge somit ein gewisses Maß an Informationsfreiheit. Technisch sei eine umfassende Zensur auch nicht möglich. *Lubbers*, S.7, spricht zutreffend davon, daß die Welt eins werde in Bezug auf Wirtschaft und Informationen, daß Regierungen aber nur Teile, nämlich ihre Staatsgebiete, regeln könnten.

92 *Hirst*, International Affairs 73 (1997) S. 409, 420; *Scholte*, International Affairs 73 (1997) S. 427, 443. Durch Finanzderivate, d.h. Optionsgeschäfte auf Währungsschwankungen, wurden 1993 16,2 Billionen US-$ bewegt - eine Summe, die dem Bruttosozialprodukt der EG-Länder und der USA entspricht, *Welzmüller*, Aus Politik und Zeitgeschichte B 33-34/97 S. 20, 25.

93 Das System des "Transfer Pricing" besteht z.B. in Verkäufen zu überhöhten oder reduzierten Preisen zwischen Tochterfirmen eines multi-/transnationalen Unternehmens. Gewinne können dadurch innerhalb der Konzernstruktur multinationaler Unternehmen fast beliebig verlagert werden. Ausführlich zu den Praktiken, den Problem der Regulierung und den "Steueroasen" *Muchlinksi*, Multinational Enterprises, S. 282-307 und *Ebenroth*, Code of Conduct, S. 219-327.

94 Ausführlich zum Standortwettbewerb *Siebert*, S. 177-192.

95 *Welzmüller*, Aus Politik und Zeitgeschichte B 33-34/97, S. 20, 23.

auszugleichen[96], wodurch der tatsächliche Spielraum staatlichen Handels weiter eingeschränkt wird. Somit werden der Autonomie, d.h. dem tatsächlichen Spielraum staatlichen Handelns, durch die Globalisierung enge Grenzen gesetzt[97].

b) *Internationalisierung staatlicher Aufgaben*

Um die staatlichen Einflußmöglichkeiten bei der Regulierung grenzüberschreitender wirtschaftlicher Prozesse wieder zu erhöhen, wurde und wird die Regulierung dieser Prozesse zunehmend in Kooperation mit anderen Staaten bewältigt, d.h. auf die internationale Ebene verlagert[98]. Es erfolgt die Internationalisierung und die Regionalisierung der nationalen Wirtschaftspolitik[99]. Erfolgt diese Internationalisierung in Form eines Zusammenschlusses zu regionalen Freihandelszonen wie der EG, NAFTA, MERCOSUR und ASEAN mit einheitlicher Wirtschaftspolitik, so kann durch die Verlagerung von staatlichen Kontrollkompetenzen auf die zwischenstaatliche oder supranationale Instanz die Effektivität der Kontrollbefugnisse teilweise wiederhergestellt werden. Die Auswirkungen der Globalisierung auf den einzelnen Mitgliedstaat können so teilweise abgemildert werden[100]. Beispielhaft für diese Entwicklung, die *Lubbers* "Globalisierung des Rechts" nennt[101], ist die Koordination nationaler Außenwirtschaftspolitik durch die G8 und der Einfluß, den der Interna-

---

96 *Panic*, Structural Change and Economic Dynamics 8 (1997), S. 29, 32; *Walker/Fox*, Ind. J. Global Legal Studies, 3/2 (1996), S. 4; *Siebert*, S. 181; vgl. auch FAZ vom 2.10.97, S. 20 über die Notwendigkeit, das Konzernbilanzrecht an internationale Standards anzupassen. *Seita*, Cornell Intern.L.J. 30 (1997) S. 429, 485, befürwortet die Harmonisierung der nationalen Regeln des internationalen Wirtschaftsverkehrs unter dem Gesichtspunkt "convergence of values" auch im Bereich Wirtschaftsstraftaten, Umweltschutz und Arbeitsbedingungen.

97 *Robé*, Multinational Enterprises, in: *Teubner* (Hrsg.), Global Law, S. 45, 46; *Saxer*, S. 41; *Camillieri/Falk*, S. 76; *Levy*, Globalization and Regionalization, in: *Fatemi*, International Trade in the 21st Century, S. 59, 73; anschaulich für das Recht, Steuern zu erheben, *Strange*, S. 62.

98 *Held*, in: *Held*, S. 208; *Lubbers*, S. 10/11; *Saxer*, S. 18; ebenso *McGrew*, Conceptualizing Global Politics, in: *McGrew*/Lewis (Hrsg.), Global Politics, S.2.

99 Vgl. *Hirst*, International Affairs 73 (1997), S. 413.

100 *Lubbers*, S. 11.

101 *Lubbers*, S. 11; ähnlich *Held*, in: *Held*, S. 208; *Delbrück*, Ind. J. Global Legal Studies 1 (1993) S. 9, 19ff.

tionale Währungsfond IMF und die Weltbank durch Anpassungsprogramme als Bedingung für Kredite auf die Wirtschaftspolitik der Mitgliedstaaten ausüben. Die Wirtschaftskrise in Asien 1998 und die notwendigen Anpassungen in Thailand, Südkorea und Indonesien haben diesen Einfluß mehr als deutlich gemacht.

Die "Globalisierung des Rechts" äußert sich auch in einer Harmonisierung des Rechts des internationalen Handels. Das stetig steigende Volumen des internationalen Handels und seine ebenfalls zunehmende Komplexität führt zu einem Bedürfnis nach Rechtssicherheit und damit nach Vereinfachung, Standardisierung und Voraussehbarkeit der einschlägigen rechtlichen Normen[102]. Resultat dieser Harmonisierung sind nicht nur die von UNCITRAL vorbereiteten multilateralen, rechtsvereinheitlichenden Konventionen wie z.B. das UN-Kaufrecht[103], sondern auch die von privaten Organisationen wie UNIDROIT und der Internationalen Handelskammer ICC vorbereiteten Standardregeln[104]. Diese multilaterale Zusammenarbeit in Form der Harmonisierung und Liberalisierung nationaler Rechtsvorschriften schafft einheitliche Rahmenbedingungen und trägt dadurch wiederum entscheidend zur fortschreitenden Globalisierung bei[105].

---

102 *Wiener*, S.2.

103 *Convention on Contracts on the International Sale of Goods* (CISG), in: United Nations Conference on Contracts for the International Sale of Goods, S. 178-190, U.N. Doc. A/CONF.97/18, Annex I.

104 *Wiener*, S.3-4. Zu diesen Standardregeln, die unverbindlich sind und daher von den Parteien vereinbart werden müssen, gehören die INCOTERMS der ICC und die vom *International Institute for the Unification of Private Law (UNIDROIT)* veröffentlichten "Principles of International Commercial Contracts" (1994). Ausführlich zur Rechtsvereinheitlichung durch private Akteure: *Klaus-Peter Berger*, Formalisierte oder "schleichende" Kodifizierung des transnationalen Wirtschaftsrechts: zu den methodischen und praktischen Grundlagen der lex mercatoria (1996). Die UNIDROIT-Prinzipien werden zunehmend als Kodifikation allgemeiner Rechtsprinzipien angesehen, vgl. *Bonell*, Die UNIDROIT-Pinzipien der internationalen Handelsverträge: Eine neue lex mercatoria, ZfRV 37 (1996), S. 152, 157.

105 *Scholte*, International Affairs 73 (1997), S. 427, 450; *Robé*, Multinational Enterprises, in: *Teubner*, Global Law, S. 45, 47. Die Notwendigkeit einer Harmonisierung besteht aber weiter. So wurden von der ICC auf dem Genfer "Global Economic Forum" weitere multilaterale Regelungen gefordert, um Rechtssicherheit zu schaffen, vgl. FAZ v. 25.09.1998, S. 19.

3. *Zusammenfassung*

Die Globalisierung der Weltwirtschaft führt zu einer Denationalisierung wirtschaftlicher Prozesse und einer Internationalisierung der globalen rechtlichen Rahmenbedingungen. Die Denationalisierung wirtschaftlicher Prozesse äußert sich in der wachsenden Unabhängigkeit, z.B. von Investitionsentscheidungen, von wirtschaftspolitischen einzelstaatlichen Regelungen. Die Globalisierung hat für Investoren ein globales Handlungsfeld geschaffen, in dem technologischer Fortschritt und wirtschaftliche Liberalisierung es ihnen ermöglichen, an dem jeweils günstigsten Standort zu investieren. Bei Verschlechterungen der Standortbedingungen können sie ihre Investitionen abziehen und an günstigere Standorte auf der ganzen Welt verlegen. Die durch weltweite Investitionen bewirkte Vernetzung der Weltwirtschaft führt ferner dazu, daß sich das Handeln transnationaler Unternehmen zunehmend der territorial begrenzten einzelstaatlichen Kontrolle entzieht. Um diese territoriale Begrenztheit zu überwinden und, wenn auch nur in Gemeinschaft mit anderen, wieder die Kontrolle über wirtschaftliche Aktivitäten zu erlangen, werden wirtschaftspolitische Aufgabenbereiche auf die internationale Ebene verlagert. Die dadurch erfolgende Harmonisierung der rechtlichen Rahmenbedingungen der Weltwirtschaft führt dazu, daß das faktisch bestehende globale Handlungsfeld der Investoren rechtlich abgesichert wird.

IV. *Rechtlicher Regelungsrahmen getätigter Investitionen*

Bei der Darstellung des rechtlichen Regelungsrahmen einer Investition gilt es zu differenzieren zwischen dem völkerrechtlichen Investitionsschutzrecht und dem konkreten transaktionsrechtlichen Rahmen einer Investition. Der transaktionsrechtliche Rahmen regelt die Rechte und Pflichten von Staat und einem bestimmten Investor in Hinblick auf eine konkrete Investition. Dieser transaktionsrechtliche Rahmen wird vom nationalen Recht des Gaststaates (1), von zwischen Gaststaat und Investor eventuell bestehenden Verträgen (2) sowie Verträgen zwischen dem Investor und Staatsangehörigen des Gaststaates (3) gebildet. Im Gegensatz dazu ist das völkerrechtliche Investitionsschutzrecht nicht Bestandteil dies transaktionsrechtlichen Rahmens (4). Es regelt die Rechte und

Pflichten der Staaten generell-abstrakt für alle Investitionen: während Objekt des Transaktionsrechtes eine bestimmte Investition ist, ist Objekt des Investitionsschutzrechtes das Transaktionsrecht.

1. Nationales Recht des Gaststaates

Den Investoren gegenüber steht der Staat, in dem eine Tochtergesellschaft gegründet oder ein beherrschender Anteil an einer dortigen Gesellschaft erworben werden soll. Die Aktivitäten des Investors unterliegen aufgrund der Territorialhoheit der Rechtsordnung dieses Staates, die Zulässigkeit und Form ausländischer Direktinvestitionen sowie Rechte ausländischer Investoren regeln kann.

Dabei ist zwischen dem allgemeinen Recht des Gaststaates und speziellen Investitionsgesetzen zu unterscheiden. Das allgemeine Recht bietet den Rahmen für die wirtschaftlichen Aktivitäten des Investors. Die Vorschriften des Zivilrechts, des Handels- und Steuerrechts sowie des Gesellschaftsrechts für eine im Gastland inkorporierte Tochterfirma gelten auch für den Investor, ebenso wie das Umwelt- und Arbeitsrecht. Von unmittelbarer Relevanz für Investitionen ist auch das nationale Wettbewerbs- oder Kartellrecht, das die Zulässigkeit einer grenzüberschreitenden Firmenfusion regeln kann[106].

Neben diesen allgemeinen Bestimmungen gibt es oftmals noch spezielle Investitionsgesetze, die wirtschaftspolitische Grundsätze des Gaststaates für ausländische Investitionen widerspiegeln. Solche Gesetze können Bedingungen für die Zulässigkeit ausländischer Investitionen in bestimmten Sektoren der Wirtschaft, Regelungen über Kapitalausfuhrbeschränkungen, Höchstgrenzen für Beteiligungen, Wettbewerbsbeschränkungen oder auch Steuervergünstigungen für Investoren festschreiben[107]. Beispiele sind die Exon-Florio-Verordnung in den USA, nach der die Übernahme einer Gesellschaft durch eine ausländische Person untersagt/aufgehoben werden kann, wenn dies die

---

106 Vgl. z.B. *Grewlich*, Konflikt und Ordnung, S. 114-127 für das EG-Recht.
107 Ausführlich dazu *Gramlich*, S. 380ff.

nationale Sicherheit gefährdet[108] sowie Rußlands neues Investitionsgesetz für den Ölsektor[109].

Der Einfluß des Staates ist je nach Land und geplantem Investitionsvorhaben unterschiedlich. Oftmals behält sich der Staat die Kontrolle über die Ausbeutung natürlicher Rohstoffe mittels Monopolstellungen staatlicher Firmen vor. Sehr oft reglementieren dann die Investitionsgesetze dieser Länder, daß ausländische Direktinvestitionen im Rohstoffsektor nur in Form von Joint-Ventures mit diesen Staatsunternehmen stattfinden dürfen[110]. Dies wirft, spätestens wenn die Investition beeinträchtigt wurde und es zu Streitigkeiten und einem Schiedsverfahren kommt, dann die Frage auf, ob der Staat Vertragspartner ist und durch die Schiedsklausel gebunden wird[111].

Die direkte oder durch staatliche Firmen erfolgende Beteiligung des Staates beschränkt sich nicht auf den Rohstoffsektor. Insbesondere der Ausbau der nationalen Infrastruktur erfordert enorme Summen, die kleinere Staaten allein nicht aufbringen können[112]. Mehr und mehr Staaten sind daher bereit, Monopole aufzubrechen und zu privatisieren, um ausländische Firmen, die über die notwendige Technologien und das Kapital verfügen, am Ausbau der Infrastruktur zu beteiligen. Diese Beteiligung erfolgt dabei über Investitionsverträge zwischen Investor und Staat, die die Rechte des Investors und eine eventuelle spätere Übertragung des Projektes auf den Staat regeln.

2. *"State Contracts" – transnationale Investitionsverträge*

Verträge zwischen Staat und Investor können in mehreren Fallgruppen die konkrete rechtliche Ausgestaltung der Investition bestimmten. Will der Gaststaat Investitionen anlocken und offeriert er dafür Vorteile wie

108 Vgl. *Grewlich*, Konflikt und Ordnung, S. 141.

109 *Wälde/Friedrich*, The 1996 Russian Production Sharing Law, CEPMLP On-line Journal on Natural Resources Vol 3/13.

110 *Sornarajah*, Foreign Investment, S. 55; *Paasivirta*, Participation of States, S. 8.

111 Dazu *Paasivirta*, Participation of States, S. 9ff.; *Böckstiegel*, Der Staat als Vertragspartner, S. 46-75; *Herrmann*, Disputes between States and Foreign Companies, in: *Lew* (Hrsg.), Contemporary Problems, S. 250-263.

112 Die für Asien in den nächsten 10 Jahren notwendige Investitionssumme wird auf $ 1.4 Billionen geschätzt, allein $ 700 Milliarden entfallen auf die Volksrepublik China; *UNCTAD*, World Investment Report 1996, S. 20.

z.B. Subventionen und Steuervergünstigungen, so werden in einem solchen Vertrag diese Vorteile festgeschrieben, gleichzeitig aber auch Verpflichtungen des Investors begründet wie z.B. die Pflicht zur Investition, die Entwicklung der Infrastruktur oder Anstellung einheimischer Arbeitskräfte.

Der "klassische Fall" eines transnationalen Investitionsvertrags bezieht sich auf Investitionen im Infrastrukturbereich oder der Rohstoffausbeutung. In solchen Fällen bilden sog. transnationale Investitionsverträge[113], auch "State Contracts" genannt, zwischen dem ausländischen Investor und dem Gaststaat den rechtlichen Rahmen für die Durchführung der Investition[114]. Eine solche vertragliche Regelung kann aus mehreren Gründen nötig sein. So kann im Gaststaat, insbesondere wenn es sich um ein Entwicklungsland handelt, ein Defizit an präzisen, einschlägigen Rechtsnormen im Umweltschutz-, Arbeits- und Steuerrecht mit der Folge eines "rechtlichen Freiraums" bestehen[115]. Investitionsverträge regeln dann zunächst die näheren Modalitäten der Investition und die Pflichten des Investors und bilden einen individuell angepaßten Rahmen für das konkrete Vorhaben. Geschicktes Verhandeln des Investors kann dazu führen, daß der Vertrag zum Vorteil des Investors über gesetzliche Bestimmungen hinausgeht und ihm Privilegien wie z.B. Steuervergünstigungen einräumt[116]. Die Komplexität moderner Infrastruktur- und Rohstofferschließungsvorhaben verlangt ferner eine vertragliche Grundlage. Die Erschließung moderner Rohstoffprojekte erfordert Milliardensummen[117]. In Anbetracht schwankender Rohstoffpreise, geologisch ungewisser Fördermengen und politischer Instabilität bestehen wirtschaftliche Risiken größten Ausmaßes, die rechtlich abgesichert werden müssen. Ei-

113 Der Begriff wird so z.B. von *Peter*, Arbitration and Renegotiation, S.5. *Peter* bezeichnet damit die rechtlichen Beziehungen zwischen einem Staat und einem Investor in Form eines Vertrages, die die Durchführung einer Investition regeln.

114 *Häde*, AVR 35 (1997), S. 181, 188, *Ebenroth*, Code of Conduct, S 76.

115 *Wälde*, RabelsZ 42 (1978), S. 28, 30; *Ebenroth*, Code of Conduct, S. 77.

116 *Ebenroth*, Code of Conduct, S. 76; *Häde*, AVR 35 (1997), S. 181, 188; *Wälde*, RabelsZ 42 (1978), S. 28, 30.

117 Um die Ölreserven in Kasachstan und Sibirien ist ein heftiger Wettbewerb unter ausländischen Investoren entbrannt. Die Projekte haben geschätzte Investitionssummen zwischen 10-15 Milliarden US-$ (Sachalin I, Rußland und Kacharaganak, Kasachstan) und 50 Milliarden US-$ (Timan Pechoria, Rußland). Ausführlich *Dorian/Khartukov*, International Oil and Gas Investment in the CIS States, in: *Wälde*, Energy Charter Treaty, S. 41-47.

ne Eigenfinanzierung und Eigenerfüllung durch den Investor ist in der Regel kaum noch möglich, so daß auch die Rechte und Pflichten von Bankenkonsortien und Subunternehmern geregelt werden müssen. Investitionsverträge bestehen dann regelmäßig aus einem *Master Agreement*, in dem die grundsätzliche Übereinstimmung der Parteien über die Investition festgehalten wird, und zusätzlichen Verträgen zur Durchführung des Projekts, die auf der Basis des *Master Agreements* abgeschlossen werden[118]. Die vertraglichen Formen dieser Investitionsabkommen haben sich dabei mit dem Wandel in der politisch-wirtschaftlichen Struktur des internationalen Systems geändert.

a) Konzessionen

Die *Konzession*[119] ist die Ursprungsform aller modernen Investitionsabkommen. Durch eine Konzession wurden dem Investor erhebliche Territorien, bis zu mehreren hunderttausend Quadratkilometern, zur Ausbeutung von Rohstoffen, meist Öl, überschrieben. Charakteristisch war neben einer langen Vertragsdauer von 60-70 Jahren[120]auch die Übertragung von hoheitsgleichen Rechten. Die Rohstoffe standen schon vor der Förderung im Eigentum des Investors[121], er hatte das Recht, eigene Transport- und Kommunikationssysteme zu unterhalten[122] und die Territorien nach Ermessen zu erschließen. Der Investor übte somit uneingeschränkte Kontrolle bezüglich Erforschung, Ausbeutung, Transport und Verkauf der Rohstoffe aus. Als Gegenleistung hatte der Investor an den Gaststaat jährliche Zahlungen, die sogenannten "Royalties" abzuführen[123].

Im Zuge der beginnenden Dekolonialisierung nach dem zweiter Weltkrieg drängten die neuen Staaten zunächst darauf, die "Royalties" durch Steuern abzulösen, um größere Einnahmen zu erzielen. Konzessionen wurden von ihnen abgelehnt, da sie diese aufgrund der langfristigen Bindung und der umfassenden Rechte des Investors als Bedrohung der Sou-

---

118 Vgl. das Beispiel von *Peter*, Arbitration and Renegotiation, S. 18

119 Ausführlich dazu *Schanze*, Investitionsverträge, S. 62ff, und *Blinn/Duval*, S. 44ff.

120 *Blinn/Duval*, S. 56; *Paasivirta*, Participation of States, S. 21.

121 Dies war eine der Ursachen für die ab 1952 in der Generalversammlung der UNO stattfindende Debatte über "Permanent Sovereignty over Natural Resources". Zu dieser Debatte *Brownlie*, RdC 162 (1979 I), S. 245-318.

122 *Blinn/Duval*, S. 44/45.

123 Beispiele bei *Peter*, Arbitration and Renegotiation, S. 51-123.

veränität auffaßten[124]. Mit der Entdeckung neuer Ölreserven wurden Konzessionen allmählich durch neuere Vertragsformen abgelöst, da die Staaten über diese neuen Reserven verhandeln und ihre Vorstellungen in die Verträge mit einbringen konnten.

b) Joint-Ventures

Joint-Venture Verträge lösten seit den 50er Jahren die Konzessionsregime ab[125]. Die einseitige konzessionelle Struktur wurde durch Gründung einer neuen Firma ersetzt, die im Gaststaat inkorporiert ist und an der Staat und Investor als Aktionäre beteiligt sind[126]. Erzielte Einnahmen werden an die Aktionäre ausgeschüttet. Der Gaststaat kann so Einfluß auf den Fortgang des Investitionsprojektes ausüben, erhält die nötige Technologie und Kompetenz zur Förderung, behält die Kontrolle über seine Ressourcen und kann die Höhe seiner Einnahmen mitsteuern.

Joint-Venture Abkommen bestehen aus dem Master Agreement sowie der eigentlichen Joint-Venture Struktur, die bewirkt, daß im Vorstand der Firma Repräsentanten beider Seiten sitzen. Diese Struktur kann zu Interessenkollisionen zwischen Staat und Investor führen und potentiell Ursache für Streitigkeiten sein, da aufgrund des Master Agreements die gemeinsame Firma mit dem Investor eventuell kostspielige Verträge abschließen muß, während er gleichzeitig an der gemeinsamen Firma Rechte als Aktieninhaber hat und im Vorstand sitzt[127].

c) Service Contracts

Service Contracts haben die Joint-Ventures in den letzten zwanzig Jahren als Form der Investitionsverträge ersetzt. Sie zeichnen sich dadurch aus, daß Eigentum und Kontrolle über das Projekt in der Hand des Staates

---

124 *Peter*, Arbitration and Renegotiation, S. 211; *Blinn/Duval*, S. 60.

125 *Peter*, Arbitration and Renegotiation, S. 212; ausführlich zur Problematik dieser Verträge *Schanze*, Investitionsverträge, S. 66-73 und *Friedmann/Beguin*, Joint International Business Ventures, passim.

126 Nach *Peter*, Arbitration and Renegotiation, S. 21, ist ohne Bedeutung, ob der Investor mit 49%, 50% oder 51% beteiligt war. Minderheitenrechte und Management-Verträge würden den Einfluß des Investors sichern.

127 *Peter*, Arbitration and Renegotiation, S. 212. Vergleiche dazu auch seine "Case Study No.1: Zambian Copper Renegotiations" auf den Seiten 51-58.

bleiben und dadurch dem Konzept der "Permanent sovereignty over natural resources" entsprechen[128]. Im Rohstoffsektor kommen sie in der Form der *Production-Sharing Agreements* vor (PSA)[129]. Der Investor führt alle Maßnahmen durch, die er auch als Konzessionär tätigen würde, und trägt so die Kosten der Erforschung und Förderung der Rohstoffe (meistens Öl). Bei erfolgreicher Förderung erhält er einen Anteil vom Petroleum, meist 20-40%, um seine Kosten zu decken und Gewinn zu erzielen[130]. Durch die Kontrolle über das Projekt kann der Staat die Marktpreise beeinflussen und damit seine Einnahmen. Production-Sharing Agreements werden daher insbesondere von den Entwicklungsländern bevorzugt. Diese Bevorzugung kann dazu führen, daß die Gaststaaten dem Investor Zugeständnisse machen, um den Vertrag rechtlich in der Form eines Production-Sharing Agreements abzuschließen. Im Endergebnis kann die wirtschaftliche Position des Investors dann der eines Konzessionärs ähneln[131].

Im Infrastrukturbereich kommen die Service Contracts z.B. in Form von *Build-Operate-Transfer* Abkommen vor. Bei diesem Vertragstyp baut der Investor die Anlage, z.B. ein Kraftwerk, betreibt sie für einen längeren Zeitraum, um seine Ausgaben zu amortisieren und Gewinn zu machen, und überträgt sie dann auf den Staat. Ähnliche Vertragstypen sind *Build-Transfer-Operate* und *Build-Own-Operate*[132].

3. *Verträge ohne staatliche Beteiligung*

Die vertragliche Ausgestaltung der Investition läuft in der Regel aber ohne staatliche Vertragsbeteiligung ab. Fast 60% der Gesamtsumme aller ausländischen Investitionen aus dem Jahre 1997, nämlich US-$ 233 Milliarden, entfiel auf grenzüberschreitende Firmenzusammenschlüsse (*Mergers&Acquisitions*). Neben Zusammenschlüssen und dem Erwerb von Firmen werden auch Joint-Ventures gegründet, um in bestimmten

128 Vgl. *Schanze*, S. 74.

129 Ausführlich zu dieser Vertragsform *Blinn/Duval*, S. 69ff.

130 *El Chiati*, RdC 204 (1987 IV), S. 19, 54.

131 *Peter*, Arbitration and Renegotiation, S. 212; vgl. auch *El Chiati*, RdC 204 (1987 IV), S. 19, 65. *El Chiati* kritisiert, daß oftmals nur der Begriff "Konzession" vermieden worden sei, eine solche Konzession in dem Vertrag aber "verborgen" sei.

132 Für Erläuterungen und Beispiele vgl. *UNCTAD*, World Investment Report 1996, S. 20ff.

Bereichen oder Projekten, z.B. der globalen Kommunikation, zusammenzuarbeiten, ohne die eigene Identität aufzugeben[133].

Der staatliche Einfluß wird in diesen Fällen über innerstaatliche Gesetze geltend gemacht. Handelt es sich bei der Investition z.B. um die Fusion zweier Unternehmen wie 1998 im Fall Daimler-Benz und Chrysler, so sind Vertragspartner nur die beiden Firmen. Die Gültigkeit der Fusion hängt zwar von kartellrechtlichen Genehmigungen ab, dieses Erfordernis macht jedoch weder die USA noch die EG zu Partnern des Fusionsvertrages. Neben diesen klassischen Direktinvestitionen haben sich neue Formen grenzüberschreitender wirtschaftlicher Zusammenarbeit entwikkelt wie z.B. Forschungs- und Entwicklungsverträge oder Lizenz- und Franchisingabkommen. Diese neuen Investitionsformen zeichnen sich dadurch aus, daß ihnen die eigentümerähnliche Kontrolle fehlt, die Direktinvestitionen auszeichnet[134].

4. Völkerrecht

Völkergewohnheitsrecht, Investitionsschutzverträge sowie die TRIMS[135] und GATS[136]-Abkommen regeln die Zulässigkeit bestimmter staatlicher Maßnahmen in Bezug auf Investitionen, aber nicht direkt das Rechtsverhältnis zwischen Staat und Investor in Bezug auf eine konkrete Investition. Damit gehören sie nicht zum hier besprochenen Transaktionsrecht. Sie werden im folgenden im Rahmen der völkerrechtlichen Regelung von Investitionsstreitigkeiten erwähnt werden.

V. Zusammenfassung

Auslandsinvestitionen sind alle Vermögenswerte einer ausländischen Privatperson in einem Gaststaat, die in deren Eigentum stehen oder direkt oder indirekt von dieser kontrolliert werden. Diese ausländische Privat-

---

133 Dazu *Grewlich*, Konflikt und Ordnung, S. 115 ff. *Grewlich* erläutert die Projekte "NewCo", ein Gemeinschaftsunternehmen zwischen British Telecom und MCI, und "GlobalOne", eine Kooperation von Deutsche Telekom, France Telecom und Sprint.

134 Näher dazu *Gundlach/Nunnenkamp*, S.5.

135 *Agreement on Trade-related Investment Measures*, http://www.jus.uio.no.lm/wta 1994/x.o-iiala7.html.

136 *General Agreement onTrade in Services*, ILM 33 (1994), S. 44ff.

person, d.h. der Investor, ist in der Regel ein transnationales Unternehmen. Die wirtschaftspolitischen Rahmenbedingungen der Investitionen sind geprägt durch die Auswirkungen der Globalisierung der Weltwirtschaft. Technologische Entwicklung und Liberalisierung des Handels haben zur Entstehung eines globalen wirtschaftlichen Handlungsfeldes geführt, in welchem wirtschaftliche Prozesse sich zunehmend einzelstaatlicher Kontrolle entziehen. Einerseits führt dies zu einer Harmonisierung der völkerrechtlichen Rahmenbedingungen durch multilaterale Zusammenarbeit. Andererseits wird der konkrete rechtliche Regelungsrahmen einer Investition weiterhin durch das nationale Recht des Gaststaates und die individuell geschlossenen Verträge bestimmt. Der Gaststaat kann die Zulassung und Ausgestaltung der Investitionen durch Gesetz regeln. Investitionen in bestimmten, staatlich kontrollierten Sektoren, z.B. der Infrastruktur oder der Ausbeutung natürlicher Rohstoffe, werden durch Investitionsverträge zwischen Investor und Staat, sogenannten "State Contracts" (auch "transnationale Investitionsverträge" genannt) rechtlich ausgestaltet.

Diese Asymmetrie zwischen dem globalen Handlungsfeld der Investoren und dem national begrenzten Aktionsgebiet der Staaten ist eine potentielle Quelle für Streitigkeiten, die es in folgenden zu analysieren gilt.

B. Investitionsstreitigkeiten

I. Begriff

Eine Streitigkeit ist definiert worden als ein "*disagreement on a point of law or fact, a conflict of legal views or interests between two persons*"[137]. Im folgenden wird unter dem Begriff "Investitionsstreitigkeiten" ein Konflikt der Rechtsansichten von Staat und Investor über die rechtlichen Folgen verwirklichter Investitionsrisiken verstanden.

137 StIGH, *Mavrommatis Palestine Concessions Case* (1924), PCIJ Ser. A No.12, S. 11.

II. *Streitigkeiten als verwirklichte Investitionsrisiken*

1. *Ursachen von Investitionsrisiken*

Investitionen eines transnationalen Unternehmens in einem Gaststaat sind einer Vielzahl von Risiken ausgesetzt, die sich in drei Hauptgruppen einteilen lassen: Geologische Risiken (wenn es sich um ein Rohstoffprojekt handelt), wirtschaftliche Risiken und politische Risiken[138]. Geologische Risiken sind z.B. das Risiko, daß keine Rohstoffe entdeckt werden, oder daß sich nach Förderungsbeginn die Reserven als kleiner als erwartet erweisen, wirtschaftliche Risiken die Möglichkeit von Preisschwankungen auf dem Weltmarkt oder Handelsbeschränkungen. Diese Risiken sind jedoch der Investition immanent und können vom Investor von vorneherein kalkuliert werden.

Unkalkulierbar, da nicht seiner Kontrolle unterliegend, sind die politischen Risiken, um die es im folgenden geht. Das politische Investitionsrisiko bezeichnet die Möglichkeit, daß eine Investition durch politisch motivierte, einseitige Handlungen des Gaststaates zum Nachteil des Investors beeinträchtigt wird[139]. Diese Risiken lassen sich auf bestimmte Gründe zurückführen, die in der Literatur als Loyalitätsproblem und als Geiselproblem bezeichnet werden[140].

Das *Loyalitätsproblem* ist auf die Befürchtung des Gaststaates zurückzuführen, daß seine Interessen, die sich in seiner Wirtschaftspolitik widerspiegeln, nicht mit den Interessen des Investors übereinstimmen. Wirtschaftspolitische Regelungen des Gaststaates gehen von einer rudimentären Interessenübereinstimmung zwischen Staat und Unternehmen aus. Während dies bei "einheimischen" Unternehmen durch personelle und traditionelle Bindung gesichert sein kann, ist dies bei einem transnationalen Unternehmen als Investor nicht gesichert. Wie dargestellt, richten sie ihre Unternehmenspolitik eher an den Bedingungen der globalen Wirtschaft aus. Der Gaststaat muß somit befürchten, daß das Kapital, das

---

138 *Seck*, Political Risk, in: *Wälde*, The Energy Charter Treaty, S. 110, 111.

139 *Seck*, Political Risk, in: *Wälde*, The Energy Charter Treaty, S. 110, 114.

140 Zur Terminologie und den nachfolgenden Ausführungen *Schanze*, Investitionsverträge, S. 43,44.

er ins Land geholt hat, sich seinen Zielen entzieht und eventuell nicht zum Wohl des Landes verwendet wird[141].

Stehen Investor und Staat in vertraglichen Beziehungen, so kann das *Geiselproblem* entstehen. Es kennzeichnet einen Wandel der Verhandlungspositionen zwischen Staat und Investor, das langfristig angelegten Investitionsverträgen inhärent ist[142]. Zum Ausdruck kommt es insbesondere in Rohstofferschließungsprojekten, bei denen zwischen geologischer Erforschung und Beginn der Förderung üblicherweise mehrere Jahre liegen. Der Investor wird auf möglichst frühzeitiger Festschreibung der gegenseitigen Rechte und Pflichten bestehen, da er die Kosten für Erforschung und Prospektion nicht ohne vorherige Bindung des Staates tragen will[143]. In dieser Phase der Vertragsverhandlungen ist der Investor regelmäßig im Vorteil, da der Staat seine Kompetenz, seine Technologie und seine finanziellen Mittel benötigt. Der Staat ist regelmäßig nicht in der Lage, das Projekt selbst durchzuführen oder zu überwachen und zumeist ist er hierzu auch nicht willens, da der finanzielle Erfolg des Projekts anfangs fraglich sein kann. Weil der Investor auch Projekten in anderen, kooperativen Staaten nachgehen könnte, wird er daher Regelungen im Investitionsvertrag durchsetzen können, die seinen Interessen entgegenkommen[144]. Sobald der Investor seine Entscheidung umgesetzt hat und die Investition verwirklicht wurde, verschiebt sich die Machtbalance zugunsten des Staates. Der Investor hat zu diesem Zeitpunkt bereits sein Kapital investiert und wird nicht Willens sein, es einfach aufzugeben, es ist sozusagen im Boden "versunken"[145].

Die frühzeitige Festschreibung der vertraglichen Regelungen bedroht die Stabilität des Investitionsvertrages in zweifacher Weise. Zum einen kann der Zeitablauf dazu führen, daß mit beginnendem Erfolg anfängliche Risiken des Projekts vergessen werden und die vertraglichen Regelungen unausgewogen erscheinen. Das anfängliche Risiko des Investors, der ja erhebliche Kosten für die Suche aufbringen mußte, schwindet im Bewußtsein des Gaststaates, und die Gewinne des Investors erscheinen

141 *Schanze*, Investitionsverträge, S. 44.

142 *Schanze*, Investitionsverträge, S. 46; *Vagts*, RdC 203 (1987 III), S. 9, 81.

143 *Peter*, Arbitration and Renegotiation, S. 208.

144 *Schanze*, Investitionsverträge, S. 48; *Vagts*, RdC 203 (1987 III), S. 9, 81; *Peter*, Arbitration and Renegotiation, S. 208.

145 *Schanze*, Investitionsverträge, S. 48.

überhöht[146]. Zum anderen können sich die im Vertrag prognostizierten geologischen und wirtschaftlichen Faktoren wie Produktionsraten und -kosten oder Weltmarktpreise in einer für den Investor günstigen Weise ändern, was zu einer Störung der vertraglichen Symmetrie führt. Die lange Laufzeit der Verträge läßt den Staat dann oftmals auf Wiederherstellung dieser Symmetrie durch Neuverhandlungen pochen[147]. Kommen diese nicht zustande, oder scheitern sie, so wird der Staat notfalls kraft legislativer Maßnahmen einseitig Änderungen des Vertrages bewirken, falls er das Projekt nicht sogar vollständig selbst übernimmt[148].

Neben dem Geisel- und dem Loyalitätsproblem führen oft Mißtrauen gegenüber ausländischen Investoren oder Änderungen der nationalen Wirtschaftspolitik zu Beeinträchtigungen früherer Projekte. *Sornarajah* verweist in diesem Zusammenhang auf Indien und China, die sich zwar Auslandsinvestitionen geöffnet haben, in denen es aber noch starke Strömungen gibt, die Investitionen als Form ausländischen Einflusses auf die Wirtschaft ablehnen[149]. Nationalismus als Ursache für Investitionsstreitigkeiten ist aber nicht nur auf Entwicklungsländer beschränkt. So hat die zunehmende Präsenz U.S.-amerikanischer Konzerne in Kanada, Europa und Japan zu Rufen nach Beschränkungen gegen einen "Ausverkauf der Wirtschaft" geführt, ebenso wie in den USA die Aufkäufe heimischer Firmen durch japanische Konzerne, so z.B. Columbia Pictures durch Sony, zu Protesten Anlaß gegeben haben[150]. Letztlich kann auch jeder Regierungswechsel, insbesondere wenn damit fundamentale Änderungen der Wirtschaftspolitik verbunden sind oder diktatorische Regime durch demokratisch gewählte Regierungen ersetzt werden, zu Gefährdungen früherer Investitionen führen.

2. *Formen von Investitionsrisiken*

Aufgrund dieser Ursachen besteht das Risiko, daß es zu staatlichen Handlungen kommt, die die Investition beeinträchtigen. Diese Handlun-

---

146 *Shihata*, MIGA, S. 131; Vagts, RdC 203 (1987 III), S. 9, 81/82.

147 *Peter*, Arbitration and Renegotiation, S. 125. *Schanze*, Investitionsverträge, S. 47/48. *Peter* führt auf den Seiten 51-123 8 Beispiele an, bei denen Änderungen der grundsätzlichen Verträge schon nach kurzer Zeit nötig wurden.

148 *Vagts*, RdC 203 (1987 III), S. 9, 82; *Schanze*, Investitionsverträge, S. 48.

149 *Sornarajah*, Foreign Investment, S. 57; vgl. auch *Akinsanya*, S. 82.

150 *Akinsanya*, S. 83; *Sornarajah*, Foreign Investment, S. 59.

gen können verschiedene Formen annehmen. Neben einer diskriminierenden Behandlung ausländischer Investoren sind die hauptsächlichen Risiken die Eigentumsentziehung, die Beschränkung der Transfers von Gewinnen und das Verbot des Einsatzes von eigenem Personal. Stehen Staat und Investor in vertraglichen Beziehungen, so besteht noch zusätzlich das Risiko der Verletzung dieser Verträge.

a) Eigentumsentziehungen

Eigentumsentziehungen können in verschiedener Form auftreten. Eine Nationalisierung z.B. liegt vor, wenn einem privaten Eigentümer durch staatliche Maßnahmen sein Eigentum entzogen und auf den Staat übertragen wird, der dieses dann direkt oder durch staatliche Gesellschaften betreibt und ausbeutet[151]. Der direkte Entzug durch Verlust des physischen Eigentums oder der Rechte am Eigentum ist nicht die einzige Form, in der eine Enteignung stattfinden kann. Unter dem Begriff "schleichende Enteignungen" oder "indirekte Enteignungen" werden staatliche Maßnahmen verstanden, die nicht auf eine Beeinträchtigung des Eigentums abzielen, in ihren Auswirkungen aber einer Enteignung gleichkommen[152]. Der Schluß, daß z. B. durch Nutzungsbeschränkungen eine faktische Enteignung vorliegt, ist dann gerechtfertigt, wenn dem Eigentümer fundamentale Eigentumsrechte entzogen wurden und dieser Entzug nicht nur vorübergehend ist[153]. Ein solcher Entzug liegt z.B. vor, wenn durch die Regierung Manager für Firmen ernannt wurden, an denen

151 *White*, Nationalization of Foreign Property, S. 41; *Foighel*, Nationalization and Expropriation, S. 30, allerdings mit der Beschränkung auf ökonomische Motive; vgl. auch *Jennings/Watts*, Oppenheim I/2, S. 916 Fn. 9. Im Gegensatz zu Enteignungen sind Nationalisierungen auch nicht auf einzelne Investitionen beschränkt, sondern erfassen idR ganze Industriezweige, so z.B. die Verstaatlichung der Kupferindustrie in Chile und die Verstaatlichung der Ölindustrien in Libyen und im Iran.

152 *Higgins*, RdC 176 (1982 III), S. 263, 322-355; *Christie*, BYBIL 38 (1962), S. 307-338; die Rechtsprechung des Iran-U.S. Claims Tribunals findet sich bei *Aldrich*, Iran-U.S. Claims Tribunal, S. 171-276.

153 *Higgins*, RdC 176 (1982 III), S. 324; *Christie*, BYBIL 38 (1962), S. 307, 337.

die Investoren Anteile besaßen[154] oder beim erzwungenen Verkauf des Eigentums[155].

Abzugrenzen sind indirekte Enteignungen von Maßnahmen, die nur die Sozialpflichtigkeit des Eigentums konkretisieren[156] oder Maßnahmen zum Schutze der öffentlichen Sicherheit darstellen und damit nicht *per se* entschädigungspflichtig sind[157]. So werden Steuern sowie Arbeits- und Umweltgesetzgebung in der Regel nicht als indirekte Enteignungen angesehen[158]. Angesichts des umfassenden Investitionsbegriffs sind insbesondere solche Maßnahmen aber Quelle zukünftiger Streitigkeiten. Potentiell kann jede staatliche Maßnahme, die ein vermögenswertes Recht beeinträchtigt oder abschafft, eine "Enteignung" darstellen.

Wie konfliktträchtig insbesondere das Umweltschutzrecht ist, zeigen die unter dem nordamerikanischen Freihandelsabkommen NAFTA entstandenen Fälle *Ethyl* und *Metalclad.* Der *Ethyl*-Fall ist eine Streitigkeit zwischen *Kanada* und der US-amerikanischen *Ethyl Corp.* über die Rechtmäßigkeit des Importverbots von MMT. MMT ist ein Benzinzusatz, der den Oktanspiegel erhöht und den Stickstoffdioxydausstoß verringert. Es wird in den USA produziert und in Kanada von einer kanadischen Tochterfirma von *Ethyl* verarbeitet. Kanada hat nicht die Produktion oder die Benutzung von MMT verboten, aber aus Sicherheitsgründen den Import und den provinzüberschreitenden Transport. *Ethyl* hat daraufhin unter den Bestimmungen des Kapitel XI des nordamerikanischen Freihandelsabkommens NAFTA vor einem Schiedsgericht eine Schadensersatzklage wegen Enteignung und diskriminierender Behandlung in

154 *Aldrich*, Iran-U.S. Claims Tribunal, S. 175, auch schon der StIGH, *Case concerning certain German Interests in Polish Upper Silesia*, Ser.A No. 7 (1926); kritisch dazu *Christie*, BYBIL38 (1962), S. 307, 333.

155 *Sornarajah*, S. 285; *Christie*, BYBIL 38 (1962), S. 307, 324ff, mit Beispielen aus dem 2. WK; *Higgins*, RdC 176 (1982 III), S. 326.

156 *Christie*, BYBIL 38 (1962), S. 307, 315, führt als Beispiel Regelungen an, die vorsahen, daß ca. 80% des Mietzinses an den Staat oder in Rücklagen abgeführt werden mußten. Die Sozialpflichtigkeit des Eigentums im Völkerrecht bescheibt *Seidl-Hohenveldern*, The Social Function of Property, in: *Kalshoven*, Essays on the Development of the International Legal Order, S. 77-97.

157 *Sornarajah*, Foreign Investment, S. 282; vgl. *Dolzer*, S. 241ff und *Christie*, BYBIL 38 (1962), S. 307, 332-334.

158 So z.B. im Abkommen über die multilaterale Investitions-Garantie-Agentur (MIGA), siehe *Shihata*, MIGA, S. 127; vgl. auch *Verdross/Simma*, § 1219. Beachte aber die Regelungen im Energy Charter Treaty.

Höhe von US-$ 250 Millionen eingereicht[159]. Der *Metalclad*-Fall hat als Parteien Mexiko und die US-amerikanische Firma *Metalclad*. Diese hatte im mexikanischen Bundesstaat San Luis Potosi eine Mülldeponie übernommen, die im Ruf stand, das lokale Grundwasser zu verseuchen. Nachdem sich herausstellte, daß die Mülldeponie direkt über einem ökologisch wertvollen Grundwasserstrom lag, verbot der Gouverneur die Wiedereröffnung der Deponie. *Metalclad* verlangt nun Schadensersatz in Höhe von US-$ 90 Millionen wegen Enteignung zukünftiger Profite. Dieser Fall ist inzwischen dem ICSID unterbreitet worden und hat in Zusammenhang mit dem geplanten, mittlerweile aber gestoppten multilateralen Investitionsabkommen MAI für erhebliche Diskussionen und Proteste von Bürgerrechtsgruppen gesorgt[160].

b) *Kapitalausfuhrbeschränkungen*

Unabdingbar für den Investor und den Erfolg der Investition ist die Möglichkeit, Einkommen und Gewinne ins Ausland zu transferieren, Schulden im Ausland zu zahlen und dort Rohstoffe und Ersatzteile kaufen zu können[161]. Um dies zu können, muß er aber die Möglichkeit haben, sein im Gaststaat erworbenes Kapital in Devisen, z.B. Dollar oder DM, umzutauschen. Das Risiko von Ausfuhrbeschränkungen besteht insbesondere in Entwicklungsländern mit einer chronischen Unausgeglichenheit der Zahlungsbilanz. Die Notwendigkeit, mit Devisen für bestimmte Importe zu bezahlen, kann diese Staaten zu solchen Maßnahmen veranlassen. Die Währungskrise in Rußland im September 1998 hat aufgezeigt, daß auch in den Nachfolgestaaten der Sowjetunion dieses Risiko besteht. Die Befugnis eines Staates zum Erlaß von Ausfuhrbeschränkungen wird im all-

---

159 Zu diesem Verfahren sowie den NAFTA-Bestimmungen *Eklund*, J. Int'l Arb. 11/4 (1994), S. 135ff; *Horlick/Marti*, J. Int'l Arb. 14/1 (1997), S. 43ff. Unbestätigt (da nicht-öffentliches Verfahren) ist, daß das Verfahren durch Vergleich mittlerweile beigelegt wurde. Siehe auch ILM 38 (1999), S. 702ff (Decision Regarding the Place of Arbitration), S. 708ff (Award on Jurisdiction) und S. 736ff (Procedural Order).

160 Stellvertretend für die umfangreiche Diskussion im Internet: *Defence of Canadian Liberty Committee*, MAI and the Metalclad Case, www.canadianliberty.bc.ca/ relatedinfo/metalclad.html (Februar 99); *Die Welt des MAI*, Jungle World 39 (9/98) www.nadir.org/nadir/eriodika/ jungle_world/_98/39/13a.html.

161 Zu den Regelungen in bilateralen Verträgen *Salacuse*, Bilateral Investment Treaties, in: *Wälde* (Hrsg), Energy Charter Treaty, S. 321-348.

gemeinen Völkerrecht nur durch sehr weit gefaßte Bestimmungen des Internationalen Währungsfonds[162] beschränkt.

c) *Verbot des Einsatzes eigenen Personals*

Ebenso notwendig für den Erfolg des Projektes kann es sein, daß sogenanntes "Schlüsselpersonal", d.h. Manager und besonders qualifizierte Angestellte und Techniker, in den Gaststaat einreisen dürfen, um das Projekt zu leiten und zu betreuen. Andererseits muß jeder Staat aber auch das Recht haben, Personen, die seine innere oder äußere Sicherheit gefährden, an den Grenzen zurückzuweisen. Soweit multilaterale völkerrechtliche Verträge die Freizügigkeit garantieren, gehen sie daher von einem "rechtmäßigen" Aufenthalt auf dem Gebiet eines Staates aus, erkennen also dessen Regelungskompetenz an[163].

Es bedarf nicht des Verbots der Einreise, um Streitigkeiten entstehen zu lassen, wie sich an dem vor dem Supreme Court der Vereinigten Staaten verhandelte Fall *Sumitomo Shoji America, Inc. v. Avagliano*[164] zeigt. *Sumitomo* war eine 100%-Tochterfirma einer japanischen Firma und wurde von einer Gruppe seiner weiblichen Angestellten verklagt, weil nur männliche japanische Angestellte in Führungspositionen berufen wurden. Die Klägerinnen beriefen sich auf amerikanische Gleichstellungsgesetze. Das Gericht hatte den japanisch-amerikanischen FCN-Vertrag[165] anzuwenden, der Investoren des einen Staates das Recht garantierte, im anderen Staat Personal seiner Wahl zu beschäftigen. Da es sich bei *Sumitomo* aber um eine in Amerika inkorporierte Firma handelte, entschied das Gericht, es handle sich nicht um einen japanischen Investor und gab den Klägerinnen Recht.

d) *Vertragsverletzungen*

Neben Enteignungen, seien sie direkt oder indirekt, ist die *Vertragsverletzung* durch einseitige Maßnahmen des Gaststaates eines der wesent-

---

162 *Mann*, The Legal Aspect of Money, S. 372-400.

163 *Ipsen*, in *Ipsen*, Völkerrecht, S. 663.

164 457 U.S 176 (1982), erwähnt in: *Salacuse*, Bilateral Investment Treaties, in: *Wälde* (Hrsg), The Energy Charter Treaty, S. 321, 344.

165 FCN = Treaty of Friendship, Commerce and Navigation.

lichsten Investitionsrisiken. Die Investitionsverträge zwischen Staat und Investor legen die gegenseitigen Rechte und Pflichten fest. Sie bilden die Grundlage für die Planung des Investors und haben aus diesem Grund eine Laufzeit von Jahren oder Jahrzehnten[166]. In diesen Verträgen sind oftmals auch Steuersätze und ähnliche Vergünstigungen festgeschrieben. Ändern sich die wirtschaftlichen oder politischen Rahmenbedingungen des Investitionsprojektes und können sie nicht durch Vertragsanpassung ausgeglichen werden, so kann das dazu führen, daß der Staat einseitig und entgegen der vertraglichen Versprechen Steuern erhöht oder auf ähnliche Weise für den Investor nachteilig handelt[167]. Wie bereits aufgezeigt, ist das Risiko der einseitigen Vertragsabänderung langfristigen Verträgen geradezu inhärent[168]. Im Einzelfall kann die Abgrenzung einer Vertragsverletzung von der Enteignung vertraglicher Rechte allerdings schwierig vorzunehmen sein.

III. Zusammenfassung

Die bereits propagierte Inkongruenz zwischen dem globalen Handlungsfeld der Investoren und dem national begrenzten Handeln der Staaten spiegelt sich in den Streitigkeiten wider, die auf gegensätzlichen Interessen beruhen. Während das Interesse des Investors primär auf Gewinnmaximierung und Stabilität der Rahmenbedingungen gerichtet ist, verfolgt der Staat politische Ziele. Was aber für den Staat Verwirklichung erstrebenswerter Ziele ist, z.B. Sicherung der Währungsreserven, Schutz der Umwelt und die Beschäftigung einheimischer Arbeitnehmer, kann langfristigen Planungen des Investors zuwiderlaufen und so zu Spannungen und Streitigkeiten führen. Sind die Interessen von Staat und Investor in langfristigen Verträgen festgeschrieben, so führt die Änderung tatsächlicher Umstände erst recht zu einer notwendigen Interessenneubewertung und notfalls einseitiger Anpassung durch den Staat.

---

166 *Ebenroth/Karl*, MIGA, S. 127.

167 *Peter*, Arbitration and Renegotiation, S. 259; *Igbokwe*, J. Int'l. Arbitration 14/1 (1997), S. 99, 110; *Rawding*, Arb. Int 11 (1995), S. 341, 347, *Redfern/Hunter*, S. 104.

168 Siehe oben Seite 54.

C. Völkerrechtlicher Investitionsschutz

Kommt es aus den soeben dargestellten Gründen zu einem Streit zwischen Staat und Investor, so stellt sich die Frage nach der Rechtmäßigkeit staatlichen Handelns. Maßstab dafür ist das völkerrechtliche Investitionsschutzrecht, dessen Normen an Staaten adressiert sind und die Rechtmäßigkeit staatlichen Handelns regeln. Die folgende Darstellung beschränkt sich auf Normen des Völkergewohnheitsrechts (I) und völkerrechtliche Verträge zwischen Staaten (II). Ob die Investitionsverträge zwischen Staat und Investor auch völkerrechtlicher Natur sein können, ist Gegenstand einer jahrzehntelangen Diskussion, die schon ihres Umfangs wegen hier nicht nachzuzeichnen ist[169].

I. Völkergewohnheitsrechtlicher Eigentumsschutz

Der völkergewohnheitsrechtliche Eigentumsbegriff umfaßt alle vermögenswerten Rechte, so daß er dem Begriff der Investition oder "Kapitalanlage" gleichgestellt werden kann[170]. Auslandsinvestitionen unterfallen damit dem völkergewohnheitsrechtlichen Eigentumsschutz.

Es ist heute unbestritten, daß ein Staat das Recht hat, unter bestimmten Umständen über auf seinem Territorium belegene Vermögensgüter von Ausländern zu verfügen[171]. Eine Enteignung oder Nationalisierung ausländischen Eigentums ist danach grundsätzlich zulässig, wenn sie im öffentlichen Interesse erfolgt, nicht diskriminierend ist und eine angemessene Entschädigung gezahlt wird[172]. Die Höhe der zu zahlenden Ent-

---

169 Aus der umfangreichen Literatur vgl. nur *Kischel*, State Contracts; *Böckstiegel*, Der Staat als Vertragspartner ausländischer Privatunternehmen; *Velten*, Die Anwendung des Völkerrechts auf State Contracts; *Rengeling*, Privatvölkerrechtliche Verträge; *Stoll*, Vereinbarungen zwischen Staat und ausländischem Investor.

170 *Banz*, S. 137 mit Hinweis auf *Dolzer*, Eigentum, S. 171. Vgl. auch *Karl*, ICSID Review - FILJ 11 (1996), S. 1-31.

171 *Gloria*, in *Ipsen*, S. 613; *Jennings/Watts*, Oppenheim I/2, S. 918; *Verdross/Simma*, § 1216.

172 *Rudloff Case* (United States-Venezuela Mixed Claims Commission, 1903), 9 R. Int'l Arb. Awards S. 244, 258; *Banco National de Cuba v. Sabbatino* (Supreme Court USA 1964), 35 ILR S. 8-9; *Sedco Inc. v. NIOC and Iran* (Iran-U.S. Claims Tribunal 1986), 84 ILR S. 521, 545; *Gloria*, in *Ipsen*, S. 614; *Jennings/Watts*, Oppenheims

schädigung gehört aber zu den umstrittensten Fragen des Völkerrechts und ist auch heute keineswegs geklärt.

Die Rechtslage bis zum zweiter Weltkrieg war von zwei gegensätzlichen Positionen gekennzeichnet. Unter Berufung auf die *Calvo-Doktrin* wurde insbesondere von den Entwicklungsländern die Auffassung vertreten, der Gleichheitssatz innerstaatlichen Verfassungsrechts und der völkerrechtliche Grundsatz der Gleichheit der Staaten verbiete es, Ausländer besser zu stellen als Inländer[173]. Ein völkerrechtlicher Mindeststandard sollte danach nicht existieren. Das geltende Völkergewohnheitsrecht jedoch, das durch die *Hull-Formel* wiedergegeben wurde, sah einen solchen Standard vor: eine Entschädigung mußte sofort gezahlt werden, den vollen Marktwert des Unternehmens repräsentieren, und effektiv sein, d.h. frei transferierbar und in konvertierbarer Währung, geleistet werden[174].

Die Geltung der *Hull-Formel* geriet mit Beginn der Dekolonialisierung ins Wanken. Die Wirtschaft der neuen unabhängigen Staaten, ehemaliger Kolonien, war vom Export weniger Rohstoffe abhängig. Diese wurden meist aufgrund langfristiger Konzessionsverträge, die noch von den Kolonialbehörden ausgehandelt worden waren, von ausländischen Konzernen gegen Zahlung geringer Gebühren ausgebeutet. Das Bestreben der neuen Staaten, vollständige Unabhängigkeit auch über die Wirtschaft zu erlangen, führte zu einer Welle von Nationalisierungen und Enteignungen insbesondere im Rohstoffsektor. Politisch wurde die Debatte darüber, ob die Staaten die unveräußerliche Verfügungsgewalt über ihre natürliche Ressourcen besitzen, in der Generalversammlung der Vereinten Nationen ausgetragen und konzentrierte sich auf die Frage, wie hoch eine Entschädigung bei Nationalisierungen sein muß[175]. Der

---

I/2, S. 919/920. Zustimmend, aber kritisch *Amerasinghe*, State Responsibility, S. 135-142 und *Sornarajah*, Foreign Investment, S. 315.

173 *Shea*, The Calvo-Clause (1955).

174 *Dolzer*, AJIL 75 (1981), S. 553, 558; Norton, AJIL 85 (1991), S. 474, 475; *Gloria*, in *Ipsen*, S. 614. Die Hull-Formel geht auf den amerikanischen Außenminister Cordell Hull zurück, der sie in einem scharfen Notenwechsel zwischen Mexiko und den Vereinigten Staaten verwandte, der auf die Enteignung von amerikanischen Ländereien und Ölrechten in Mexiko 1938 folgte. Der Notenwechsel ist abgedruckt in *Hackworth*, Digest of International Law Vol. 3, S. 655-665.

175 Teilweise wird angeführt, daß zwischen Nationalisierungen und Enteignungen zu unterscheiden sei. Könne bei einer Enteignung noch volle Entschädigung gezahlt

Höhepunkt der Entwicklung war 1974 in der Res. 3281, der "Charta der wirtschaftlichen Rechte und Pflichten der Staaten"[176] erreicht, in der von einer "angemessenen" Entschädigung gesprochen wurde. Bei der Bestimmung, was "angemessen" ist, dürfe der enteignende Staat alle von ihm für maßgeblich erachteten Gesichtspunkte einfließen lassen. Diese Resolution stellt zwar nicht geltendes Völkergewohnheitsrecht dar[177]. Da aber fast 100 Staaten für die Res. 3281 stimmten, existiert zumindest keine einheitliche Rechtsüberzeugung bezüglich der Höhe der Entschädigung, so daß die Weitergeltung der *Hull-Formel* anzuzweifeln ist.[178]

Im Gegensatz zur uneinheitlichen Rechtsüberzeugung der Staaten zeigen die Entscheidungen internationaler Schiedsgerichte eine bemerkenswerte Konstanz[179]. Die Enteignung ausländischer Investitionen zog grundsätzlich die Pflicht nach sich, den Investor voll zu entschädigen, d.h. eine Entschädigung in Höhe des Marktwertes zu zahlen[180]. Diese Pflicht zur vollen Entschädigung galt auf jeden Fall, wenn die Enteignung völkerrechtswidrig war. Bei rechtmäßiger Enteignung und besonderen Umständen konnte die Entschädigung aber gemindert werden[181]. Die völkerrechtliche Relevanz dieser Schiedssprüche ist jedoch fraglich. Es sind Entscheidungen privater Gerichte, im Falle der libyschen Ölstreitigkeiten sogar nur von Einzelpersonen. Nach Artikel 38 Abs. 1 lit. d) IGH-Statut[182] könnten sie nur als Hilfsmittel zur Bestimmung des Völkerge-

---

werden, sei dies bei Enteignungen, die ganze Industriezweige erfassen, unmöglich. Da dies nur vereinzelt vertreten wird, wird darauf nicht weiter eingegangen. Ausführlich dazu *Amerasinghe*, State Responsibility, S. 123-167; vgl. auch *Verdross/Simma*, § 1222; *Sornarajah*, Foreign Investment, S. 410. In neuerer Zeit auch die abweichende Meinung von Schiedsrichter *Lagergren* in INA Corp. v. Iran, ILR 75, S. 595ff.

176 *Charter of Economic Rights and Duties of States*, UNGA Res. 3281 [XXIX], vom 17.12.1974, UN GAOR 29 Suppl. (no.31), S. 50, U.N. Doc, A/9631 (1975).

177 *Dolzer*, AJIL 75 (1981), S. 553, 564; *Gloria*, in *Ipsen*, S. 617; *Häde*, AVR 35 (1997), S. 181, 198.

178 *Dolzer*, AJIL 75 (1981), S. 553, 565.

179 Dazu ausführlich *Norton*, AJIL 85 (1991), S. 474ff.

180 *Häde*, AVR 35 (1997) S. 181, 202; *Norton*, AJIL 85 (1991), S. 474, 489.

181 *Norton*, AJIL 85 (1991), S. 474, 489 unter Verweis auf den Schiedsspruch im Verfahren *Liamco v. Lybien*, ILR 62 (1979), S. 140ff.

182 *Statute of the International Court of Justice*, San Fancisco, 26.Juni 1945, Documents of the United Nations Conference on International Organizations 15 (1945), S. 355.

wohnheitsrechts angesehen werden. Solche Entscheidungen sind keine autoritativen Darstellungen des Völkerrechts, können nur Indizwirkung haben und eine entsprechende Staatenpraxis nicht ersetzen.

Eine eindeutige Aussage über den gegenwärtigen Stand des Völkergewohnheitsrechts bezüglich der Entschädigungshöhe ist damit nicht möglich[183]. Auch bei prinzipiell voller Entschädigung wird die Höhe der Entschädigungssumme weiterhin von den Umständen des Falles abhängen.

II. Investitionsschutzverträge

Die ungewisse politische Situation nach der Dekolonialisierung, die in vielen Staaten im Zuge der Diskussion über eine neue Weltwirtschaftsordnung erfolgten Nationalisierungen und die unsichere Rechtslage stellten erhebliche Hemmnisse für Investitionen in diesen Ländern dar[184]. Dies gab für die kapitalexportierenden Industrieländer den Anstoß, spezielle Verträge zum Schutz der Investitionen zu schaffen. Bestimmungen über den Schutz ausländischer Investitionen im Gaststaat fanden sich zwar schon früh in den sogenannten "Friendship, Commerce and Navigation"-Verträge (FCN-Verträge) Englands und der Vereinigten Staaten und Englands[185]. Sie erwiesen sich jedoch für den Schutz von Direktinvestitionen als unzureichend. Während die Vereinigten Staaten und Japan zunächst versuchten, ihre FCN-Verträge anzupassen[186], entwickelte die Bundesrepublik Deutschland einen "reinen" Investitionsschutzvertrag, der unabhängig vom jeweiligen nationalen Recht optimalen Schutz garantieren sollte[187]. Zwischen der Bundesrepublik Deutschland und Pakistan wurde dann 1959 der erste "pure" Investitionsschutzvertrag der Welt unterzeichnet[188]. Binnen kurzer Zeit folgten die

183 *Häde*, AVR 35 (1997) S. 181, 203; anders *Norton*, AJIL 85 (1991), 474, 488, der von "voller Entschädigung" ausgeht und ablehnend *Sornarajah*, Foreign Investment, S. 365, der davon ausgeht, daß zumindest "volle Entschädigung" nicht Gewohnheitsrecht ist.

184 *Banz*, S. 22.

185 Zu den FCN-Verträgen ausführlich *Connell*, ArchVR Bd. 9 (1961/62), S. 256-277.

186 *Connell*, ArchVR 9 (1961/62), S. 256, 262.

187 *Banz*, S. 24.

188 *Banz*, S. 24.

Schweiz, Frankreich, Großbritannien und die Beneluxstaaten, seit 1981 auch die Vereinigten Staaten. Mit Ende des kalten Krieges begannen auch die Staaten des ehemaligen Ostblocks und, bedingt durch zunehmenden Wettbewerb um Investitionen, auch die Staaten Lateinamerikas und Indiens, Investitionsschutzverträge abzuschließen[189]. Die Verträge bestehen dabei nicht nur zwischen den kapitalexportierenden Staaten des Westens und asiatischen, afrikanischen und lateinamerikanischen Staaten. Bilaterale Investitionsschutzverträge zwischen Entwicklungsländern oder Entwicklungsländern und "economies in transition", d.h. asiatischen Ländern wie z.B. Vietnam, nehmen seit Anfang der 90er Jahre zu[190]. Inzwischen besteht ein Netzwerk von knapp 1500 bilateralen Abkommen zwischen 140 Staaten, die den Schutz von Investitionen regeln[191].

Eine ausführliche Erörterung ihres Inhalts ist bereits von anderer Seite erfolgt, so daß eine kurze Skizzierung genügt[192]. Ziel und Zweck dieser Verträge ist es, die typischen Investitionsrisiken abzudecken. So regeln alle modernen Investitionsschutzverträge, daß Enteignungen oder enteignungsgleiche Maßnahmen nur mit einer Entschädigung, die dem *Hull-Standard* entspricht, zulässig sind. Ferner wird das Recht des Investors festgeschrieben, Kapital, d.h. auch Devisen, ins Ausland bzw. seinen Heimatstaat zurück zu transferieren[193]. Bezüglich der Einreise von "Schlüsselpersonal" des Investors garantieren diese Verträge kein Recht auf Einreise, sondern verpflichten den Gaststaat nur, die Einreisegesuche

189 Eine Liste von 300 Verträgen von 1959 -1996 findet sich in *UNCTAD*, International Investment Instruments Vol III, Un Sales No. E.96.II.A.11

190 *UNCTAD*, Bilateral Investment Treaties in the Mid-1990s, S. 137. So hat z.B. China mit Vietnam 1992 einen BIT abgeschlossen.

191 *UNCTAD*, World Investment Report 1998, S. xix; *Salacuse*, Bilateral Treaty Investment Regimes, in: *Wälde*, Energy Charter Treaty, S. 321, 327.

192 Ausführlich *UNCTAD*, aaO; *Salacuse*, aaO, S. 321-348; für die deutschen Investitionschutzverträge vgl. *Banz*, 1 *passim*.

193 Dies allerdings in unterschiedlichem Ausmaß. Während Artikel 6 des chinesischen Mustervertrags die Vertragsparteien nur verpflichtet, *im Rahmen ihrer gesetzlichen Bestimmungen* den Transfer bestimmter Kapitalarten, darunter "*legitimer Einkommen*" zu garantieren, kennt Artikel5 des deutschen Mustervertrags weder die Beschränkung auf die gesetzlichen Bestimmungen noch auf "legitime" Einkommen. Vgl. *UNCTAD*, International Investment Instruments Vol III, Un Sales No. E.96.II.A.11 und auch *Salacuse*, in: *Wälde*, The Energy Charter Treaty, S. 321, 341.

gebührend zu berücksichtigen[194]. Damit wird dem souveränen Recht des Gaststaates, über die Einreise von Personen in sein Territorium zu bestimmen, Rechnung getragen.

Der Schutz der Investitionsverträge zwischen Staat und Investor wird in diesen völkerrechtlichen Verträgen jedoch normalerweise nicht vorgesehen. Die Verletzung der Pflichten aus dem Vertrag mit dem Investor stellt *per se* noch keine Verletzung der völkerrechtlichen Schutzverträge dar. Damit sind Gaststaaten nicht völkervertragsrechtlich verpflichtet, bei Verletzung des privaten Investitionsvertrages den Investor zu entschädigen[195], wenn diese Maßnahme nicht gleichzeitig z.B. eine Enteignung darstellt.

Angesichts dieser großen Zahl von Verträgen, die mehr oder weniger alle ähnliche Klauseln, insbesondere zur Höhe der Entschädigung enthalten[196], ist fraglich, ob aus ihnen Gewohnheitsrecht erwächst[197]. Grundsätzlich kann im Abschluß bilateraler Verträge eine dem Inhalt der Verträge entsprechende Rechtsüberzeugung der handelnden Staaten gesehen werden[198]. So kann damit zwar aus einem Netzwerk bilateraler Verträge mit gleichlautenden Bestimmungen Gewohnheitsrecht erwachsen[199]. Das Bestehen gleichlautender Bestimmungen ist jedoch mehrdeutig: zum einen können diese Bestimmungen Indiz für eine allgemeine Rechtsüberzeugung sein, zum anderen aber auch, daß die Parteien eine Sonderregelung vereinbart haben, weil eben keine solche Rechtsüberzeu-

---

194 *Salacuse*, Bilateral Investment Treaties, in: *Wälde* (Hrsg), Energy Charter Treaty, S. 321, 343.

195 Dazu *Paasivirta*, Security of Contracts, in: *Wälde* (Hrsg), Energy Charter Treaty, S. 349-364. Um dieses Manko zu beheben, wurde schon früh versucht, die privaten Investitionsverträge in den Rang völkerrechtlicher Verträge zu erheben. Zu dieser Problematik der "State Contracts", die nicht Gegenstand der vorliegenden Untersuchung ist, ausführlich *Böckstiegel*, Der Staat als Vertragspartner ausländischer Privatunternehmen; *Kischel*, State Contracts.

196 Es wird fast durchweg die Hull-Formel oder ähnliche Formulierungen verwendet. *Salacuse*, Bilateral Investment Treaty Regimes, in: *Wälde*, Energy Charter Treaty, S. 321, 345.

197 *Dafür* z.B. *Norton*, Back to the Future, in *Wälde*: Energy Charter Treaty, S. 365, 383; *Robinson*, AJIL 78 (1984), S. 176, 177; *dagegen Sornarajah*, Foreign Investment, S. 363; *Dolzer*, AJIL 75 (1981), 553, 568; *skeptisch* z.B. *Häde*, AVR 35 (1997) S. 181, 199.

198 *Jennings/Watts*, Oppenheim I/1, S. 28.

199 *Villiger*, S. 189; *Dahm/Delbrück/Wolfrum*, S. 52.

gung besteht. Möglich ist auch, daß eine Vertragspartei dieser Regelung aus politischen, nicht aber aus rechtlichen Gründen zugestimmt hat[200]. Im Falle der Investitionsschutzverträge läßt sich denn auch argumentieren, daß die Entwicklungsländer die Verträge nur abgeschlossen haben, weil sie sich im Gegenzug von dem Vertrag erhöhte Investitionen erhofft haben.[201] Insofern kann nicht festgestellt werden, daß es eine aus den Investitionsschutzverträgen folgende Regel des Völkergewohnheitsrechts gibt, daß prompte, angemessene und effektive Entschädigung zu zahlen ist.

Das dichte Netz der 1500 bilateralen Investitionsschutzverträge erfaßt aber nicht zwingend einen hohen Prozentsatz der weltweiten Investitionen. Es wurde bereits dargestellt, daß ca. 2/3 der weltweiten Investitionen innerhalb der "westlichen" Industrieländer verbleiben[202], die untereinander in der Regel keine Investitionsschutzverträge abschließen[203].

Das Netz der Investitionsschutzverträge zeichnet sich ferner durch unterschiedliche Schutzstandards aus: die materiellen Regelungen weichen teilweise nicht unerheblich voneinander ab, so daß kein einheitliches Schutzniveau für Auslandsinvestitionen besteht[204]. Abhilfe könnte nur ein multilaterales, weltweites Abkommen schaffen. Ein solches umfassendes multilaterales Investitionsschutzabkommen wurde bis Mitte 1998 unter der Schirmherrschaft der OECD verhandelt. Das "Multilateral Agreement on Investment", zu dem die Verhandlungen 1995 begonnen hatten, sollte umfassenden Investitionsschutz, verbunden mit Staat-Investor-Schiedsverfahren als Streitbeilegungsmethode, enthalten[205]. Die Verhandlungen wurden 1998 aufgrund nicht überbrückbarer Differenzen sowie starken öffentlichen Drucks wahrscheinlich endgültig gestoppt.

---

200 *Dahm/Delbrück/Wolfrum*, S. 52; *Jennings/Watts*, Oppenheim I/1, S. 28 Fn.15; *Villiger*, S. 189.

201 *Dolzer*, AJIL 75 (1981), S. 553, 567

202 Siehe oben S. 31.

203 *Sacerdoti*, Bilateral Treaties and Multilateral Instruments, RdC 267(1997), S. 251, 453.

204 *Häde*, AVR 35 (1997), S. 481, 203.

205 zum Inhalt: OECD, Directorate for Financial, Fiscal and Enterprise Affairs, MAI Negotiating Text (Stand 24. April 1998), http://www.oecd.org/daf/cmis/mai/mainegot.htm; ferner *Häde*, AVR 35 (1997) S.181, 210-12.

Erfolge wurden nur erzielt, wenn das jeweilige multilaterale Abkommen keine materiellen Schutznormen enthielt. So wurde 1965 das *International Centre for the Settlement of Investment Disputes*[206] gegründet und 1985, ebenfalls unter den Auspizien der Weltbank, die *Multilaterale Investitions-Garantie-Agentur*[207] (MIGA) gegründet. Die MIGA versichert Investitionen in Mitgliedstaaten gegen nichtkommerzielle Risiken wie z.B. Enteignungen, Verletzungen der privaten Investitionsverträge und Kriege. Da Versicherungsschutz nur gewährt wird, wenn die Rechtsordnung des Gastlandes den Investitionen eine gerechte Behandlung gewährt und die Entwicklungsländer miteinander um Investitionen konkurrieren, kommt indirekt ein Schutzstandard zustande[208].

Die Rechtmäßigkeit investitionsbezogener staatlicher Maßnahmen wird nicht nur in speziellen Investitionsschutzverträgen geregelt, sondern auch im internationalen Handelsrecht. Es wurde bereits unter den wirtschaftspolitischen Rahmenbedingungen von Investitionen beschrieben, daß Investitionen stärker als Handel zunehmen und als Vorläufer künftiger Handelsströme gelten können[209]. Diese Verflechtung führt so dazu, daß Handelsregelungen auch Investitionen betreffen können. Zu erwähnen sind hierbei neben dem nordamerikanischen Freihandelsabkommen NAFTA auch die TRIMS[210] und GATS-Abkommen[211], die im Rahmen der Uruguay-Runde 1994 abgeschlossen wurden. Es handelt sich dabei jedoch nicht um "typisches" Investitionsschutzrecht, da z.B. keine Vorschriften über die Entschädigung für Enteignungen enthalten sind. Investitionen werden vielmehr gegen Maßnahmen insoweit geschützt, als diese Maßnahmen den zwischenstaatlichen Handel beeinträchtigen können. Auch differieren die verwendeten Begriffe wie z.B. "commercial presence" vom Begriff der Investition in typischen Investitionsschutzverträ-

206 Das ICSID wird ausführlich erörtert ab Seite 96ff.

207 *Convention establishing the Multilateral Investment Guarantee Agency*, ILM 24 (1985), S. 1605 ff. Die Konvention ist 1988 in Kraft getreten.

208 *Ebenroth*, Code of Conduct, S.8; *Häde*, AVR 35 (1997) S. 181, 205.

209 Siehe oben S. 37 .

210 *Agreement on Trade-related Investment Measures*, http://www.jus.uio.no.lm/wta 1994/x.o-iiala7.html.

211 *General Agreement onTrade in Services*, ILM 33 (1994), S. 44ff.

gen[212]. Eine vergleichende Analyse würde den Rahmen dieser Darstellung überschreiten und unterbleibt daher[213].

IV. Zusammenfassung

Investitionen sind zwar durch völkerrechtliche Verträge und Völkergewohnheitsrecht geschützt, deren Normen die bereits beschriebenen Investitionsrisiken abdecken, mit Ausnahme des Risikos der Verletzung des privaten Investitionsvertrages. Dieser Schutz allein ist aber nicht geeignet, die Unberechenbarkeit des politischen Risikos für Investoren berechenbarer zu machen. Zum einen sind Umfang und Reichweite dieses Schutzes unterschiedlich, da nur ein Geflecht bilateraler Verträge existiert, aber kein umfassendes multilaterales Abkommen. Zum anderen ist der völkerrechtliche Investitionsschutz reaktiv und nicht präventiv ausgestaltet, d.h. es werden Rechtsfolgen angeordnet, wenn der Schaden bereits eingetreten ist. Von entscheidender Bedeutung für den Investor ist daher, wie dieser rechtliche Schutz im Streitfalle durchgesetzt werden kann.

D. Streitbeilegungsmechanismen

Im folgenden sind die Mechanismen zur Beilegung von Investitionsstreitigkeiten darzustellen. Entsprechend der am Anfang dieser Arbeit aufgezeigten Entwicklung vom diplomatischen Schutz zu Schiedsverfahren wird die Darstellung auf den diplomatischen Schutz (I), Schiedsverfahren (II), Staat-Investor-Schiedsverfahren unter dem ICSID (III) und entsprechende Regelungen in völkerrechtlichen Verträgen (IV) beschränkt.

---

212 Vgl. die ausgezeichneten Darstellungen der OECD: *Investment and the Final Act of the Uruguay Round* (12.9.94), Doc. COM/TD/DAFFE/IME(94)56/REV1; *Trade and Investment Interface* (11.9.96), Doc. TD/TC/WP(96)32

213 Einen Überblick über die inhaltlichen Regelungen verschiedener Verträge findet sich in einer WTO-Zusammenstellung: *Working Group on the Relationship between Trade and Investment*, Bilateral, Regional, Plurilateral and Multilateral Agreements, WTO Doc. WT/WGTI/W/22 vom 26.01.998.

I. Diplomatischer Schutz

1. Voraussetzungen

Der diplomatische Schutz basiert auf der Konzeption, daß ein Staat den geltend gemachten Anspruch eines seiner Staatsbürger aufnimmt und diesen auf internationaler Ebene verfolgt, z.B. durch diplomatischen Protest oder durch eine Klage vor einem internationalen Tribunal. Dabei wird davon ausgegangen, daß nur der Staat, nicht aber das Individuum, in völkerrechtlichen Rechten verletzt ist[214]. Exemplarisch zeigt sich dies in den Worten des Ständigen Internationalen Gerichtshofs im *Mavrommatis-Concessions - Fall*:

> "It is an elementary principle of international law that a state is entitled to protect its subjects, when injured by acts committed by another state, from which they have been unable to obtain redress through the ordinary channels. By taking up the case of one of its subjects and by resorting to diplomatic action or international judicial proceedings, a state is in reality asserting its own rights - its right to ensure, in the person of its subjects, respect for the rules of international law."[215]

Die Voraussetzungen des diplomatischen Schutzes sind völkergewohnheitsrechtlich festgelegt und in Entscheidungen des StIGH und des IGH präzisiert worden. Es muß *erstens* eine Behandlung des schutzsuchenden Individuums durch den Gaststaat vorliegen, die völkerrechtliche Verpflichtungen des Gaststaates gegenüber dem Schutzstaat verletzt[216]. Im Fall einer Investitionsstreitigkeit müßte daher der Gaststaat die Normen des völkerrechtlichen Investitionsschutzrechts verletzt haben. *Zweitens* muß das zu schützende Individuum zum Zeitpunkt der Verletzung Staatsangehöriger des schutzausübenden Heimatstaates gewesen sein und zum Zeitpunkt der Schutzausübung noch sein. Es ist das "Band der Na-

---

214 Diese Ansicht kritisieren *Brownlie*, S. 67 und *O'Connell*, S. 112, die davon ausgehen, daß es sich eigentlich um den Anspruch des Verletzten Individuums, nicht des Staates, handelt. Vgl. zu den verschiedenen Theorien des dipl. Schutzes *Dahm*, Völkerrecht Bd. III, S. 256-258; *Döhring*, in: *Ress/Stein*, Der diplomatische Schutz im Völker- und Europarecht, S. 13-20.

215 StIGH, *The Mavrommatis Palestine Concessions* (1924), PCIJ Ser. A No.2, S. 12.

216 ICJ, *Reparations for Injuries* (Advisory Opinion), ICJ Reports 1949, S. 174, 181-182.

tionalität", das dem Staat das Recht auf Schutzausübung gewährt[217]. Bevor der Heimatstaat berechtigt ist, diplomatischen Schutz auszuüben, muß *drittens*, die schutzsuchende Person vorher mit allen ihr zur Verfügung stehenden Mitteln versucht haben, vor Behörden und Gerichten des Gaststaates Wiedergutmachung zu erlangen. Die "*local remedies*", d.h. der innerstaatliche Rechtsweg, müssen ausgeschöpft werden. Grundgedanke dieser Voraussetzung ist, daß jedem Staat zunächst die Möglichkeit gegeben sein muß, seine Fehler selbst zu beheben[218]. Ausnahmsweise ist die Erschöpfung des Rechtsweges nicht notwendig, wenn ein effektiver Rechtsschutz nicht existiert oder nach ständiger Rechtsprechung im Gaststaat kein Erfolg zu erwarten ist[219]. Verweigert der Gaststaat dem Ausländer jeglichen Rechtsschutz, so kann dies als "*denial of justice*" ein eigenständiges völkerrechtliches Delikt sein, das wiederum zur Ausübung diplomatischen Schutzes berechtigt[220].

Nachdem es in Südamerika im 19. Jahrhundert mehrmals zu teilweise gewaltsamen Interventionen europäischer Mächte zugunsten ihrer Staatsangehörigen gekommen war[221], versuchten lateinamerikanische Staaten durch die sog. *Calvo-Klausel* Investoren zu verpflichten, im Fall einer Investitionsstreitigkeit Rechtsschutz ausschließlich vor nationalen Gerichten zu suchen und auf den diplomatischen Schutz ihres Heimatstaates zu verzichten. Die Gültigkeit einer Calvo-Klausel in einem privaten Investitionsvertrag ist jedoch völkerrechtlich problematisch. Der Anspruch, der im Rahmen diplomatischen Schutzes geltend gemacht wird, steht ja nicht dem Investor, sondern dessen Heimatstaat zu. Daher kann der Investor auch nicht darüber verfügen[222]. Zumindest in ihrer extremsten Form, nämlich der eines Verbots des diplomatischen Schutzes unter allen Umständen, hat sie daher niemals Gültigkeit erlangt[223]. Als Verpflichtung,

---

217 PCIJ, *The Panevezys-Saldutiskis Railway Case* (1939), Ser. A/B No. 76, S. 18.

218 IGH, *Interhandel Case*, ICJ Reports 1959, S. 27; *Verdross/Simma*, S. 884.

219 *Amerasinghe*, State Responsibility, S. 255; StIGH, *The Panevezys-Saldutiskis Railway Case* (1939), PCIJ Ser. A/B No. 76, S. 18.

220 *Ipsen*, in: *Ipsen*, S. 523; zur Problematik des "denial of justice" grundlegend *Freeman*, The International Responsibility of States for Denial Of Justice (1938).

221 *Wetter*, Univ. Chicago Law Rev. 29 (1962) S. 275, 297-310 mit Beispielen.

222 *Dahm*, Völkerrecht Bd. III, S. 258/9; *Verdross/Simma*, S. 879, *Ipsen*, in: *Ipsen*, S. 524; *Jennings/Watts*, Oppenheim I/1 S. 524/525; a.A. *Garcia-Amador*, Calvo-Doctrin, in: *Bernhardt* (Hrsg.), EPIL Bd. I (1992), S. 522, 523.

223 *Shea*, S. 258.

sich zuerst an die innerstaatlichen Gerichte zu wenden, könnte sie zwar durchaus gültig sein. Diese Verpflichtung ergibt sich aber indirekt auch schon aus der Voraussetzung der Erschöpfung des Rechtswegs, so daß die Bedeutung der Calvo-Klausel gering ist.

2. *Diplomatischer Schutz als privates Rechtsschutzverfahren*

Die Struktur des diplomatischen Schutzes bewirkt, daß seine Verwirklichung unter den Gegebenheiten der globalen Weltwirtschaft Probleme aufwirft.

Die Voraussetzung eines völkerrechtswidrigen Verhaltens des Gaststaates beschränkt den diplomatischen Schutz auf Fälle, in denen das staatliche Verhalten Völkergewohnheitsrecht oder völkerrechtliche Verträge verletzt. Damit aber kann die Schutzmöglichkeit je nach dem Land, in dem investiert wurde, verschieden sein. Ferner fällt der Bruch des Investitionsvertrages zwischen Staat und Investor regelmäßig aus dem Anwendungsbereich des diplomatischen Schutzes hinaus, da ein solcher Bruch völkerrechtlich nicht sanktioniert ist[224].

Ferner ist das Band der Nationalität, das den Schutz ermöglicht, nicht immer vorhanden oder führt nicht immer eindeutig zu einem bestimmten Staat. Ein Joint-Venture als Regelfall einer Investition wird nach dem Recht des Gaststaat gegründet und dort auch seinen Sitz haben. Nach der Inkorporationstheorie wäre es damit ein Staatsangehöriger des Gaststaates. Auch als Aktionär einer betroffenen Tochterfirma kann das transnationale Unternehmen kaum auf diplomatischen Schutz hoffen. Zwar ist das "*lifting of the corporate veil*", das 1974 im *Barcelona-Traction*-Fall vom IGH noch abgelehnt wurde[225], aufgrund der zunehmenden vertraglichen Festschreibung von Aktionärsrechten in Investitionsschutzverträgen nicht mehr nötig[226], jedoch ist es schwierig, die Nationalität eines TNU festzustellen. Neben der Inkorporation verlangen viele Staaten zusätzlich noch die Kontrolle durch Staatsangehörige. Die Aktien an einer TNU sind oftmals breit gestreut, so daß mehrere Individuen einen kontrollie-

---

224 *Paasivirta*, Security of Contracts, in: *Wälde*, The Energy Charter Treaty, S. 349, 355.

225 IGH, *Barcelona Traction Case*, ICJ Reports 1970, S. 4, 42; ausführlich und kritisch dazu *Beyer*, I passim.

226 *Murphy*, Yale J. of Int'l Law 16 (1991), S. 391, 451.

renden oder substantiellen Anteil haben können. Im Endeffekt könnten damit mehrere Staaten schutzberechtigt für das TNU sein[227]. Um Interessenkonflikte zu vermeiden, werden Staaten daher zögerlich sein, diplomatischen Schutz bei größeren Firmen auszuüben[228].

Vor Inanspruchnahme diplomatischen Schutzes muß der Investor den innerstaatlichen Rechtsweg ausschöpfen, was nicht nur Zeit und Geld kostet, sondern nicht immer ein faires Verfahren sichert: "*There is little use in going to law with the devil while the court is held in hell*"[229]. In krisengeschüttelten Ländern der dritten Welt erscheint es oftmals fraglich, ob die Gerichte unabhängig genug sind, um politischem Druck der Regierung, die getroffenen Maßnahmen für rechtmäßig zu erklären, zu widerstehen[230].

Der Investor kann das Verfahren auch nicht kontrollieren, da ihm kein Recht auf diplomatischen Schutz zusteht. Die Ausübung des Schutzes liegt im Ermessen eines jeden Staates, so daß die Heimatstaaten aus politischen Erwägungen diplomatischen Schutz verweigern und die Investoren schutzlos lassen können[231]. Diplomatischer Schutz setzt somit im Einzelfall eine Interessenkongruenz zwischen TNU und Heimatstaat voraus. Angesichts der globalen Ausrichtung der Interessen einer TNU liegt dies nicht immer vor[232]. Entscheiden sich die Heimatstaaten letztlich, diplomatischen Schutz auszuüben, so hängt der Erfolg vom politischen Einfluß des Staates ab[233]. Transnationale Unternehmen aus politisch schwachen Entwicklungsländern, die in anderen Ländern geschädigt werden, wären daher eventuell auch bei Schutzausübung durch ihren Heimatstaat im Ergebnis ohne Schutz. Auch eine erfolgreiche Klage vor dem internationalen Gerichtshof ergibt keinen vollstreckbaren Titel. Ob

227 *Bruno*, S. 45; *Muchlinski*, S. 536; *Bippus*, S. 50.

228 *Geck*, Diplomatic Protection, in: *Bernhardt* (Hrsg.), EPIL Bd. I (1992), S. 1045, 1053.

229 *Igbokwe*, J. Int'l. Arbitration 14/1 (1997), 99, 110 Fn. 69.

230 Vgl. *Vagts*, RdC 203 (1987 IV), S. 9, 82; Hirsch, S. 8; *Bruno*, S. 62.

231 *Jennings/Watts*, Oppenheim I,2-4, S. 934; *Muchlinski*, S. 535; IGH, *Barcelona Traction Case*, ICJ Reports 1970, p. 44: "The State must be considered the sole judge to decide whether its protection will be granted, to what extent it will be granted and when it will cease. [...] It retains in this respect a discretionary power the exercise of which may be determined by considerations of a political or other nature, unrelated to the case."

232 *Muchlinski*, S. 536.

233 *Shea*, S. 12.

und wie der Heimatstaat gegen Güter des Gaststaates auf seinem Territorium vorgeht, hängt ferner von politischen Faktoren ab. Selbst wenn aber eine Entschädigung gezahlt wird, ist der Heimatstaat nicht verpflichtet, diese an den geschädigten Investor weiterzuleiten[234].

3. *Diplomatischer Schutz als internationales Streitbeilegungsverfahren*

Der diplomatische Schutz dient nicht nur der Beilegung einer Streitigkeit zwischen geschädigtem Investor und Gaststaat. Aus völkerrechtlicher Sicht existiert auch eine Streitigkeit zwischen verletztem Heimatstaat und dem Gaststaat. Aus deren Sicht ist der diplomatische Schutz aber unter den Bedingungen der globalen Weltwirtschaft auch problematisch.

Während das Interesse des Investors sich auf eine Entschädigungszahlung richtet, wird sein Heimatstaat sorgfältig abwägen, ob und wie er gegen den Gaststaat vorgeht. Einerseits kann die Ahndung von Verletzungen des Völkerrechts für ihn eine Sache des Prinzips, des Prestiges oder wirtschaftlicher Bedeutung sein. Andererseits kann die Ausübung diplomatischen Schutzes schwerwiegende Folgen haben. Der Gaststaat könnte, wie früher z.B. viele südamerikanische Staaten, diplomatischen Schutz als ungerechtfertigte Bevorzugung der Staatsangehörigen des Heimatstaates sehen (Calvo-Klausel), oder als verdeckte wirtschaftliche Einflußnahme stärkerer Staaten auf schwächere Staaten. Folge könnte sein, daß diplomatische Beziehungen eingefroren oder die Wirtschaftsbeziehungen mit dem Heimatstaat belastet oder auf sonstige Weise dessen politische Interessen geschädigt werden. Da eine Völkerrechtsverletzung nicht in jedem Fall eindeutig ist, und der Verletzerstaat bei einer Klage nicht immer zahlt, wird der Heimatstaat sich die Einleitung diplomatischer Schritte wohl überlegen.

Die Aufnahme diplomatischen Schutzes führt dazu, daß eine wirtschaftliche Streitigkeit, an der eine Privatperson beteiligt ist, auf die Ebene eines zwischenstaatlichen Konfliktes erhoben wird. Mit dem starken Anstieg der weltweiten Auslandsinvestitionen ist damit nach dem zweiter Weltkrieg ist die Zahl möglicher zwischenstaatlicher Konflikte angestiegen. Angesichts der zunehmenden Zusammenarbeit der Staaten

---

234 *Muchlinski*, S. 535; *Geck*, Diplomatic Protection, in *Bernhardt* (Hrsg.), EPIL Bd. I (1992), S. 1045, 1058.

auf internationaler Ebene besteht ein verständliches Interesse, solch einen Konflikt möglichst zu vermeiden. Die diplomatische Intervention des Heimatstaates und eventuelle Klagen vor dem internationalen Gerichtshof stehen in ihrer Auswirkung auf die jeweiligen beiderseitigen Beziehungen in keinem Verhältnis zum Anlaß des Verfahrens, der völkerrechtswidrigen Behandlung eines Investors.

4. Zusammenfassung

Als Streitbeilegungsverfahren reflektiert der diplomatische Schutz nicht die Komplexität der globalen Wirtschaftsbeziehungen und trägt nicht dazu bei, das politische Risiko für den Investor berechenbarer zu machen[235]. Sowohl aus der Sicht des Investors wie auch der beteiligten Staaten wäre es vorteilhaft, wenn Investitionsstreitigkeiten auf der Ebene beigelegt werden, auf der sie entstehen, direkt zwischen Investor und Staat[236].

II. Die internationale private Wirtschaftsschiedsgerichtsbarkeit

Als Grundlage für die spätere Erörterung von Staat-Investor-Verfahren werden nachfolgend die Grundstrukturen der internationalen privaten Wirtschaftsschiedsgerichtsbarkeit dargestellt. Ihre Erörterung ist nicht nur gerechtfertigt, weil der Artikel 26 ECT auf sie verweist. Das System der Wirtschaftsschiedsgerichtsbarkeit bildet auch die rechtstatsächliche Grundlage für Staat-Investor-Schiedsverfahren: Während z.B. am speziell für Staat-Investor-Schiedsverfahren geschaffenen, noch zu erörternden *International Centre for the Settlement of Investment Disputes* (ICSID) seit 1965 nur ca. 50 Verfahren anhängig wurden, werden an den Schiedsgerichten der Internationalen Handelskammer (ICC) in Paris je-

---

235 Vgl. *Bruno*, S. 63; *Muchlinski*, S. 535, 536; vgl. auch *Caron*, AJIL 84 (1990), S. 105, 153; *Cahier*, International Arbitration involving a State, in *Lew*, Contemporary Problems, S. 241.

236 Vgl. *Caron/Shinkaretskaya*, Settlement of Disputes, in: *Damrosch* u.a., Beyond Confrontation S. 309, 315

des Jahr zwischen 30 und 50 neue Schiedsverfahren zwischen einem Staat und einer Privatperson anhängig[237].

Die nachfolgende Darstellung erfolgt auf der Basis der bereits in der Einleitung geschilderten Unterscheidung zwischen dem internen Verfahrensablauf eines Schiedsverfahrens und der externen Beurteilung seiner Gültigkeit durch staatliche Gerichte. Diese Zweiteilung korrespondiert mit der Rechtsnatur der privaten Schiedsgerichtsbarkeit, die nach ganz herrschender Meinung "hybrid" ist: ein Schiedsverfahren hat seine Ursprünge in der privaten Schiedsvereinbarung der Parteien, bezieht aber seine jurisdiktionelle Wirkung aus der Rechtsordnung eines Staates[238].

1. Die internationale private Schiedsgerichtsbarkeit als private Streitbeilegung

Die internationale private Wirtschaftsschiedsgerichtsbarkeit stellt eine Form der privaten Streitentscheidung durch Dritte auf der Grundlage einer vertraglichen Vereinbarung dar. Ein Schiedsverfahren ist *international*, wenn es grenzüberschreitenden Charakter besitzt. Die Internationalität kann sich sowohl aus der Natur der Streitigkeit ergeben, wenn sie aus dem grenzüberschreitenden Handel erwächst, als auch aus unterschiedlicher Nationalität der Parteien[239]. Die Qualifizierung als internationale *Wirtschafts*schiedsverfahren grenzt diese Verfahren sowohl von internationalen Schiedsverfahren zwischen Staaten, z.B. über Grenzstreitigkeiten, wie auch von Schiedsverfahren z.B. in Arbeitsstreitigkeiten ab. Als "Wirtschaftsschiedsverfahren" sind all jene anzusehen, denen eine Streitigkeit aus Handels- oder Geschäftsbeziehungen im weitesten Sinne zugrundeliegt[240].

---

237 Zeitweilig war an bis zu 1/3 der ca. 300-400 Verfahren eine staatliche Partei beteiligt, so *Böckstiegel*, States in the International Arbitral Process, in: *Lew* (Hrsg.), Contemporary Problems, S. 40; *Hirsch*, S. 11. Durch die umfangreichen Privatisierungen ist dieser Prozentsatz zurückgegangen: 1995 waren es noch 14.1% der 427 neuen Fälle, 1996 5,4% der 433 neuen Fälle und 1997 8,4% der 452 neuen Fälle. Selbst 1997 waren es daher noch 38 Verfahren. Quelle: ICC *International Court of Arbitration Bulletin* 9/1 (1998), S. 4-6.

238 *Caron*, AJIL 84 (1990), S. 104. 108. Ausführlich zu dieser und den anderen Theorien: *Lew*, Applicable Law, S. 51-61.

239 *Redfern/Hunter*, S. 14-19; *Berger*, Wirtschaftsschiedsgerichtsbarkeit, S. 51.

240 *Redfern/Hunter*, S. 21; *Berger*, Wirtschaftsschiedsgerichtsbarkeit, S. 47-49.

Grundlage des Schiedsverfahren ist eine vertragliche Schiedsvereinbarung, die den internen Verfahrensablauf des Schiedsverfahrens regelt. Mit diesem Vertrag, die als "Schiedsklausel" bezeichnet wird, wenn sie Bestandteil eines anderen Vertrages ist, wird eine neutrale Instanz, das Schiedsgericht, ermächtigt, auf der Grundlage bestimmter anzuwendender Regeln eine für die Parteien bindende Entscheidung zu treffen[241]. Das Schiedsgericht bezieht seine Kompetenz aus dieser Vereinbarung und ist an sie gebunden. Weil Grundlage des Schiedsverfahrens die vertragliche Vereinbarung und damit letztlich die Privatautonomie ist, können die Parteien sämtliche Aspekte des Verfahrens regeln und die einmal getroffene Schiedsvereinbarung auch wieder aufheben[242]. Sie können z.B. das anwendbare Recht wählen, festlegen, ob das Verfahren kontradiktorischer oder inquisitorischer Natur ist, die Kompetenzen des Tribunals erweitern oder begrenzen[243] und vor allem die Schiedsrichter auswählen[244]. Sie können so Schiedsrichter ernennen, die für den streitigen Sachverhalt, z.B. den Bau einer Ölraffinerie, ausgewiesene Experten sind und so den Sachverhalt qualifiziert beurteilen können. Da es sich um ein privates Verfahren handelt, ist es auch nichtöffentlich. Die Schiedsverfahren finden nicht nur unter Ausschluß der Öffentlichkeit statt, die Schiedssprüche werden auch nur mit Zustimmung der Parteien veröffentlicht. Diese Vertraulichkeit wird als großer, wenn nicht sogar entscheidender Vorteil im Vergleich zu anderen Formen der Streitbeilegung angesehen[245].

241 Zu einer Entscheidung *ex aequo et bono* oder als *amiable compositeur*, also zur Anwendung von Billigkeit und Ermessen, müssen die Parteien das Schiedsgericht ausdrücklich ermächtigt haben, *Redfern/Hunter*, S. 38; *Rubino-Sammartano*, International Arbitration Law, S. 272; *Berger*, Wirtschaftsschiedsgerichtsbarkeit, S. 391-400.

242 *Lachmann*, S. 13; *Schütze*, Rn. 130; *Lew*, Applicable Law, S. 72ff; *Berger*, RIW 1994, 12-18.

243 *Redfern/Hunter*, S. 292-294.

244 *Redfern/Hunter*, S. 207 bezeichnen dieses als "major attraction of arbitration". Vgl. auch *Berger*, Wirtschaftsschiedsgerichtsbarkeit, S. 139-167.

245 *Bühring-Uhle*, S. 136; *David*, S. 12; *Redfern/Hunter*, S. 23, 415; *Rubino-Sammartano*, S. 448; *Lachmann*, S. 15.

2. *Die Notwendigkeit eines externen rechtlichen Regelungsrahmens*

Obwohl sie als "international" bezeichnet werden und auf der Basis einer privaten Vereinbarung ablaufen, sind private Wirtschaftsschiedsverfahren notwendigerweise in ein komplexes Netz völkerrechtlicher und nationaler Normen eingebunden. Ein Schiedsverfahren könnte dem Grunde nach zwar ohne jegliche Berührung mit einer nationalen Rechtsordnung ablaufen. Wenn beide Parteien am Verfahren teilnehmen, keine Partei die Gültigkeit oder Existenz der Schiedsvereinbarung bestreitet und die unterlegene Partei den Schiedsspruch freiwillig befolgt, besteht keine Notwendigkeit, staatliche Gerichte anzurufen. Wenn aber eine Partei nicht kooperiert und die Gültigkeit der Schiedsvereinbarung oder des Schiedsspruches vor einem staatlichen Gericht bestreitet, so bedarf es eines externen rechtlichen Regelungsrahmens, um diesen streitigen Punkt beurteilen zu können.

a) *Völkerrechtliche Verträge*

Der grenzüberschreitende Charakter der internationalen Wirtschaftsschiedsgerichtsbarkeit verlangt nach einem völkerrechtlichen Rahmen, der die Anerkennung und die Durchsetzung von Schiedsvereinbarungen und Schiedssprüchen in anderen Ländern als in dem, in dem das Schiedsverfahrens durchgeführt wird, sichert. Dieser Rahmen wird von der *New Yorker Konvention über die Anerkennung und Vollstreckung ausländischer Schiedssprüche von 1958*[246] gestellt. Obgleich es noch andere völkerrechtliche Verträge zur Wirtschaftsschiedsgerichtsbarkeit gibt, hat keiner von ihnen annähernd den Einfluß der New Yorker Konvention[247]. Die New Yorker Konvention (hiernach NYK) regelt die Anerkennung und Durchsetzung von Schiedsvereinbarungen und Schiedssprüchen in den mittlerweile 121[248] Mitgliedstaaten.

---

246 *Convention on the Recognition and Enforcement of Foreign Arbitral Awards, New York*, 10.06.1958, BGBl. 1961 II, S. 121.

247 *Redfern/Hunter*, S. 64. In Anerkennung der Bedeutung der NYK fand anläßlich des 40. Jahrestags ihrer Unterzeichnung am 10. Juni 1998 im Hauptquartier der UN eine Festveranstaltung statt.

248 Der aktuelle Ratifikationsstand findet sich unter http://www.uncitral.org/english/status/status.pdf. Am 02.09.1999 waren 121 Staaten Mitglied der New Yorker Konvention.

Die New Yorker Konvention regelt zunächst die staatliche Durchsetzung der Schiedsvereinbarung. Die Schiedsvereinbarung ist eine private Vereinbarung, durch die die Parteien sich verpflichten, bestimmte Streitigkeiten nur durch ein Schiedsverfahren beilegen zu lassen. Aufgrund dieses privaten Charakters entfaltet sie auch nur zwischen den Parteien Wirkung, für Dritte ist sie *res inter alios acta*. Ist nun eine Partei nicht zu einem Schiedsverfahren bereit, so könnte sie ein gerichtliches Verfahren in derselben Sache anstrengen, da das Gericht durch die Schiedsklausel nicht gebunden wird. Käme dieses Verfahren zu einem Abschluß, würden staatliches Urteil und Schiedsspruch möglicherweise miteinander kollidieren. Um die aus dem Schiedsvertrag resultierende Verpflichtung dieser Partei zur Durchführung eines Schiedsverfahrens durchzusetzen, sind die Gerichte der Mitgliedsstaaten der New Yorker Konvention gemäß Artikel II Abs. 3 NYK verpflichtet, die Parteien einer gültigen Schiedsvereinbarung auf Antrag einer Partei auf das Schiedsverfahren zu verweisen. Damit wird die unwillige Partei zwar nicht zur Durchführung des Schiedsverfahrens verpflichtet, das Gericht jedoch wird unzuständig, den Fall in der Sache zu entscheiden[249]. Nimmt die unwillige Partei dann immer noch nicht am Schiedsverfahren teil, kann dieses auch ohne sie durchgeführt und ein Schiedsspruch gefällt werden[250]. Diese Verweisungsnorm unterliegt jedoch Einschränkungen: das Gericht muß die Verweisung nicht vornehmen, wenn die Schiedsklausel kein "agreement in writing", ungültig oder nicht durchführbar ist. Mangels näherer Ausführungen in der Konvention sind diese Fragen nach nationalem Recht zu beurteilen[251].

Ist der Schiedsspruch gefällt, so entfaltet er aufgrund der vertraglichen Grundlage des Schiedsgerichts lediglich zwischen den Parteien Wirkung. Die zwangsweise Durchsetzung eines Schiedsspruches verlangt die Inanspruchnahme staatlicher Hoheitsgewalt, wobei der Schiedsspruch

249 *Van den Berg*, New York Convention, S. 131; *Lachmann*, S. 95.

250 *Van den Berg*, New York Convention, S. 129; *Lachmann*, S. 177-180; *Redfern/Hunter*, S. 351-353. Prominente Beispiele dieser *ex-parte* Verfahren sind die drei Libyschen Enteignungsverfahren (die Firmen *Topco/Calasiatic*, *British Petroleum* und *Liamco* gegen Libyen), in denen Libyen von Anfang nicht teilnahm.

251 *Van den Berg*, New York Convention, S. 123. Welches nationale Recht die Gültigkeit der Schiedsklausel beurteilt, ist eine Frage für sich und soll hier nicht weiter ausgeführt werden. Vgl. dazu *Redfern/Hunter*, S. 150 und *Berger*, Wirtschaftsschiedsgerichtsbarkeit, S. 114-122.

zuerst als Titel anerkannt werden muß und dann erst vollstreckt werden kann. Grundsätzlich sind die Mitgliedstaaten der New Yorker Konvention verpflichtet, Schiedssprüche anzuerkennen und zu vollstrecken, die in einem anderen Mitgliedsland der NYK erlassen wurden und dort final und bindend sind. Es gibt jedoch Ausnahmen. Nach Artikel V Abs. 1 (e) der NYK kann die Vollstreckung verweigert werden, wenn der Schiedsspruch in dem Staat, in dem, oder unter dessen Recht er erlassen wurde, aufgehoben oder suspendiert wurde[252]. Wenn auch die Aufhebungsgründe in verschiedenen Ländern unterschiedlich sein können, so ist doch generell ein Anfechtungsrecht gegeben, wenn bestimmte Verfahrensfehler oder materiellrechtliche Fehler vorliegen. Verfahrensfehler liegen z.B. vor, wenn die Schiedsvereinbarung ungültig war, das Schiedsgericht seine Kompetenz nicht ausgenutzt oder überschritten hat (Entscheidung *infra*, *ultra* oder *extra petita*)[253]. Materiellrechtliche Fehler liegen vor, wenn der Schiedsspruch den *ordre public*[254] des Sitzstaates verletzt oder das Schiedsgericht das "falsche" Recht anwendet, indem es eine Rechtswahl der Parteien mißachtet oder eine willkürliche Rechtswahl trifft[255].

Ist ein Schiedsspruch im Sitzstaat des Schiedsgerichtes trotz Fehlerhaftigkeit nicht aufgehoben worden, so können die Gerichte des Vollstreckungsstaates gemäß Artikel V Abs. 1 a-d NYK wegen der oben angeführten Fehler die Anerkennung und Vollstreckung verweigern. Ist der Schiedsspruch selbst gültig, kann ihm nach Artikel V Abs. 2 NYK immer noch die Anerkennung und Vollstreckung versagt bleiben, wenn die Sache nach dem Recht des Vollstreckungsstaates nicht schiedsfähig war

---

252 Es ist außerordentlich umstritten, ob Anerkennung und Vollstreckung trotzdem gewährt werden kann. Die früher vorherrschende Ansicht, daß bei Aufhebung eines Schiedsspruches kein Schiedsspruch mehr existiere, der vollstreckt werden können, wird seit der Entscheidung des U.S. Supreme Court im *Chromalloy-Fall* von einigen Autoren abgelehnt, so *Paulsson*, Enforcing Arbitral Awards Notwithstanding a Local Standard Annulment, ICC International Court of Arbitration Bulletin 9/1 (1998), S. 14-31. Zum Stand der Diskussion auch *Petrochilos*, Enforcing Arbitral Awards Annulled in their State of Origin under the New York Convention, ICLQ 48 (1999), S. 857-888.

253 *Berger*, Wirtschaftsschiedsgerichtsbarkeit, S. 469; *Redfern/Hunter*, S. 436ff.

254 Der Begriff des *orde public* ist eng auszulegen und umfasst nur die wesentlichen Grundwerte des staatlichen und wirtschaftlichen Lebens, *Berger*, Wirtschaftsschiedsgerichtsbarkeit, S. 473 mit umfangreichen Nachweisen; vgl. auch *Redfern/Hunter*, S. 444-446.

255 *Berger*, Wirtschaftsschiedsgerichtsbarkeit, S. 472ff; *Redfern/Hunter*, S. 434.

oder die Anerkennung und Vollstreckung gegen den nationalen *ordre public* verstoßen würde.

b) Nationales Recht

Schiedsverfahren sind somit aus Effektivitätsgründen faktisch an das nationale Schiedsrecht des Sitzstaates gebunden. Diese *lex loci arbitri* muß vom prozeduralen und vom materiellen Recht sorgfältig unterschieden werden, da diese zwar identisch sein können, es aber nicht sein müssen[256]. Ein gegen zwingendes Recht dieser Sitzordnung verstoßender Schiedsspruch kann aufgehoben werden und läuft Gefahr, nicht vollstreckt zu werden. Zum anderen aber ist auch aus rechtstheoretischer Sicht die Anbindung eines Schiedsverfahrens an bzw. dessen Verankerung in einer Rechtsordnung notwendig. Das Schiedsverfahren basiert auf einer vertraglichen Grundlage, und der Schiedsspruch entfaltet seine vertragliche Wirkung nur zwischen den Parteien. Ob eine Schiedsvereinbarung gültig und ein Schiedsspruch wirksam ist, kann jedoch nicht allein durch die interne vertragliche Vereinbarung der Parteien legitimiert werden. *Radbruch* hat die Unmöglichkeit einer absoluten Vereinbarungsfreiheit folgendermaßen formuliert:

> "Wille kann niemals Verpflichtung erzeugen, nicht fremde, aber auch nicht eigene Verpflichtung, er kann höchstens die Sachlage hervorbringen, an die einer über ihm stehende Norm die Verpflichtung knüpft. ... Nicht der Vertrag bindet also, sondern das Gesetz bindet an den Vertrag."[257]

Für die Beurteilung der Gültigkeit einer vertraglichen Verpflichtung ist somit immer ein außerhalb der Vereinbarung der Parteien stehender externer Beurteilungsmaßstab notwendig[258]. Ebenso wie ein Vertrag in einer Rechtsordnung verankert ist, die seine Gültigkeit ergänzt und die

---

256 *Park*, ICLQ 32 (1983) 21, 23; *Caron*, AJIL 84 (1990) 107, 109 Fn. 23 (1990); *Heiskanen*, Finnish Yb. Int'l Law IV (1993), S. 98, 111.

257 *Radbruch*, S. 378.

258 *Mann*, Lex facit arbitrum, in: *Sanders* (Hrsg), The Art of Arbitration, S. 157, 160; *Merkt*, S. 125, 126; *Caron*, AJIL 84 (1990), S. 104, 110; vgl. auch *Kropholler*, Internationales Privatrecht, S. 270; *Park*, ICLQ 32 (1983), S. 21, 26, der das Paradoxon einer rechtsordnungslosen Verpflichtung mit Athena vergleicht, die ausgewachsen Zeus Kopf entsprang.

spätestens im Fall von Streitigkeiten notwendigerweise herangezogen werden muß, ist auch ein Schiedsverfahren in einer Rechtsordnung verankert. Die *lex arbitri* legitimiert das Schiedsverfahren und verleiht einem Schiedsspruch seine bindende Wirkung. So kann keine Rechtswahl der Parteien gültig sein, ohne daß eine Rechtsordnung diese Wahl erlaubt. Diese Rechtsordnung ist die des Sitzes des Schiedsgerichts, die man als *lex loci arbitri* bezeichnet.[259].

Das nationale Recht legitimiert nicht nur das Schiedsverfahren, sondern bietet auch ein vollständiges Rahmenwerk an, um Schiedsverfahren durchzuführen. Geregelt wird von der *lex loci arbitri* z.B. die Gültigkeit der Schiedsvereinbarung, die Entstehung und Zusammensetzung des Tribunals, das anwendbare Recht und die Gültigkeit des Schiedsspruchs[260]. Haben die Parteien das Verfahrensrecht überhaupt nicht oder für einen dieser Aspekte nicht geregelt, so hat das Schiedsgericht die *lex loci arbitri* ergänzend hinzuzuziehen. Sie regelt beispielsweise auch das Ausmaß der Unterstützung durch die staatlichen Gerichte, die unter anderem für die Vereidigung von Zeugen oder den Erlaß und die Durchsetzung einstweiliger Anordnungen nötig ist.[261]

3. Verfahrensrecht und materielles Recht

Aufgrund ihrer Parteiautonomie können die Parteien das anwendbare Verfahrensrecht frei bestimmen[262]. Sie können selbst Verfahrensregeln

259 *Redfern/Hunter*, S. 71; *Mann*, Lex Facit Arbitrum, in: *Schultsz/van den Berg* (Hrsg.), The Art of Arbitration, S. 157, 161; vgl. *Berger*, Wirtschaftsschiedsgerichtsbarkeit, S. 68; *Bühring-Uhle*, S. 56; *Heiskanen*, Finnish Yb. Int'l L. 4 (1993), S. 98, 113. *Mann* führt überzeugend aus, daß die *lex arbitri* nicht das von den Parteien gewählte Recht sein kann, da ja erst eine Rechtsordnung diese Wahl ermöglichen muß. Auch die Vertreter der Delokalisierungstheorie wollen Schiedsverfahren nicht vollständig von nationalen Rechtsordnungen ablösen. Anstatt das Verfahren an die Rechtsordnung des Sitzstaates anzubinden, plädieren sie für eine Anbindung an das Recht des Vollstreckungsstaates, vgl. *Paulsson*, Delocalisation of International Commercial Arbitration: When and Why it Matters, ICLQ 32 (1983), S. 53, 57.

260 *Redfern/Hunter*, S. 79; *Mann*, Lex Facit arbitrum, S. 164.

261 Das neue deutsche Schiedsverfahrensrecht erlaubt zwar den Erlaß einstweiliger Anordnungen durch das Schiedsgericht, aber nur subsidiär zu den staatlichen Gerichten, vgl. § 1041 ZPO.

262 *Berger*, Wirtschaftsschiedsgerichtsbarkeit, S. 341; *Redfern/Hunter*, S. 91; *Rubino-Sammartino*, S. 283.

entwerfen oder bestehende staatliche oder nichtstaatliche Verfahrensregeln wie die von der *United Nations Commission on International Trade* (UNCITRAL) entworfenen Schiedsregeln[263] wählen. Haben die Parteien in der Schiedsvereinbarung die Jurisdiktion einer Schiedsinstitution wie z.B. der *International Chamber of Commerce* (ICC) oder des *London Court of International Arbitration* (LCIA) vereinbart, so haben sie damit auch die Schiedsordnungen dieser Institutionen gewählt. In jedem Fall stellt die Rechtswahl der Parteien aber nur eine materiellrechtliche und keine kollisionsrechtliche Verweisung dar. Während eine kollisionsrechtliche Verweisung auch von den zwingenden Regeln der Rechtsordnung befreien würde, welche ansonsten anwendbar wäre, befreit die materiellrechtliche Verweisung nur von den Vorschriften des dispositiven Rechts. Die gewählten Rechtsnormen werden nur Vertragsinhalt, soweit sie den zwingenden Regeln der *lex arbitri* nicht widersprechen[264].

Daß die Parteien aufgrund ihrer Parteiautonomie neben dem Verfahrensrecht vor allem das materielle Recht frei wählen können, ist unbestritten und wird als allgemeines Rechtsprinzip angesehen[265]. Haben die Parteien jedoch keine Rechtswahl getroffen, so ist es an den Schiedsrichtern, diese Wahl zu vollziehen. Durchaus umstritten und international unterschiedlich geregelt ist, wie die Schiedsrichter zu wählen haben[266].

263 Die Schiedsregeln finden sich unter http://www.uncitral.org/english/texts/arbconc/arbitrul.htm.

264 *Redfern/Hunter*, S. 77/78; *Park*, ICLQ 32 (1983), S. 21, 23; *Berger*, Wirtschaftsschiedsgerichtsbarkeit, S. 341; ICC *Schiedsspruch* v. 16.07.1986, Fall No. 5029 in: *Jarvin u.a*, S. 70. Zur Unterscheidung zwischen materiellrechtlicher und kollisionsrechtlicher Verweisung *Kegel*, Internationales Privatrecht, S. 484, 485 und *Kropholler*, Internationales Privatrecht, S. 269/270.

265 *Berger*, Wirtschaftsschiedsgerichtsbarkeit, S. 348; *Redfern/Hunter*, S. 97 mwN; *Lew*, Applicable Law, S. 93; *Blessing*; J. Int'l Arb. 14/2 (1997), S. 39; *Rubino-Sammartino*, S. 251. Die Rechtswahlfreiheit muß in gutem Glauben ausgeübt werden und darf z.B. nicht dazu führen, daß die Parteien zwingende Normen eines nationalen Rechts, auf das sonst alle Anhaltspunkte verweisen, umgehen, *Rubino-Sammartano*, S. 252; *Redfern/Hunter*, S. 100; *Blessing*, J. Int' Arb. 14/2 (1997), S. 39.

266 Es ist uneinheitlich, da verschiedene nationale Schiedsgesetze verschiedene Ansätze haben, und umstritten, weil grundsätzliche theoretische Fragen ungeklärt sind. Die Diskussion auch nur annähernd nachzuvollziehen, würde den Rahmen dieser Übersicht sprengen. Vgl. dazu die Beiträge von *Sandrock*, Welches Kollisionsrecht hat ein internationales Schiedsgericht anzuwenden ?, RIW 1992, S. 785ff, und *Blessing*, Choice of Substantive Law in International Arbitration, J. Int'l Arb. 14/2, S.39ff.

Sie sind dabei an das am Sitz des Schiedsgerichtes geltende IPR nicht gebunden[267], sondern können entweder das Kollisionsrecht anwenden, das sie für richtig erachten[268], oder, wenn die Schiedsregeln und die *lex loci arbitri* es nicht ausschließen, sogar eine direkte Bestimmung (*voie directe*) des anwendbaren Rechts vornehmen[269].

4. Institutioneller Rahmen

Haben zwei Parteien beschlossen, Streitigkeiten von einem Schiedsgericht beilegen zu lassen, so haben sie die Wahl zwischen einem *Ad-hoc* Verfahren und einem Verfahren unter der Schirmherrschaft einer Schiedsinstitution[270]. Während die Parteien eines Ad-hoc Verfahrens den Verfahrensablauf "maßgeschneidert" für ihren Streitfall bestimmen können, sind die Parteien eines institutionellen Verfahrens gezwungen, die Regeln der jeweiligen Schiedsinstitution anzuwenden. Beide Verfahrensarten haben spezifische Vor- und Nachteile:

Ad-hoc Verfahren stellen die ursprüngliche Form der Schiedsgerichtsbarkeit dar. Die Parteien legen in der Schiedsklausel grundlegende Verfahrensregeln fest, und erst mit Auftreten des Streits bestimmen sie die Schiedsrichter, arbeiten dann die Verfahrensregeln genauer aus und bestimmen das anwendbare Recht bestimmen. Die Schiedsverfahren können so an die jeweiligen Bedürfnisse des Einzelfalles angepaßt werden, und bei geschickt entworfen Verfahrensregeln kann ein Verfahren in kurzer Zeit zu geringen Kosten durchgeführt werden. Aufgrund dieser Flexibilität waren die meisten Schiedsverfahren zwischen Staaten und

267 *Blessing*, J. Int' Arb. 14/2 (1997), S. 39, 53; *Redfern/Hunter*, S. 125; *Rubino-Sammartino*, S. 258; weitere Nachweise auch *Sandrock*, RIW 1992, S. 785, 787 Fn. 23, 24.

268 *Reithmann/Martiny*, Internationales Vertragsrecht, S. 93; *Kühn*, Express and implied Choice of the Substantive Law in the Practice of International Arbitration, in: *van den Berg* (Hrsg), Planning Efficient Arbitration Proceedings (1996), S. 380, 389; weitere Nachweise bei *Sandrock*, RIW 1992, S.785, 789.

269 *Blessing*, J. Int' Arb. 14/2 (1997), S. 39, 53; vgl. *Rubino-Sammartano*, S. 264. Diese Ermächtigung findet sich in den Schiedsregeln der American Arbitration Association (AAA), des London Court of International Arbitration (LCIA), der World Intellectual Property Organisation (WIPO) sowie in den ICC-Regeln (1998).

270 Die folgende Darstellung basiert auf *Redfern/Hunter*, S. 52-57 und *Bühring-Uhle*, S. 45-51.

Individuen *Ad-hoc* Schiedsverfahren[271]. Der Nachteil von *Ad-hoc* Verfahren ist, daß die Verfahrensregeln nach Ausbruch des Streits von den Parteien ausgearbeitet werden müssen. Dies setzt aber voraus, daß beide Parteien kooperieren. Verweigert eine Partei die Mitarbeit, so kommt eventuell kein Schiedsverfahren zustande, oder es greifen die Schiedsregeln des Staates ein, in dem das Verfahren stattfindet (*lex loci arbitri*). Diese ist aber gerade nicht an das Verfahren angepaßt, wenn überhaupt an die Notwendigkeit moderner Schiedsverfahren.

Als Lösung bietet es sich an, ein institutionalisiertes Verfahren unter der Schirmherrschaft und den Regeln einer Schiedsinstitution durchzuführen, z.B. ICC, des LCIA oder der Stockholmer Handelskammer. Haben die Parteien in ihrer Schiedsklausel ein institutionelles Verfahren vereinbart, so haben sie damit automatisch auch die Verfahrensregeln der jeweiligen Institution vereinbart. Diese haben sich in der Schiedspraxis bewährt und sehen auch Regeln für die Fortführung des Verfahrens vor, wenn eine Partei sich sperrt. Die Schiedsinstitutionen erledigen fern administrative Arbeiten, wie z.B. die Ernennung der Schiedsrichter, und sorgen für einen reibungslosen Ablauf des Verfahrens.

Genau diese Vorteile bringen aber auch Nachteile mit sich. Institutionelle Schiedsverfahren sind teuer, da nicht nur die Schiedsrichter, sondern auch die Institution bezahlt werden muß. Im Fall der ICC z.B. werden die Gebühren nach dem Streitwert bemessen (*ad valorem*), so daß größere Verfahren weitaus teurer als nationale Gerichtsverfahren sind. Die Administration durch die Institution kann zu Verzögerungen führen, und oftmals sind Fristen insbesondere für die Klageerwiderung unrealistisch kurz. Bei einem ICC-Verfahren muß die Klageerwiderung innerhalb von 30 Tagen erfolgen. Afrikanische Autoren beklagen, daß Dritt-Welt-Staaten mit komplexen bürokratischen Entscheidungsvorgängen diese Frist oftmals nur schwer einhalten können. Auch könne nicht jeder Staat den notwendigen Gebührenvorschuß, der bei größeren Streitwerten schnell mehrere hunderttausend Dollar betragen kann, in der notwendigen Frist einzahlen[272].

271 *Redfern/Hunter*, S. 56/57. Sie führen als Beispiel das Aminoil-Verfahren an, in dem sie Kuwait vertraten.

272 *Asante*, Leiden J. Int.'l Law 6 (1993), S. 331, 340.

5. *Schiedsgerichtsbarkeit und Investitionsstreitigkeiten*

Die geschilderten Charakteristika der Schiedsgerichtsbarkeit führen zu dem Schluß, daß Schiedsverfahren grundsätzlich geeignet sind, als Streitbeilegungsmechanismus für Investitionsstreitigkeiten zu dienen (a). Allerdings führt die Anwendung eines Systems, das für Verfahren zwischen zwei Privatrechtssubjekten entworfen wurde, auf ein Verfahren zwischen einem Privatrechtssubjekt und einem Staat, der ein Völkerrechtssubjekt ist, zu nicht unerheblichen Problemen (b).

a) *Grundsätzliche Eignung als Streitbeilegungsverfahren*

Zuallererst spricht für ein Schiedsverfahren, daß die Streitigkeit damit der Jurisdiktion nationaler Gerichte entzogen wird und ein für beide Parteien *neutrales Forum* geschaffen wird. Ein Investor, dessen Rechte von der Regierung des Gaststaates beeinträchtigt wurden, wird in manchen Ländern zu Recht Zweifel an der Unabhängigkeit und Neutralität staatlicher Gerichte hegen. Der Gaststaat wiederum wird auf der Jurisdiktion seiner eigenen Gerichte bestehen und sich nicht den Gerichten des Heimatstaates des Investors unterwerfen wollen[273]. Selbst wenn man sich aber auf die Jurisdiktion der Gerichte eines "neutralen" Staates einigen könnte, hat dies im Vergleich zu Schiedsverfahren Nachteile, da das Verfahren materiellrechtlich eventuell einer ausländischen Rechtsordnung unterliegt, in der der Richter nicht ausgebildet ist sowie Dokumente übersetzt und ggf. lokale Anwälte engagiert werden müssen. Inwieweit die lokale Rechtsordnung eine Rechtswahl der Parteien respektiert und ein Urteil dann auch vollstreckbar ist, ist unsicher[274].

Ein weiterer Vorteil eines Schiedsverfahrens ist gegenüber dem Verfahren des diplomatischen Schutzes ist, daß Staat und Investor aufgrund der *Parteiautonomie* entscheidend auf das Verfahren einwirken und so ihre Vorstellungen einbringen können. So können sie - normalerweise - jeder einen Schiedsrichter ernennen und damit auf die Zusammensetzung des Tribunals Einfluß nehmen. Sie können Fachleute als Schiedsrichter ernennen, das Verfahren in der Vertragssprache abhalten und es vor al-

---

273 *Rawding*, Arb. Int'l 11 (1995), S. 341/342; *Bouchez*, J. Int'l Arb. 8 (1991), S. 81, 112.

274 *Rawding*, Arb. Int'l 11 (1995), S. 341, 342; auch *Bühring-Uhle*, S. 17-32.

lem unter Ausschluß der Öffentlichkeit durchführen. Dies kann im Falle von Investitionsstreitigkeiten, in denen auch die nationale Wirtschaftspolitik Gegenstand des Verfahrens ist, von besonderer Relevanz sein[275]. Im Gegensatz zum diplomatischem Schutz kann die staatliche Partei durch Gestaltung der Verfahrensregeln versuchen, "Waffengleichheit" mit dem oftmals als juristisch überlegen angesehenen Investor zu erlangen[276]. Die Parteiautonomie verhilft dem Investor nicht nur zur Kontrolle über das Verfahren, sondern auch über das Ergebnis. Während er bei diplomatischem Schutz keinen Einfluß darauf hat, ob eine eventuell gezahlte Entschädigung an ihn ausgezahlt wird, kann er einen ihn begünstigenden Schiedsspruch, sofern dieser den Anforderungen der NYK entspricht, in den 121 Mitgliedsländern vollstrecken lassen.

Schiedsverfahren legen Investitionsstreitigkeiten zwischen den tatsächlich betroffenen Parteien bei. Im Gegensatz zum diplomatischen Schutz heben sie eine wirtschaftliche Streitigkeit nicht auf die politische Ebene und vermeiden so zusätzliche Spannungen.

b) Probleme der Anwendung auf Staat-Investor-Verfahren

Bisher haben sich die Ausführungen auf den Mechanismus der Schiedsgerichtsbarkeit beschränkt. Dieser ist, wie eben dargestellt, an sich durchaus geeignet, Investitionsstreitigkeiten beizulegen. Die internationale Wirtschaftsschiedsgerichtsbarkeit wurde jedoch für Streitigkeiten zwischen zwei Privaten und damit zwei gleichgeordneten Partnern geschaffen. Die Natur des staatlichen Partners hat in der Vergangenheit zu Problemen geführt, die in "normalen" Schiedsverfahren nicht existieren. Diese Probleme können die Eignung von Schiedsverfahren für die Beilegung von Investitionsstreitigkeiten schwer beeinträchtigen. Da ihre Kenntnis für das Verständnis des ICSID und des Energiechartavertrages erforderlich ist, sind sie kurz darzustellen.

---

275 *Hirsch*, S. 9; *Rawding*, Arb. Int'l 11 (1995), S. 341, 343. *Paulsson*, J. Int'l Arb. 9 (1992), S. 59, 67 beklagt, das Schiedsrichter sich der politischen Implikationen leider zu selten bewußt seien.

276 *Bruno*, S. 68; vgl. *Paulsson*, J. Int.'l Arb. 9 (1992), S. 59, 64.

(1) Konsens - Einbindung des Staates

Das erste Problem kann bereits bei Einleitung des Schiedsverfahrens auftreten. Die Jurisdiktion des Schiedsgerichts beruht typischerweise auf einer vertraglichen Schiedsklausel. Der Staat wird dann nur durch diese Schiedsklausel gebunden, wenn zwischen ihm und dem Investor eine vertragliche Beziehung besteht.

Wie oben dargestellt, spielen sich ca. 2/3 der Auslandsinvestitionen aber ohne staatliche Beteiligung ab[277]. Sofern überhaupt vertragliche Beziehungen bestehen, bestehen diese aber zwischen einer inländischen und einer ausländischen privaten Firma, sei es in Form eines Joint-Ventures, einer Fusion oder auch nur der Lizensierung von Technologie, d.h. ohne direkte Einbindung des Staates. In so einem Fall nützt eine Schiedsklausel dem betroffenen Investor gar nichts, wenn nicht ein "Durchgriff"[278] auf den Staat erfolgen kann.

Ein solcher Durchgriff wird immer dann zu erwägen sein, wenn vertragliche Beziehungen zwar nicht mit dem Staat selbst, aber mit öffentlichen Körperschaften, unterstaatlichen Behörden oder Staatsfirmen bestehen. Staatsfirmen sind oftmals an Joint-Venture-Abkommen beteiligt, so z.B. die National Iranian Oil Company (NIOC) im Iran. Verwirklicht sich nun eines der oben angeführten Investitionsrisiken, so kann der Investor oft nicht die Verletzung des Vertrages mit der Staatsfirma geltend machen, z.B. wenn sein Gewinnanteil höher besteuert wird. Aber auch wo direkt die Verwirklichung des Vertrags durch staatliches Handeln beeinträchtigt wird, z.B. indem es der Staatsfirma unmöglich gemacht wird, den Gewinnanteil des Investors in Devisen zu zahlen, hilft diese Vertragsverletzung durch die Staatsfirma dem Investor nicht unbedingt weiter. In diesen Fällen könnte der Investor die Staatsfirma zwar vor einem Schiedsgericht verklagen, jedoch ohne Aussicht auf Erfolg. Denn besitzt die Staatsfirma eine eigene, vom Staat unabhängige Rechtspersönlichkeit[279], so kann sie die Nichterfüllung mit dem Einwand der *force majeure* entschuldigen[280].

---

277 Siehe oben S. 50.

278 Zum Begriff *Böckstiegel*, Der Staat als Vertragspartner, S. 32.

279 Grundsätzlich dagegen *Hermann*, Disputes between States and foreign companies, in: *Lew* (Hrsg.), Contemporary Problems, S. 250, 257; für eine grundsätzlich getrennte Rechtspersönlichkeit *Sanders*, Acts of State, in: *Böckstiegel* (Hrsg), Acts of

Nur wenn auch der Staat Partei der Schiedsklausel ist oder ein Durchgriff durch den "corporate veil", den "Mantel der Firma", erfolgt, kann er somit in einem Schiedsverfahren für sein Handeln belangt werden[281]. In den Schiedsverfahren *SPPL v. Egypt*[282] ("Pyramids Arbitration") und *Westland Helicopters*[283], in denen die Verträge mit unter- und zwischenstaatlichen Organisationen geschlossen wurden, ist der Versuch, auch den Staat als Partei heranzuziehen, gescheitert[284]. Ein Durchgriff auf den Staat wird daher selten möglich sein. Ist der Staat aber nicht Partei der Schiedsklausel, und liegt auch keine Vertragsverletzung durch die andere Firma, sei sie privat oder staatlich vor, bleibt der Investor auf den nationalen Rechtsweg und auf diplomatischen Schutz angewiesen.

(2) Anbindung an nationale Rechtsordnungen

Es wurde oben dargelegt, daß "internationale" Wirtschaftsschiedsverfahren eigentlich "national" sind, da die Rechtsordnung des Sitzstaates über ihre Gültigkeit entscheidet. Die nationalen Gerichte des Sitzstaates sind befugt, die Schiedsvereinbarung durchzusetzen und sie können den Schiedsspruch wegen Verletzung zwingender Regeln nationalen Rechts aufheben. Die nationalen Gerichte des Vollstreckungsstaates können die Vollstreckung u.a. mit Hinweis auf den *ordre public* ihres Landes verweigern.

Diese Abhängigkeit des Schiedsverfahrens von den Rechtsordnungen mindestens zweier Länder beeinträchtigt dessen Effektivität. Abhängig von dem Schiedsort und dem Durchsetzungsstaat können unterschiedliche Rechtsordnungen eingreifen. Ein transparentes Verfahren, das auf

---

State and Arbitration, S. 29, 35; ausführlich mit Fallgruppen *Böckstiegel*, Der Staat als Vertragspartner, S. 55-75.

280 *Hermann*, Disputes between States and foreign companies, in: *Lew* (Hrsg.), Contemporary Problems, S. 250, 251; *Bouchez*, J. Int.'l Arb. 8 (1991), S. 81, 91; zu den Voraussetzungen der force majeure *Sanders*, aaO.

281 *Lalive*, Arbitration with foreign States, in *Lew* (Hrsg.), Contemporary Problems, S. 289, 294 führt an, daß solche Fälle keineswegs nur in Entwicklungsländern vorkommen, sondern auch in Europa.

282 *Pyramids Arbitration (SPPL v. Egypt)*, ILM 22 (1983) S. 752ff.

283 *Westland Helicopters Ltd. v. Arab Organisation for Industrialisation and [...] Saudi Arabia, .. Egypt*, ILM 23 (1984), S. 1071ff.

284 *Cahier*, Arbitration involving a State, in: *Lew* (Hrsg.), Contemporary Problems, S. 241, 243.

vorher festgelegten Regeln beruht und Rechtssicherheit gewährleistet, wird so nicht mit Sicherheit gewährleistet. Zur Vermeidung dieser Nachteile bedarf es eines Verfahrens, das möglichst unabhängig vom nationalen Recht einzelner Länder abläuft. Die Abhängigkeit vom nationalen Recht einzelner Staaten ist letztlich auf die Möglichkeit der Gerichte zurückzuführen, die Gültigkeit und damit die Vollstreckbarkeit des Schiedsspruches zu beeinträchtigen.

(3) Anwendbares Recht

Die Wahl des anwendbaren Rechts gehört zu den umstrittensten Bereichen von Staat-Investor-Schiedsverfahren. Wie oben dargestellt, können die Parteien drei verschiedene Rechtsordnungen wählen, nämlich die *lex arbitri* durch Wahl des Schiedsortes, das Verfahrensrecht und das auf die materiellen Fragen anwendbare Recht. Die Verhandlungen über die Rechtswahl sind schon bei "normalen" Verträgen schwierig, weil keine Partei zum Zeitpunkt des Vertragsabschlusses die Verhandlungen mit dem Gedanken an Streitigkeiten belasten will. Die Parteien sind jedoch bestrebt, zumindest durch Wahl des Schiedsortes eine günstige *lex arbitri* zu erreichen und nach Möglichkeit auch ein "günstiges" materielles Recht zu vereinbaren.

Im Falle von Investitionsverträgen zwischen einem Staat und einem ausländischen privaten Investor ist die Rechtswahl nun äußerst sensitiv. Es ist zunächst unwahrscheinlich, daß die staatliche Partei bereit sein wird, sich selbst dem Recht eines fremden Staates unterzuordnen. Sie wird, aus Gründen nationaler Selbstbestätigung oder regionaler Politik wie jener, die der Calvo-Klausel zugrundeliegt, alles versuchen, ihr eigenes Recht durchzusetzen[285]. Dieser Ansatz, der auf der Position des StIGH im *Serbian-Loans-Case*[286] basiert, wird von Autoren aus Entwicklungsländern vertreten[287]. Der Investor jedoch fürchtet die Anwendung nationalen Rechts und die Jurisdiktion nationaler Gerichte: "*There is little use in going to law with the devil while the court is held in*

285 *Peter*, Arbitration and Renegotiation, S. 259; *Rawding*, Arb. Int 11 (1995), S. 341, 347; *Bouchez*, J. Int. Arb. 8 (1991), S. 81, 101.

286 StIGH, *Serbian Loans Case* (1929), PCIJ Ser.A No. 20, S. 41.

287 *Sornarajah*, J. Int'l Arbitration 14/3 (1997), S. 103, 107 ff, insbesondere S. 110; auch *Atsegbua*, African J. Int'l Law 5 (1993), S. 634, 658ff, der die Anwendung eines anderen Rechts als des nationalen Rechts ablehnt.

hell"[288]. Das nationale Recht des Gaststaates kann mögliche Vorurteile des Staates gegenüber ausländischen Investoren widerspiegeln und den Investor daher benachteiligen[289]. Größer ist jedoch das Risiko, daß der Staat kraft seiner Souveränität sein eigenes Recht abändert. Unterliegt der Vertrag dem nationalen Recht des Gaststaates, könnte dieser durch Gesetz die Rechte und Pflichten des Investors unter dem Vertrag zu dessen Nachteil ändern[290]. Wie bereits aufgezeigt, ist das Risiko der einseitigen Vertragsabänderung langfristigen Verträgen geradezu inhärent[291]. Da die Bedingungen des Investitionsvertrages insbesondere bei langfristigen Verträgen Grundlage der Planung des Investors sind, wird er versuchen, das Risiko der Gesetzesänderung auszuschalten. Dafür sind im wesentlichen zwei Methoden entwickelt worden:

Der Investor kann versuchen, das Recht des Staates auf den Zeitpunkt des Vertragsschlusses "einzufrieren". In solchen "Stabilisierungsklauseln" verpflichtet sich der Staat, die Bedingungen des Vertrags nicht einseitig durch administrative oder legislative Maßnahmen zu ändern[292]. Prominentes Beispiel sind die Verträge, die den libyschen Erdölschiedsverfahren zugrundelagen: *BP v. Libyen*, *TopCo v. Libyen* und *Liamco v. Libyen*[293]. Die Wirksamkeit dieser Stabilisierungsklauseln ist rechtlich äußerst umstritten, da sie das Spannungsverhältnis zwischen der Souveränität des Staates und dem Prinzip der Vertragstreue zugunsten der Vertragstreue entscheiden[294]. Nach überwiegender Ansicht sind diese Klauseln zwar rechtlich wirksam, d.h. sie beschränken das Recht des Staates auf Ausübung seiner Souveränität. Rechtsfolge bei Verstoß ist jedoch nicht, daß die Maßnahmen des Staates unwirksam sind und

288 *Igbokwe*, J. Int'l. Arbitration 14/1 (1997), S. 99, 110 Fn. 69.

289 *Bruno*, S. 67; *Rawding*, Arb. Int'l 1 11(1995), S. 341, 347.

290 *Peter*, Arbitration and Renegotiation, S. 259; *Igbokwe*, J. Int'l. Arbitration 14/1 (1997), 99, 110; *Rawding*, Arb. Int 11 (1995), S. 341, 347, *Redfern/Hunter*, S. 104.

291 Siehe oben S. 54ff.

292 Ausführlich *Merkt*, Investitionsschutz durch Stabilisierungsklauseln (1994); *Wälde/Ngi*, Texas J. Int'l Law 31 (1996), S. 216-247; Siehe für Beispiele auch *Peter*, Arbitration and Renegotiation, S. 214-228.

293 Ausführlich *Greenwood*, State Contracts in International Law - The Lybian Oil Arbitrations, BYBIL 38 (1982), S. 27-81.

294 Ablehnend z.B. *Sornarajah*, Foreign Investment S. 355; zweifelnd *Higgins*, RdC 178 (1982 III), 259, 298-304. *Redfern/Hunter*, S. 105 merken sarkastisch an, Stabilisierungsklauseln versuchten, Dornröschens Schloß zu schaffen, in dem die Zeit still steht.

"*Restitution in integrum*" gewährt werden muß[295]. Vielmehr erhöht eine Stabilisierungsklausel nur die Höhe des zu zahlenden Schadensersatzes[296].

Der Investor kann ferner versuchen, den Vertrag nicht dem nationalen Recht des Gaststaates zu unterstellen, sondern ihn zu "internationalisieren", indem der Vertrag einer nicht-staatlichen Rechtsordnung unterstellt wird. Vorgeschlagen wurden z.B. internationales Recht[297] oder allgemeine Rechtsprinzipien[298]. Ob die Unterstellung unter das Völkerrecht möglich und sinnvoll ist, ist Gegenstand einer heftigen akademischen Kontroverse, die wegen ihres Umfangs hier nicht nachgezeichnet werden kann und soll[299].

Liegt im Vertrag keine Rechtswahl vor, oder besteht keine vertragliche Beziehung zwischen Staat und Investor, ist es Aufgabe des Schiedsgerichts, das anwendbare Recht zu wählen. In der Vergangenheit haben Schiedsgerichte sich gegenüber den Techniken der Internationalisierung und Stabilisierung aufgeschlossen gezeigt. So wurde in Schiedsverfahren angenommen, daß ein Staat sich nicht dem Recht eines fremden Staates unterwerfen wolle[300] und sich die Streitigkeit daher nach Völkerrecht

---

295 So aber *TopCo v. Lybien* (Texaco Arbitration, 1963), ILM 17 (1978), S. 3, 31.

296 *Liamco v. Lybien*, ILR 62 (1982), S. 140ff; BP v. *Lybien*, ILR 53 (1979), S. 279ff; *El Chiati*, RdC 204 (1987 IV), S. 9, 161; *Wälde/Ngi*, Texas J. Int'l Law 31 (1996), S. 216, 247; *Peter*, Arbitration and Renegotiation, S. 228; differenzierend *Merkt*, S. 236, der auch Ansprüche auf Rückgängigmachung der Beeinträchtigung in Erwägung zieht. *Maniruzzaman*, J. Int. Arb. 9/4 (1992), S. 141, 170 und *Peter*, Arbitration and Renegotiation, S. 229, plädieren dafür, das Interesse des Staates an Vertragsänderung anzuerkennen und im Vertrag selbst schon die Bedingungen für eine Änderung sowie mögliche Entschädigungszahlungen festzuschreiben.

297 Vgl. dazu *Böckstiegel*, Staat als Vertragspartner, S. 76-144; Weil, RdC 128 (1969 III), 95, 181; *Rengeling*, Privatvölkerrechtliche Verträge, *Velten*, State Contracts. Eine Darstellung verschiedener Meinungen samt Kritik findet sich in *Stoll*, S. 51-66.

298 Vgl. dazu die Übersicht bei *Stoll*, S. 36-42. Kritisch dazu *Sornarajah*, J. Int'l Arb. 14/3 (1997) S. 103, 114-118.

299 So erläutert *Mann*, Contracts between States and Aliens, in: ders., Further Studies, S. 264, 267 überzeugend, daß es den Parteien selbstverständlich freistehe, auch Völkerrecht zu wählen - auf der Basis eines nationalen Rechts, das diese Wahl erlaubt. Fraglich sei aber, ob eine solche Wahl sinnvoll ist, da das Völkerrecht kein auf private Investitionsverträge anwendbares Normengerüst enthalte. Zur Kritik auch *Redfern/Hunter*, S. 106/107 und *Toope*, S. 75-90.

300 *Aramco Arbitration*, ILR 27 (1963), S. 117, 155-156; *TopCo v. Lybien*, ILR 53 (1979), S. 389ff.

oder allgemeinen Rechtsprinzipien beurteilt. Begründet wurde dies u.a. damit, daß in den Gaststaaten, meist arabischen Scheichtümern, kein angemessenes Recht existiere[301] oder daß aus der souveränen Natur des Staates folge, daß er sich auf keinen Fall einer fremden Rechtsordnung unterwerfen wolle[302].

Die problemlose Rezeption dieser Techniken durch Schiedsgerichte ist Ursache für ein grundlegendes Mißtrauen von Entwicklungsländern gegenüber der Schiedsgerichtsbarkeit als Streitbeilegungsmethode. Sie wurden nach dem zweiten Weltkrieg entwickelt, als die beteiligten Staaten oftmals gerade erst unabhängig wurden. Da die Stabilisierung und Internationalisierung von Verträgen nur dem Schutz der Investitionen dienten, die Interessen des Gaststaates jedoch nicht berücksichtigten, sahen die Gaststaaten die Schiedsgerichtsbarkeit nicht als neutrales Streitbeilegungsverfahren an, sondern als zugunsten der Investoren und der kapitalexportierenden Länder voreingenommen[303]. Diesem Blickpunkt wird zwar zu Recht entgegengehalten, daß dies eine Voreingenommenheit der Schiedsrichter, nicht aber des Verfahrens beweise und die Staaten als Parteien Einfluß auf die Auswahl der Schiedsrichter nehmen können.[304]. Das Mißtrauen von Entwicklungsländern gegenüber der Schiedsgerichtsbarkeit hält sich, insbesondere im Bereich der Ölschiedsverfahren, aufgrund dieser Techniken bis heute[305].

(4) Staatliche Immunität bei Staat - Investor Schiedsverfahren

Beschließt der Investor, ein Schiedsverfahren anzustrengen, so ist es möglich, daß der Staat schon die Gültigkeit der Schiedsklausel mit dem

301 *Petroleum Dev. Ltd. v. Sheikh of Abu Dhabi*, ILR 18 (1951) 144ff.

302 *Aramco Arbitration*, ILR 27 (1963), S. 117, 155-156: " Considering the jurisdictional immunity of foreign States, recognised by international law in a spirit of respect for the essential dignity of sovereign power, the Tribunal is unable to hold that arbitral proceedings to which a sovereign State is a Party could be subject to the law of another state ....".

303 *Igbokwe*, J. Int' Arb. 14/1 (1997), S. 99, 100; *Sornarajah*, J. Int'l Arb. 14/3 (1997), 103, 104; vgl. auch *Dezalay/Garth*, S. 68.

304 *Rubino-Sammartano*, J, Int'l Arb. 13 (1996) S. 21, 32.

305 *Igbokwe*, J. Int' Arb. 14/1 (1997), S. 99, 101; *Sornarajah*, J. Int'l Arb. 14/3 (1997), 103, 103.

Einwand der staatlichen Immunität bestreitet, diese aber spätestens bei der Durchsetzung des Schiedsspruches geltend macht.

Gemäß dem völkergewohnheitsrechtlichen Prinzip der staatlichen Immunität sind Staaten vor den Gerichten anderer Staaten immun und können damit dort nicht verklagt werden[306]. Diese Immunität erstreckt sich auf das gerichtliche Erkenntnisverfahren und auf das gerichtliche Vollstreckungsverfahren. Die ursprünglich absolut geltende Immunität wurde von staatlichen Gerichten dann eingeschränkt, je mehr sich Staaten auch wirtschaftlich und nicht mehr rein hochzeitlich betätigten. Inzwischen hat sich die Staatenpraxis dahingehend entwickelt, daß zwischen hoheitlichem (*acta iure imperii*) und nicht-hoheitlichem Handeln (*acta iure gestionis*) eines fremden Staates zu unterscheiden ist[307]. Letzteres berechtigt nicht zur Inanspruchnahme diplomatischer Immunität. Problematisch bleibt es aber, *acta iure gestionis* und *acta iure imperii* voneinander abzugrenzen. Die Abgrenzung ist grundsätzlich nach nationalem Recht vorzunehmen, da Völkerrecht dafür keine Standards enthält. Abgestellt wird so z.B. auf die "Natur der staatlichen Handlung oder des Rechtsverhältnisses", d.h. ob der Staat in Ausübung seiner Hoheitsgewalt oder auf andere Weise öffentlich-rechtlich tätig geworden ist[308]. Aktivitäten in Zusammenhang mit der Ausbeutung natürlicher Ressourcen, und damit Gegenstand von Investitionsstreitigkeiten, werden aber immer noch von Gerichten vieler Staaten als hoheitliches Handeln und somit als der Immunität unterliegend angesehen[309].

---

306 *Jennings/Watts*, Oppenheim I/1, S. 343 mwN. Die dogmatische Grundlage ist umstritten. Teilweise wird es auf den Rechtsgedanken "*par in parem non habet imperium*" und somit auf dem Gedanken, daß alle Staaten souverän und gleich sind, keiner damit über den anderen zu Gericht sitzen darf, zurückgeführt, so von *Verdross/Simma*, S. 763; *Gloria/Epping*, in *Ipsen*, S. 339. Ablehnend *Badr*, State Immunity, S. 89; und *Jennings/Watts*, Oppenheims I/1, S. 342.

307 *Verdross/Simma*, S. 767; *Gloria/Epping*, in: *Ipsen*, S. 339; *Vagts*, RdC 203 (1987 III), S. 9, 76/77.

308 *Schreuer*, State Immunity, S. 17; BVerfGE 16, 27, 61f. Dieser Auffassung haben sich zumindest britische und amerikanische Gerichte angeschlossen, *Verdross/Simma*, S. 768.

309 *Hirsch*, S. 9, vgl. auch *Delaume*, Arbitration with foreign States, in *Lew* (Hrsg.), Contemporary Problems, S. 289, 313; *Fox*, Sovereign Immunity and Arbitration, in: *Lew* (Hrsg.), Contemporary Problems, S. 323.

Als Einrede gegen die Jurisdiktion eines Schiedsgerichts kann die staatliche Immunität aber nicht eingeführt werden[310]. Eine Schiedsvereinbarung ist als Verzicht auf die staatliche Immunität vor der Jurisdiktion der lokalen Gerichte am Sitz des Schiedsgerichts, die das Verfahren überwachen, anzusehen. Anders stellt sich die Rechtslage jedoch in Hinblick auf die Immunität gegen Vollstreckung dar. Denn der Verzicht auf die Immunität vor Jurisdiktion beinhaltet nicht auch den Verzicht auf Immunität vor Vollstreckung, wie *van den Berg* anmerkt: "*It is here where the logic breaks down*"[311]. Die Vollstreckung eines Schiedsspruchs in das Staatsvermögen setzt zusätzlich noch den ausdrücklichen Verzicht der Immunität gegen Vollstreckungsmaßnahmen voraus[312]. Dies gilt auch unter der New Yorker Konvention. Da sie für Schiedsverfahren zwischen Privaten geschaffen wurde, regelt sie die Frage der staatlichen Immunität weder ausdrücklich noch konkludent. Ist kein solch ausdrücklicher Verzicht erfolgt, hängt eine erfolgreiche Vollstreckung davon ab, ob die Immunität absolut gilt, oder wie z.B. in England, Deutschland, der USA und Frankreich nur für hoheitliches Vermögens und nicht auf Vermögen, das ausschließlich im Zusammenhang mit Tätigkeiten wirtschaftlicher Natur, d.h. *de iure gestionis*, gebraucht wird[313].

c) Zusammenfassung

Es wurde aufgezeigt, daß die Anwendung der Schiedsgerichtsbarkeit zur Lösung von Investitionsstreitigkeiten Probleme aufwirft. Diese Probleme beruhen darauf, daß das System der internationalen privaten Wirtschaftsschiedsgerichtsbarkeit für Streitigkeiten zwischen zwei privaten Parteien entwickelt wurde, nicht jedoch für Streitigkeiten zwischen Privaten und ausländischen Staaten.

---

310 *Van den Berg*, State Immunity, in: *Böckstiegel* (Hrsg.), Acts of State, S. 41,49; *Langkeit*, S. 70; *Berger*, Wirtschaftsschiedsgerichtsbarkeit, S. 127; *Redfern/Hunter*, S. 425 mwN.

311 *Van den Berg*, State Immunity, in: *Böckstiegel* (Hrsg.), Acts of State, aaO.

312 *Redfern/Hunter*, S. 428; *Van den Berg*, State Immunity, in: *Böckstiegel* (Hrsg.), Acts of State, S. 41, 55; *Langkeit*, S. 271; *Jennings/Watts*, Oppenheim I/1, S. 350.

313 *Van den Berg*, State Immunity, in: *Böckstiegel* (Hrsg.), Acts of State, S. 41, 55-6; *Redfern/Hunter*, S. 427; vgl. auch *Jennings/Watts*, Oppenheim I/1, S. 350.

Im folgenden wird darzustellen sein, inwieweit völkerrechtliche Ordnungsrahmen für die Investitionsschiedsverfahren existieren und die aufgeführten Probleme regeln.

III. Das International Centre for the Settlement of Investment Disputes als institutioneller Rahmen für Staat-Investor-Schiedsverfahren

1. Struktur und Merkmale des ICSID

Das "International Centre for the Settlement of Investment Disputes" ist eine internationale Organisation, die 1965 durch eine multilaterale Konvention[314] gegründet wurde. Die ICSID-Konvention wurde von der Weltbank ausgearbeitet, um einen Beitrag zur Verbesserung des Investitionsklimas zu schaffen. Ziel war es, Investitionen durch Verringerung des Risikos ungelöster Konflikte und Beilegung von Streitigkeiten auf eine Weise, die eine Konfrontation zwischen Heimat- und Gaststaat ausschließt, zu fördern. Mittel dazu war die Schaffung einer Institution, in der Gaststaat und Investor sich auf gleicher Ebene treffen und der Heimatstaat ausgeschlossen ist [315]. Ziel und Zweck der ICSID-Konvention ist damit die Förderung ausländischer Investitionen in Entwicklungsländern durch Schaffung einer neutralen Institution für die Beilegung von Investitionsstreitigkeiten. In der Präambel erkennen die Vertragsstaaten dementsprechend die Rolle privater Investitionen für die wirtschaftliche Entwicklung an und erkennen auch an, daß es vorteilhaft sein kann, Investitionsstreitigkeiten nationalen Rechtssystemen zu entziehen.

Das ICSID ist eine Schiedsinstitution ähnlich dem LCIA oder dem International Court of Arbitration der ICC. Es verwaltet und betreut somit Schiedsverfahren, führt sie aber nicht selbst durch. Das ICSID besteht aus einem Sekretariat unter der Kontrolle des Verwaltungsrates, in den jeder Mitgliedstaat einen Vertreter entsendet und dessen Vorsitzen-

---

314 *Convention on the Settlement of Investment Disputes between States and Nationals of other States*, Washington, 18. März 1965, I.L.M. 4 (1965) S, 524ff; in Kraft seit 14.10.1966 [nachfolgend "Konvention"].

315 *Broches*, RdC 136 (1972 II), S. 337, 343; *Delaume*, ICSID-Arbitration, in: *Lew* (Hrsg.), Contemporary Problems, S. 23, 24; vgl. auch den ausführlichen *Report of the Executive Directors on the Convention on the Settlement of Investment Disputes between States and Nationals of Other States*, ILM 4 (1965), S. 524, 525.

der der Präsident der Weltbank ist[316]. Die Mitglieder des Verwaltungsrates sind diejenigen Mitgliedsstaaten der Weltbank, die der Konvention beigetreten sind. Es können aber auch andere Staaten Mitglied des ICSID werden können, wenn sie durch den Verwaltungsrat dazu eingeladen werden[317]. Während der Verwaltungsrat "legislatorisch" tätig wird und z.B. Regeln für die Durchführung von Schieds- und Schlichtungsverfahren erläßt[318], ist das Sekretariat für die Verwaltung der Schiedsverfahren verantwortlich. Es besteht aus einem Generalsekretär, mehreren Vertretern und Mitarbeitern. Der Generalsekretär ist der oberste Verwaltungsbeamte des Zentrums. Er prüft, ob eine *prima-facie*-Jurisdiktion des Zentrums für eingereichte Klagen besteht[319]. Die Durchführung der Schiedsverfahren ist Aufgabe der Schiedsgerichte, die nach den Bestimmungen der Konvention zustande kommen. Es gibt eine Liste von Schiedsrichtern und Schlichtern, für die jeder Mitgliedsstaat bis zu vier Personen ernennen kann. Die Parteien eines Streits können auch andere Schiedsrichter ernennen. Können sie sich jedoch nicht einigen, ernennt der Generalsekretär die Schiedsrichter[320], ist insoweit dann aber an diese Liste gebunden[321].

2. *Jurisdiktion*

Die Jurisdiktion des ICISD erstreckt sich gemäß Artikel 25 der Konvention auf jede rechtliche Streitigkeit, die direkt aus einem Investitionsvorhaben zwischen einem Vertragsstaat und dem Angehörigen eines anderen

---

316 Artikel 4, 5 der Konvention.

317 Artikel 67 der Konvention.

318 Die Kompetenzen des Verwaltungsrates sind nicht abschließend in Artikel 6 der Konvention aufgeführt. Interessant ist besonders Artikel6 Abs.3, wonach der Verwaltungsrat alle Befugnisse besitzt und alle Funktionen ausübt, die notwendig sind, um die Bestimmungen der Konvention zu implementieren. Damit wird nicht nur eine Kompetenz-Kompetenz festgeschrieben, sondern auch das Prinzip der "*implied powers*" bestätigt. Nach diesem Auslegungsprinzip muß eine internationale Organisation auch solche Kompetenzen haben, die obwohl nicht ausdrücklich geregelt, ihr notwendigerweise für die Erfüllung ihrer Aufgaben zustehen müssen. Vgl. dazu IGH, *Reparations for Injuries Case*, ICJ Reports 1949, S. 174 (182); IGH, *Certain Expenses Case, ICJ Reports* 1962, S. 151 (168).

319 Artikel 36 Abs.3 der Konvention.

320 Artikel 38 der Konvention.

321 Artikel 13, 40 der Konvention.

Vertragsstaates erwächst, wenn diese Parteien sich schriftlich geeinigt haben, den Streit dem Zentrum zu unterbreiten.

Voraussetzung ist also zunächst, daß eine rechtliche Streitigkeit vorliegt, die direkt aus einer Investition erwächst. Die Voraussetzung einer "rechtlichen Streitigkeit" soll dabei klarstellen, daß ein reiner Interessenkonflikt nicht genügt, sondern ein rechtlicher Konflikt vorliegen muß. Der Streit muß daher die Existenz oder den Umfang eines Rechts bzw. einer Pflicht oder die Existenz und den Umfang des Schadensersatzes für die Verletzung einer solchen Pflicht betreffen[322]. Was eine "Investition" ist, wurde absichtlich offengelassen. Die Konvention erlaubt es so, daß auch neue Investitionsformen wie z.B. *Service Contracts* der Jurisdiktion unterfallen. Nachdem solche neuen Investitionsformen auch Gegenstand einiger Verfahren geworden sind und die beteiligten Staaten keinen Einspruch erhoben haben, muß davon ausgegangen werden, daß der Investitionsbegriff weit auszulegen ist[323]. Will ein Staat bestimmte Investitionsformen der Jurisdiktion des ICSID entziehen, so steht im dies nach Art. 25 Abs. 4 der Konvention frei[324].

Die Streitigkeit muß ferner zwischen einem Vertragsstaat und dem Angehörigen eines anderen Vertragsstaates erwachsen. Wann ein Investor, der sowohl natürliche wie auch juristische Person sein kann, Staatsangehöriger eines anderen Vertragsstaates ist, wird zunächst nicht weiter definiert. Wendet man die gewohnheitsrechtlichen Regeln zur Bestimmung der Nationalität an, so ist bei juristischen Personen primär auf das Recht des Gründungsstaates abzustellen. Wie aber bei der Analyse des diplomatischen Schutzes aufgezeigt wurde, ist dieses Kriterium nicht imstande, den Regelfall eines Joint-Venture als Investitionsform, d.h. eines

322 *Report of the Executive Directors on the Convention*, ILM 4 (1965), S. 524, 528.

323 *Delaume*, ICSID-Arbitration, in: *Lew* (Hrsg.), Contemporary Problems, S. 23, 26; vgl. auch *Bruno*, S. 83 und *Muchlinski*, S. 547. Dies ist auch dogmatisch über Artikel 31 III b der *Wiener* Vertragrechtskonvention (WVRK) zu begründen, wonach nachfolgende Staatenpraxis bei der Auslegung mitzuberücksichtigen ist. Die WVRK findet zwar gemäß Artikel 4 keine Anwendung auf die ICSID-Konvention, da diese vor der WVRK in Kraft getreten ist, die Auslegungsgrundsätze stellen jedoch eine Kodifizierung geltenden Völkergewohnheitsrecht dar, vgl. *Jennings/Watts*, Oppenheims I/2, S. 1274; *Roth/Happ*, Uniform Law Review 2 (1997), S. 700, 705.

324 Dies muß geschehen, bevor der Investor Klage erhoben und das Verfahren in Gang gesetzt hat, vgl. *Alcoa v. Jamaica* (1975), ICSID Arb. 74/2 (unveröffentlicht), berichtet in: *Schmidt*, Harv. Int'l Law J. 17 (1976), 90.

im Gaststaat angesiedelten und nach dessem Recht gegründeten Unternehmens, befriedigend zu erfassen. Artikel 25 Abs. 2 lit. (b) der ICSID-Konvention bietet für diesen Fall eine Lösung an: die Parteien können sich darauf einigen, ein lokal gegründetes Unternehmen, das ausländischer Kontrolle untersteht, als Angehörige eines anderen Vertragsstaates zu behandeln. Eine solche Vereinbarung -da nur Ausnahme- muß grundsätzlich ausdrücklich geschlossen werden. ICSID-Tribunale haben aber auch die Möglichkeit einer impliziten Vereinbarung zugelassen, wenn beide Parteien wußten, daß die Investition in Form einer im Gaststaat gegründeten Tochterfirma erfolgen würde, und der Gaststaat die ausländische Kontrolle anerkannt hat[325]. Gleiches gilt, wenn ein Gaststaat mit einer solchen lokal gegründeten Firma einen Vertrag abschließt und dieser eine ICSID-Schiedsklausel enthält.[326]

a) Zustimmung der Parteien

Wichtigste Voraussetzung der Jurisdiktion ist aber eine Schiedsvereinbarung zwischen Staat und Investor. Haben die Parteien ihre schriftliche Zustimmung zu einem Verfahren erst einmal gegeben, kann diese gemäß Artikel 25 Abs. 1 nicht mehr einseitig zurückgezogen werden. Die schriftliche Zustimmung kann entweder als Schiedsvereinbarung nach Entstehen der Streitigkeit getroffen werden oder als Schiedsklausel bereits im privatrechtlichen Investitionsvertrag zwischen Investor und Gaststaat enthalten sein.

Die Parteistellung des Staates ist dann unproblematisch, wenn er, wie oben dargestellt, direkt an einem Investitionsvertrag beteiligt ist. Problematisch ist es, wenn die vertraglichen Beziehungen nicht mit dem Staat, sondern mit Bundesstaaten, regionalen Behörden oder Staatsfirmen bestehen. Die ICSID-Konvention löst dieses Problem nur unzureichend. Gemäß Artikel 25 Abs. 1 können nur diejenigen unterstaatlichen Einheiten und Agenturen Partei sein, die dem Zentrum vom Gaststaat vorher

---

325 *Amco Asia Co. u.a. v. Indonesien*, ILM 23 (1984), 351, 359/60; *Delaume*, ICSID-Arbitration, in: *Lew* (Hrsg), Contemporary Problems, S. 23, 30; vgl. auch *Broches*, J. Int'l Arb. 13/3 (1996), S. 21-30 mit der Analyse des Schiedsspruches *Vacuum Salt v. Ghana* (1994), in dem diese Regel bestätigt, aber bei nur 20% Aktienanteil mangels Kontrolle abgelehnt wurde.

326 *Liberian East Timber Co. v, Liberia*, ILM 26 (1987),S. 647, 653; *Muchlinski*, S. 545; *Bruno*, S. 82. Kritisch *Toope*, S. 226-228.

benannt wurden. Ob Staatsfirmen und regionale Behörden wirksam Partei sein können, bleibt somit dem Ermessen des Vertragsstaates überlassen[327].

Die Zustimmung des Staates zu einem ICSID-Schiedsverfahren kann auch in einem nationalen Investitionsgesetz enthalten sein. In dem Bestreben, ausländisches Kapital anzulocken, haben Entwicklungsländer in ihre nationalen Investitionsgesetze Bestimmungen des Inhalts aufgenommen, daß Investitionsstreitigkeiten der Jurisdiktion des ICSID unterfallen sollen. Insoweit diese Gesetze ausdrücklich und unzweideutig die Zustimmung des Staates zu ICSID-Verfahren enthalten, stellen sie ein Angebot dar, welches der Investor durch Anrufen des Schiedsgerichts annehmen kann, so daß eine Schiedsvereinbarung zustandekommt[328]. Der Staat kann dieses Angebot nur bedingt widerrufen. Zwar kann jeder Staat kraft seiner Souveränität seine eigenen Gesetze ändern[329]. Hat der Investor aber im Vertrauen auf dieses Angebot seine Investition getätigt, so ist der Gaststaat nach dem Grundsätzen des Vertrauensschutzes an die Zusage gebunden und kann sich vor dem Schiedsgericht auf das widersprechende nationale Recht nicht berufen[330].

Schließlich kann die Zustimmung auch in einem völkerrechtlichen Vertrag enthalten sein. Seit der Gründung des ICSID enthalten bilaterale Investitionsschutzverträge zunehmend die Zustimmung der Vertragsstaaten, daß Streitigkeiten zwischen ihnen und Investoren des anderen Vertragsstaates durch ein ICSID-Schiedsgericht beigelegt werden[331]. Die Klauseln dieser Verträge lassen sich in zwei Gruppen aufteilen: solche,

---

327 *Bruno*, S. 79; *Muchlinski*, S. 543, 544.

328 *Hirsch*, S. 52; *SPP v. Ägypten*, Yb. Comm. Arb. 16 (1991), S. 16, 25. Nach *Paulsson*, Arbitration without Privity, in: *Wälde* (Hrsg), The Energy Charter Treaty, S. 421, 424 war die Berufung auf nationale Investitionsgesetze auch in zwei weiteren, unveröffentlichten ICSID-Fällen erfolgreich.

329 *Sornarajah*, J. Int'l Arb. 14/3 (1997), S. 103, 129.

330 *Hirsch*, S. 54; *Burdeau*, Rev. Arb. 1995, S. 3, 16; *Amco Asia Co. u.a. v. Indonesien*, ILM 23 (1984), S. 351, 381; vgl. auch *Berger*, Wirtschaftsschiedsgerichtsbarkeit, S. 125 und *Rubino-Sammartano*, S. 174. Ablehnend *Sornarajah*, J. Int.'l Arb. 14/3 (1997), S. 103, 129 mit der Begründung, daß "estoppel" einen Souverän nicht binden könne. Diese Begründung ist nicht nur fragwürdig, da das Prinzip des estoppel auch im Völkerrecht gilt. Sie geht auch an der Sache vorbei, da ein Staat, wenn er eine Schiedsvereinbarung eingeht, auf seine Souveränität insoweit verzichtet und dem Privaten als gleichgeordneter Partner gegenübersteht.

331 Vgl. die Übersicht bei *UNCTAD*, Bilateral Investment Treaties in the Mid-90's.

die eine unbedingte Zustimmung des Gaststaates enthalten, und solche, in denen der Gaststaat sich nur verpflichtet, diese Zustimmung zu geben[332]. Soweit die Klausel nur eine Verpflichtung eines Staates enthält, auf Verlangen des Investors seine Zustimmung zu geben, stellt diese Klausel kein Angebot zum Abschluß einer Schiedsvereinbarung dar. Verweigert der Staat seine Zustimmung, liegt zwar ein Vertragsbruch vor, aber die Jurisdiktion des ICSID wird dadurch nicht begründet.[333]. Ist die Zustimmung des Staates aber bereits im völkerrechtlichen Vertrag enthalten, ermöglicht dies dem Investor, Schiedsverfahren vor dem ICSID zu betreiben. Im Einreichen der Klage liegt seine Zustimmung, so daß eine Schiedsvereinbarung gegeben ist. Präzedenzfall hierfür ist der Schiedsspruch des ICSID-Tribunals im Fall *Asian Agricultural Products Ltd v. Sri Lanka*[334], der nachfolgend bestätigt wurde und dem sich die Literatur fast einstimmig angeschlossen hat[335]. Der Staat kann sich der Bindung nur durch Kündigung des Vertrages entledigen[336].

---

332 *Hirsch*, S. 54-57, nennt drei Gruppen; *Sornarajah*, J. Int.'l Arb. 14/3 (1997), S. 103,131 sogar vier Gruppen. Beide Autoren unterteilen jedoch nur noch diejenigen Klauseln, die keine unbedingte Zustimmung enthalten, in Untergruppen, ohne daß dies zu anderen Ergebnissen führt.

333 *Broches*, Bilateral Investment Treaties, in: Schultsz/*van den Berg*(Hrsg), The Art of Arbitration, S. 63, 66; *Mann*, British Treaties, in: Ders. (Hrsg), Further Studies, S. 229, 244.

334 *Asian Agricultural Products Ltd v. Sri Lanka*, ILM 30 (1991), S. 577ff. Sechs der momentan zehn anhängigen Fälle basieren auf solchen Klauseln in bilateralen Investitionsschutzverträgen, vg. *Gaillard*, New York Law Journal April 1998, 1ff.

335 *American Manufacturing & Trading Inc. Republic of Zaire*, ILM 36 (1998), S. 1534, 1544. Diese Doktrin wird u.a. akzeptiert von *Burdeau*, Rev. Arb. 1995, S. 3, 16; *Sacerdoti*, RdC 267 (1997), S. 251, 443; *Paulsson*, Arbitration without Privity, in: *Wälde* (Hrsg.), The Energy Charter Treaty, S. 421, 425; *Wälde*, Arb. Int'l 12 (1996), S. 429, 445; *Broches*, Bilateral Investment Treaties, in: *Schultsz/van den Berg*(Hrsg), The Art of Arbitration, S. 63, 67; *Hirsch*, S. 55; *Rawding*, Arb. Int'l 11 (1995), 341, 366; ablehnend *Sornarajah*, J. Int'l Arb. 14/3 (1997), S. 103, 131 mit der Begründung, es handele sich um eine völkerrechtliche Verpflichtung, die nur gegenüber einem anderen Vertragsstaat gelte und deren Verletzung nur völkerrechtliche Verantwortung mit sich bringe. Seine Argumentation ist jedoch nur für Klauseln begründet, die eine Verpflichtung zur Zustimmung enthalten. Insoweit die Vertragsstaaten ihre Zustimmung zu einem Schiedsverfahren im voraus gegeben haben, sind sie nicht mehr verpflichtet, diese Zustimmung noch zu erteilen.

336 *Burdeau*, aaO. Eine Kündigung wird aber nur ex nunc und nicht ex tunc wirken können.

b) *Ausschluß anderer Rechtsmittel*

Ist die Jurisdiktion des ICSID nach den dargestellten drei Voraussetzungen gegeben, so schließt sie andere Rechtsmittel aus. Dies ergibt sich aus Artikel 26 und Artikel 27 der Konvention. Gemäß Artikel 26 wird aus der Zustimmung der Parteien der Ausschluß anderer Rechtsmittel gefolgert, sofern die Parteien nichts anderes bestimmen. Die Vertragsstaaten können ihre Zustimmung zu einem ICSID-Verfahren jedoch an die Bedingung koppeln, daß zunächst der innerstaatliche Rechtsweg ausgeschöpft wird.

Artikel 27 schließt das Recht der Vertragsstaaten auf diplomatischen Schutz aus. Hat ein anderer Vertragsstaat einem Verfahren vor dem ICSID zugestimmt, so können die Heimatstaaten keinen diplomatischen Schutz ausüben. Das Recht auf diplomatischen Schutz lebt erst wieder auf, wenn der Gaststaat einen Schiedsspruch nicht befolgt hat. Informelle diplomatische Schritte, die der Beilegung des Streits dienen, fallen aber gemäß Artikel 27 Abs. 2 nicht unter dieses Verbot. Dieser ausdrückliche Ausschluß ist notwendig, da der Investor nicht über das Recht seines Heimatstaates auf Ausübung diplomatischen Schutzes verzichten kann[337]. In seiner Reichweite entspricht dieser Verzicht nicht einer Calvo-Klausel, da diese auch Schiedsverfahren ausschließen soll[338].

3. *Anwendbares Recht*

a) *Parteivereinbarung*

Artikel 42 Abs. 1 ICSID-Konvention verpflichtet das Schiedsgericht zunächst, das von den Parteien gewählte Recht auf den Fall anzuwenden[339]. Liegt keine Parteivereinbarung vor, soll das Tribunal das Recht des Gaststaates anwenden, einschließlich dessen Kollisionsrechts, sowie anwendbare Regeln des internationalen Rechts. Den Parteien wird somit zunächst absolute Autonomie in der Rechtswahl gewährt. Sie können nationales Recht wählen, internationales Recht oder eine Kombination der

---

337 Siehe oben S. 71f.

338 *Ott*, S. 49.

339 "The Tribunal shall decide a dispute in accordance with such rules of law as may be agreed upon by the parties.". Ausführlich dazu *Hirsch*, S. 109-154.

beiden. Es steht ihnen auch frei, die Rechtsordnung zu einem bestimmten Zeitpunkt zu wählen, das Recht also "einzufrieren" und so den Vertrag zu stabilisieren.[340] Die Parteien müssen sich dabei nicht auf das Recht eines Staates beschränken, sondern können auch allgemeine Rechtsprinzipien oder nichtstaatliches Recht wählen[341].

b) Rechtswahl durch das Schiedsgericht

Fehlt eine Parteivereinbarung, so hat das Tribunal das Recht des Gaststaates sowie anwendbare Regeln des internationalen Rechts anzuwenden. Die primäre Anwendung des Rechts des Gaststaates ist ein Zugeständnis an die Entwicklungsländer, die während der Verhandlungen Einwände gegen die Anwendung internationalen Rechts erhoben hatten[342]. Weist das Recht des Gaststaates Lücken auf, so kann das Tribunal Rückgriff auf internationales Recht nehmen, um diese Lücken zu füllen[343]. Unter "internationalem Recht" sind die in Artikel 38 Abs. 1 des IGH-Statutes aufgeführten Rechtsquellen zu verstehen und somit völkerrechtliche Verträge, Gewohnheitsrecht und allgemeine Rechtsprinzipien[344].

---

340 *Broches*, RdC 136 (1972 II), S. 337, 389; *Hirsch*, S. 118-119.

341 Vgl. *Hirsch*, S. 119. Dies folgt, ebenso wie die Möglichkeit, nationales Recht und Völkerrecht zu mischen, aus der Verwendung des Begriffs "rules of law". In der internationalen Schiedsgerichtsbarkeit wird unterschieden zwischen "law" und "rules of law".Während "law" nur nationales Recht umfasst, sind "rules of law" auch nichstaatliche Rechtsregeln wie z.B. noch nicht in Kraft getretene internationale Konventionen, Restatements oder auch die "*lex mercatoria*". Vgl. dazu *Berger*, Wirtschaftsschiedsgerichtsbarkeit, S. 361-390; zur lex mercatoria *Berger*, Kodifizierung, 1 *passim*. Als Beispiel für "rules of law" können die von UNIDROIT entworfenen Prinzipien internationaler Handelsverträge dienen, *Bonell*, Die UNIDROIT-Prinzipien der internationalen Handelsverträge: Eine neue lex mercatoria, ZfRV 37 (1996), S. 152ff.

342 *Hirsch*, S. 137. In einem frühen Entwurf hatte sich noch kein Hinweis auf das nationale Recht des Gaststaates gefunden.

343 *Hirsch*, S. 134; *Muchlinski*, S. 550; *AGIP Corp. v. Kongo*, ILM 21 (1982), 726, 735; *Amco Asia Co. v. Indonesia* (Resubmission: Merits),ILR 89 (1992), S. 580, 594.

344 *Report of the Executive Directors*, ILM 4 (1965), S. 524, 530.

c) *Verhältnis von Völkerrecht und nationalem Recht*

Die Formulierung des Artikel 42 Abs. 1 klärt nicht das Verhältnis zwischen dem Recht des Gaststaates und anwendbarem Völkerrecht. Unter Berufung darauf, daß das Recht des Gaststaates zuerst genannt wird, könnte man davon ausgehen, daß dieses Vorrang genießt und Völkerrecht nur ergänzend angewandt werden kann[345]. Da die vom Gaststaat getroffenen Maßnahmen nach dessem nationalem Recht aber rechtmäßig sein dürften, könnte das dazu führen, daß völkerrechtswidrige Maßnahmen als rechtmäßig zu beurteilen wären. Dieses Ergebnis entspräche nicht dem Ziel und Zweck der Konvention, Auslandsinvestitionen durch ein ausbalanciertes Streitbeilegungssystem zu fördern[346], und ist daher abzulehnen.

Rechtsprechung des ICSID und h.M. in der Lehre gehen denn auch davon aus, daß bei einem Konflikt zwischen anwendbaren völkerrechtlichen Regeln und dem nationalen Recht das Völkerrecht Anwendungsvorrang genießt: ein nach Anwendung des nationalen Rechts gewonnenes völkerrechtswidriges Ergebnis wird korrigiert[347]. Er ergibt sich auch aus dem unterschiedlichen Regelungsbereich beider Rechtssysteme: während das nationale Recht z.B. durch Gesetz die Enteignung einer konkreten Investition beschließt, sagt das Völkerrecht nichts über das "ob" der Maßnahme aus, sondern nur über deren Rechtmäßigkeit. Das Völkerrecht ist daher Beurteilungsmaßstab für das staatliche Recht und genießt zwangsläufig Vorrang. Dieser Vorrang des Völkerrechts gilt auch dann, wenn die Parteien ausdrücklich nationales Recht gewählt haben[348]. Ein ICSID-Tribunal kann somit die Rechtmäßigkeit z.B. einer Enteignung

---

345 So z.B. *Sornarajah*, J. Int'l Arb. 14/3 (1997), S. 103, 112/113. Es sei sogar zu bezweifeln, ob es auf Investitionsstreitigkeiten anwendbares internationales Recht gebe.

346 Dazu auch *Shihata*, ICSID Review - FILJ 1 (1986), S.1,4.

347 *Shihata/Parra*, ICSID Review - FILJ 9 (1994), S. 183, 192; *Broches*, RdC 136 (1972 II), S. 337, 392; *Muchlinski*, S. 550; *Hirsch*, S. 140; *Toope*, S. 240; *Liberian East Timber Co. v. Liberia*, ILM 26 (1987), S. 647, 650; *Amco Asia Co. v. Indonesia* (Resubmission: Merits), ILR 89 (1992), S. 580, 594; eingeschränkt *Ott*, S. 51 (Völkerrecht ist nur insoweit heranzuziehen, als daß Landesrecht und das zwingende Völkerrecht es verlangen); ablehnend wiederum *Sornarajah*, J. Int'l Arb. 14/3 (1997), S. 103, 113 und *Elombi*, J. Int'l Arb. 11/3 (1994), S. 61, 68.

348 *Muchlinski*, S. 550; *Hirsch*, S. 141; *Liberian East Timber Co. v. Liberia*, ILM 26 (1987), S. 647, 658.

sowohl anhand eventuell anwendbarer Investitionsschutzverträge, der gewohnheitsrechtlichen Standards und allgemeiner Rechtsprinzipien überprüfen, auch wenn die Parteien nationales Recht gewählt haben.

4. *Unabhängigkeit des Verfahrens - Anerkennung und Vollstreckung des Schiedsspruchs*

ICSID-Verfahren werden als "internationalisiert" und als "self-contained regime" beschrieben, da die Bindung an nationale Rechtsordnungen und nationale Gerichte aufgehoben ist[349]. Die Konvention verhindert, daß nationale Gerichte des Sitzstaates den Schiedsspruch wegen Verletzung zwingender Normen der *lex loci arbitri* aufheben und die Gerichte des Vollstreckungsstaates die Anerkennung und Vollstreckung verweigern. Ein ICSID-Schiedsspruch ist zunächst gemäß Artikel 53 Abs. 1 bindend und unterliegt nur den konventionsinternen Rechtsmitteln. Artikel 50-52 konstituieren die Möglichkeit eines Revisions- und Aufhebungsverfahrens innerhalb des ICSID. Insbesondere das Aufhebungsverfahren nach Artikel 52 übernimmt die Funktion, die normalerweise die nationalen Gerichte des Sitzstaates innehaben. Jeder Vertragsstaat ist ferner verpflichtet, einen gültigen ICSID-Schiedsspruch als bindend anzuerkennen und den dort festgeschriebenen Anspruch auf Geldleistung in seinem Territorium wie ein letztinstanzliches Urteil durchzusetzen[350]. Die Partei, die einen Schiedsspruch durchsetzen will, muß nur eine vom Generalsekretär des ICSID beglaubigte Kopie des Schiedsspruches beim zuständigen Gericht einreichen[351]. Damit muß ein Schiedsspruch selbst dann anerkannt werden, wenn er gegen den *ordre public* des Vollstreckungsstaates verstoßen sollte[352].

Problematisch erscheint, daß die Vertragsstaaten damit zwar zur Anerkennung und Vollstreckung der Schiedssprüche verpflichtet werden, die Konvention jedoch nicht die Immunität der Staaten gegen Vollstreckung aufhebt. Artikel 55 stellt klar, daß die Verpflichtung zur Anerken-

349 *Mann*, State Contracts and Arbitration, in: *Mann*, Studies in International Law, S. 256, 271; *Broches*, RdC 136 (1972 II), S. 337, 385; *Lauterpacht*, The World Bank Convention, S. 651; *Carbonneau*, Texas Int'l L. J. 19 (1984), S. 33, 95; *Shihata*, ICSID-Review - FILJ 1 (1986) S. 1, 8.

350 Artikel 54 Abs.1 der Konvention.

351 Artikel 54 Abs.2 der Konvention.

352 *Toope*, S. 245.

nung und Vollstreckung nicht die in dem jeweiligen Staat geltenden Regeln über die Immunität fremder Staaten vor Vollstreckung abändert. Angesichts der oben geschilderten geringen Akzeptanz der Doktrin der restriktiven Immunität ist die rechtliche Durchsetzbarkeit eines Schiedsspruches damit zwar gefährdet, jedoch ist zwischen der rechtlichen und der tatsächlichen Durchsetzbarkeit zu unterscheiden. Ein Staat, der einen ICSID-Schiedsspruch nicht befolgt und die Vollstreckung unter Hinweis auf seine Immunität verhindert, verletzt nicht nur seine Verpflichtungen aus der ICSID-Konvention[353]. Die Weltbank wird diesem Staat auch keine Unterstützung gewähren bzw. bestehende Hilfsprogramme beenden[354]. In der Praxis werden daher Staaten ICSID-Schiedssprüche befolgen[355].

5. *Zusammenfassung*

Schiedsverfahren unter der Schirmherrschaft des ICSID erscheinen auf den ersten Blick allen Anforderungen, die für eine effektive Beilegung von Investitionsstreitigkeiten aufzustellen sind, zu genügen. ICSID schreibt die Beilegung von Investitionsstreitigkeiten durch eine neutrale dritte Instanz vor, die vorher festgelegte Regeln anwendet und ein mit hoher Wahrscheinlichkeit durchsetzbares Ergebnis fällt. Für den Gaststaat ist der Ausschluß diplomatischen Schutzes des Investors durch dessen Heimatstaat vorteilhaft[356]. Dadurch wird das Vorurteil abgewehrt, daß ausländische Investitionen letztendlich zur Einmischung der Heimatstaaten der Investoren in etwas führen, was vor allem von Staaten der Dritten Welt als innere Angelegenheit betrachtet wird. Die Streitigkeit wird so entpolitisiert und Spannungen werden abgebaut bzw. entstehen

---

353 *Hirsch*, S. 25.

354 *Hirsch*, S. 24; *Shihata*, ICSID Review - FILJ 1 (1986), S. 1, 9.

355 Exemplarisch dafür dient der Fall *Benvenuti&Bonfant v. Congo* (Cour d'Appel de Paris, 1981), ILM 20 (1981), S. 878. Die Vollstreckung des Schiedsspruches wurde zwar abgelehnt unter Hinweis auf die Immunität des Kongo, jedoch befolgte Kongo den Schiedsspruch anschließend freiwillig.

356 Artikel 27 der Konvention.

gar nicht erst[357]. Im Gegenzug hat der Investor Zugang zu einem neutralen Tribunal und kann dort direkt gegen den Gaststaat vorgehen.[358]

Die Probleme von Staat-Investor-Schiedsverfahren werden jedoch durch die Regelungen des ICSID nur zum Teil beantwortet. Bei ICSID handelt es sich nur um einen institutionellen Mechanismus. Die Jurisdiktion des ICSID hängt daher weiterhin von einer Schiedsvereinbarung und somit von der Einbindung des Staates ab. Der Staat kann sich der Einbindung in das Verfahren entziehen, indem er durch unterstaatliche Stellen handelt und diese nicht dem Zentrum nach Artikel 25 Abs. 1 als geeignete Parteien des Verfahrens mitteilt. ICSID-Verfahren sind zwar von nationalen Rechtsordnungen abgeschottet, jedoch kann ein Staat sich immer noch auf seine Immunität gegen Vollstreckung berufen. Effektiver Rechtsschutz ist so nicht unbedingt gewährleistet. Negativ fällt auch ins Gewicht, daß die Frage des anwendbaren Rechts nicht eindeutig geregelt wurde. Artikel 42 Abs. 1 ist aufgrund seiner Unklarheiten bezüglich des anwendbaren Rechts eine Quelle für divergierende Interpretationen und damit für Spannungen zwischen Investoren und Gaststaaten[359].

Insgesamt ist das ICSID aber ein Schritt in die richtige Richtung. Die ICSID-Konvention erfreut sich weltweiter Akzeptanz: So hatten Ende 1997 146 Staaten die Konvention unterzeichnet und 131 Staaten sie ratifiziert[360]. Mehr als die Hälfte aller Verfahren wurde bisher nicht entschieden, sondern durch Parteivergleich abgeschlossen - ein Zeichen dafür, daß das ICSID seine Aufgabe, die Kooperation zwischen Investor und Gaststaat zu fördern, erfüllt[361]. Die ursprünglich geringe Auslastung - bis 1997 fanden nur 38 Verfahren statt[362] - hat sich positiv verändert. 1997 wurden 10 neue und von Mitte 1998 bis Mitte 1999 11 weitere Verfahren eingeleitet, so daß 1999 30 Verfahren anhängig waren[363]. Von

357 So auch *Shihata*, ICSID Review - FILJ 1 (1986), S. 1, 12.

358 *Hirsch*, S. 20; *Lalive*, ICSID-Arbitration, in: *Lew*, Contemporary Problems, S. 23, 24; *Toope*, S. 261.

359 Vgl. dazu die Kritik von *Sornarajah*, Arb. Int'l 14/3 (1997), S. 103, 122ff.

360 ICSID, Annual Report 1999, S. 21.

361 *Lalive*, ICSID Arbitration, in: *Lew*, Contemporary Problems, S. 23, 25.

362 Die geringe Auslastung hatte Autoren zu negativen Urteilen über die Effektivität des ICSID als Streitbeilegungszentrum geführt, vgl. z.B. *Toope*, S. 253-261.

363 ICSID, Annual Report 1999, Introduction, *Gaillard*, New York Law Journal April 1998, S.1.

diesen beruhten 20 auf Klauseln in bi- und multilateralen völkerrechtlichen Investitionsschutzverträgen[364], die es im folgenden darzustellen gilt.

IV. Staat-Investor-Schiedsverfahren in bi- und multilateralen völkerrechtlichen Verträgen

Es wurde in der Einleitung bereits dargelegt, daß die völkerrechtlichen Investitionsschutzverträge der letzten dreißig Jahre zunehmend vorsehen, daß Investitionsstreitigkeiten durch Schiedsverfahren zwischen Staaten und Investoren beizulegen sind. Zu unterscheiden ist dabei zwischen dem dichten Netz bilateraler Investitionsschutzverträge mit unterschiedlichen Schiedsklauseln und Schutzstandards (1) und multilateralen Regelungen (2).

1. Bilaterale Investitionsschutzverträge

Eine Analyse der bilateralen Investitionsschutzverträge (BIT) läßt erkennen, daß der frühere Widerstand gegen Schiedsverfahren als Verfahren zur Beilegung von Investitionsstreitigkeiten kaum noch existent ist. Dieser Widerstand hatte sich in Lateinamerika in der Calvo-Klausel ausgedrückt und in Asien und Afrika auf ein generelles Mißtrauen gegenüber Investoren und einer überzogenen Betonung der nationalen Souveränität gegründet, wie sie in der "Charta of Economic Rights and Duties of States"[365] zum Ausdruck kam. Die kapitalexportierenden Ländern zögerten lange, das Mittel des diplomatischen Schutzes aufzugeben[366].

Nach Gründung des ICSID schlossen die Niederlande und Indonesien 1968 den ersten BIT ab, der eine Klausel für ICSID-Schiedsverfahren vorsah. Heute ist die Aufnahme einer Klausel, die die Beilegung von Investitionsstreitigkeiten durch Schiedsverfahren vorschreibt oder empfiehlt, Standard[367]. In der Ausgestaltung unterscheiden sich die Verträge

---

364 ICSID, Annual Report 1999, Introduction.

365 *Charter of Economic Rights and Duties of States*, UNGA Res. 3281 [XXIX], vom 17.12.1974, UN GAOR 29 Suppl. (no.31), S. 50, U.N. Doc, A/9631 (1975). Gemäß Artikel 2 Abs.2 lit c) sollten Investitionsstreitigkeiten grundsätzlich nach dem nationalen Recht des Gaststaates und von dessen Gerichten entschieden werden.

366 *Peters*, Neth. YB Int'l Law 22 (1991), S. 91, 118.

367 *UNCTAD*, Bilateral Investment Treaties in the mid-1990's, S. 89, 139.

jedoch erheblich. Da diesbezüglich bereits von anderer Seite entsprechende Analysen durchgeführt worden sind[368], soll hier nur ein kurzer zusammenfassender Überblick gegeben werden.

Unterschiede bestehen zunächst in Hinblick auf den Anwendungsbereich dieser Streitbeilegungsklauseln. Die meisten Verträge setzen eine Streitigkeit "concerning", "regarding" oder "in connection with" einer Investition voraus, so daß der Anwendungsbereich nicht auf Verletzungen des Vertrages beschränkt ist. Andere Verträge beschränken den Anwendungsbereich auf die Bestimmungen des Vertrages oder sogar nur auf einzelne Bestimmungen, z.B. betreffend die Höhe einer Entschädigung[369]. Während in den ersten BIT die Pflicht des Investors zur Ausschöpfung der "local remedies", der national vorhandenen Rechtsmittel, noch ausdrücklich geregelt war, ist dies in den heutigen BIT unterschiedlich geregelt[370]. Einige Verträge bestimmen noch, daß Schiedsverfahren erst nach einem vorher durchgeführten nationalen Verfahren zulässig sind. Andere Verträge regeln diese Frage nicht explizit, sondern geben den Rechtsweg vor die nationalen Gerichte nur als eine von mehreren Möglichkeiten an. In solchen Fällen taucht die Frage auf, ob völkergewohnheitsrechtlich die Ausschöpfung des nationalen Rechtsweges verlangt werden kann. Dies wird unter Berufung auf den *Elettronica-Sicula*(ELSI)-Fall insbesondere von Autoren aus Entwicklungsländern befürwortet[371]. Im ELSI-Fall hatte der IGH vertreten, daß die "local remedies" - Regel eine so bedeutende Regel des Völkergewohnheitsrechts sei, daß man sie ausdrücklich vertraglich ausschließen müsse, um sie abzubedingen[372]. Daraus kann jedoch nicht abgeleitet werden, daß der Investor vor Anrufung des Schiedsgerichts den nationalen Rechtsweg aus-

---

368 Siehe dazu die Darstellungen von *UNCTAD*, Bilateral Investment Treaties in the mid-1990's, S. 89-99; *Sacerdoti*, Bilateral Treaties and Multilateral Instruments on Investment Protection, RdC 269 (1997), S. 251, 437-453; *Brewer*, International Investment Dispute Settlement Mechanisms, in: OECD (Hrsg.), Towards Mulilateral Investment Rules, S. 85-106; *Paulsson*, Arbitration without Privity, in: *Wälde* (Hrsg.), The Energy Charter Treaty, 422-442 sowie die bereits erwähnte ältere, aber ausführliche Untersuchung von *Peters*, Neth. YB Int'l Law 22(1991), S. 91, 118ff.

369 So z.B. der Vertrag zwischen China und Vietnam, vgl. *UNCTAD*, Bilateral Investment Treaties, S. 91.

370 *UNCTAD*, Bilateral Investment Treaties, S. 93.

371 Z.B. von *Sornarajah*, J. Int'l Arb. 14/3 (1997), S. 103, 136.

372 IGH, *Case of Elettronica Sicula Spa*, ICJ Reports 1989, S. 4, 15.

schöpfen muß. Die Ausschöpfung des nationalen Rechtswegs ist eine Voraussetzung dafür, daß der *Heimatstaat* des Investors den Anspruch des Investors im Wege diplomatischen Schutzes aufnehmen darf. Der Investor selbst wird durch diese Regel nicht verpflichtet, so daß die Ausschöpfung des nationalen Rechtswegs für ein Schiedsverfahren keine Prozeßvoraussetzung sein kann. Die Zustimmung der beiden Vertragsstaaten zu Schiedsverfahren mit Investoren wird ebenfalls unterschiedlich geregelt. Wie bereits im Zusammenhang mit dem ICSID dargelegt, wirken sich terminologische Unterschiede der Streitbeilegungsklauseln direkt aus. Wenn ein Staat direkt zustimmt ("gives its consent"), kann eine Schiedsvereinbarung zustandekommen. Wenn dagegen nur die Verpflichtung zur Zustimmung ("shall consent") geregelt ist, muß der Staat erst noch zustimmen, eine Schiedsvereinbarung hängt dann vom politischen Willen des Staates ab. Die Frage des im Schiedsverfahren anwendbaren Rechts wird von den meisten BIT gar nicht geregelt, so daß die bereits diskutierten Probleme[373] auch nicht gelöst werden.

Weniger Unterschiede bestehen im Bereich der Verfahren und der Vollstreckung. Die Mehrzahl der neueren BIT eröffnet dem Investor die Wahl zwischen verschiedenen Verfahren neben dem ICSID, z.B. nach den Regeln der ICC, der Stockholmer Handelskammer oder eines Adhoc-Verfahrens unter Geltung der UNCITRAL-Schiedsregeln. Die Vollstreckung der Schiedssprüche soll durch Bestimmungen des Inhalts, daß das Verfahren in einem Mitgliedsstaat der New Yorker Konvention stattfinden, oder daß die Vertragsstaaten die Schiedssprüche in ihrem Territorium durchsetzen müssen, gesichert werden.[374]

Trotz der Tatsache, daß fast jeder BIT heute eine Schiedsklausel enthält, kann eine Regel des Völkergewohnheitsrecht des Inhalts, daß Investitionsstreitigkeiten durch Schiedsverfahren beizulegen sind, aus diesen Verträgen nicht abgeleitet werden. Es ist nicht nur umstritten, ob ein Netz bilateraler Verträge überhaupt zu Völkergewohnheitsrecht führen kann[375]. Angesichts der bestehenden Unterschiede ist die einzige übereinstimmende Praxis, daß Investitionsstreitigkeiten durch Schiedsverfahren beigelegt werden können. Diese Praxis kann aber nicht durch eine entsprechende Rechtsüberzeugung gedeckt sein. Denn eine Regel des

---

373 Siehe oben S. 90f.

374 Beispiele bei *UNCTAD*, Bilateral Investment Treaties, S. 97/98.

375 Siehe oben S. 66.

Völkergewohnheitsrechts, daß Investitionsstreitigkeiten durch Schiedsverfahren beizulegen sind, wäre zum einen inoperabel, da sie wesentliche Einzelheiten wie die Frage der Verfahrensregeln ungeregelt läßt. Sie würde auch dem Prinzip, daß Schiedsverfahren konsensual sind und auf der freiwilligen Zustimmung beider Parteien beruhen, widersprechen.

Im Ergebnis bieten die bilateralen Verträge für die Streitbeilegung, wie auch schon hinsichtlich ihres materiellen Schutzstandards, kein einheitliches Bild. Es existiert ein dichtes Netz von Verträgen mit unterschiedlichen Regelungen und Schutzstandards, was zu einer Ablenkung der Investitionsflüsse in bestimmte Staaten führen kann. Dieses Netz deckt aber nur einen Teil der Investitionen ab. Investitionsverträge werden i.d.R. zwischen Industrie- und Entwicklungsländern geschlossen, der Großteil der weltweiten Investitionen aber von Industrieländern in anderen Industrieländern getätigt.

2. *Multilaterale Verträge*

Eine Vereinheitlichung dieses Netzes von einander abweichender Regelungen kann nur durch einen umfassenden multilateralen Vertrag geschaffen werden. Nachdem die Verhandlungen zum Multilateralen Investitionsabkommen (MAI) in der OECD aber gescheitert sind, finden sich Bestimmungen über die Beilegung von Investitionsstreitigkeiten nur noch im nordamerikanischen Freihandelsabkommen NAFTA, verschiedenen regionalen Freihandelsabkommen sowie dem gesondert zu erörternden Energiechartavertrag[376]. Die multilateralen, handelsbezogenen Abkommen GATS und TRIPS enthalten keine Regelungen über Staat-Investor-Verfahren.

Das NAFTA regelt den Investitionsschutz im 11. Kapitel. Kapitel 11A enthält materielle Schutzvorschriften, die dem Standard moderner amerikanischer bilateraler Investitionsschutzverträge entsprechen[377]. Das hier interessierende Streitbeilegungsverfahren befindet sich in Kapitel 11B und regelt, wie Investoren Schiedsverfahren gegen Staaten wegen

---

376 Einen ausgezeichneten Überblick gibt eine vom WTO-Sekretariat vorbereitete Note: *Working Group on the Relationship between Trade and Investment*: Bilateral, Regional, Plurilateral and Multilateral Agreements, WTO Doc. WT/WGTI/W/22 vom 26.01.1998.

377 Einen Überblick gibt *Eklund*, A Primer on the Arbitration of NAFTA Chapter Eleven Investor-State Disputes, J. Int'l Arb. 11/4 (1994), S. 135-171.

der angeblichen Verletzung der Vorschriften des Kapitels 11A einleiten können. Die Vertragsstaaten USA, Kanada und Mexiko haben in Artikel 1122 NAFTA bereits im voraus ihre Zustimmung gegeben, Kapitel 11-Streitigkeiten durch Schiedsverfahren beilegen zu lassen. Durch schriftliche Zustimmung des Investors kommt so eine Schiedsvereinbarung zustande, die den Anforderungen der ICSID- und der New Yorker Konvention genügen soll. Das Erfordernis der "Zustimmung" (consent) des Investors bewirkt, daß dieser einen für ihn ungünstigen Schiedsspruch nicht mit den Argument anfechten kann, es läge keine Schiedsvereinbarung vor[378]. Eine Erschöpfung des nationalen Rechtswegs ist nicht zwingend vorgesehen, gemäß Artikel 1118 NAFTA sollen die Parteien aber zunächst versuchen, die Streitigkeit durch Verhandlungen beizulegen. Nach einer "cool down" - Periode von sechs Monaten kann der Investor die Streitigkeit dann einem Schiedsgericht unterbreiten. Dem Investor steht es offen, ob er ein ICSID-Schiedsverfahren, dessen "additional facility"[379] oder ein Ad-hoc Verfahren nach den UNCITRAL-Schiedsregeln durchführen lassen will (Artikel 1120 NAFTA). Artikel 1131 NAFTA regelt die Frage des anwendbaren Rechts: das gewählte Schiedsgericht hat die Streitigkeit gemäß den Bestimmungen des NAFTA und sonstigem anwendbaren internationalen Recht zu entscheiden. Besondere Vollstreckungsregeln enthält NAFTA nicht. Schiedssprüche sind von den Vertragsstaaten gemäß Artikel 1136 Abs. 4 NAFTA in ihren Territorien zu vollstrecken. Der Investor kann sonst die Vollstreckung nach der New Yorker Konvention oder dem ICSID in Gang setzen.

Die Bestimmungen des NAFTA stellen damit eine trilaterale Ausformung moderner bilateraler Investitionsverträge dar. Der anscheinend umfassende Schutz wird aber durch umfangreiche Ausnahmeregelungen, die es den Vertragsstaaten erlauben, ganze Industriezweige von der Anwendung von Kapitel 11B auszunehmen, eingeschränkt[380].

Bestimmungen über die Staat-Investor-Streitbeilegung finden sich noch im sog. *Colonia Protocol*, das 1994 von den Mitgliedstaaten des *Mercosur-Abkommens* (Argentinien, Brasilien, Paraguay und Uruguay)

---

378 *Paulsson*, Arbitration without Privity, in: *Wälde* (Hrsg.), The Energy Charter Treaty, S. 422, 434.

379 Diese steht zur Verfügung, wenn nur einer der beiden Staaten (Heimatstaat des Investors oder Gaststaat) Mitglied des ICSID ist.

380 Vgl. die Liste bei *Horlick/Marti*, Nafta Chapter 11B, J. Int'l Arb. 14/1 (1997), S. 43-54.

abgeschlossen wurde[381]. Das Colonia Protocol regelt den Schutz von Investitionen eines Investors aus einem Mercosur-Mitgliedstaat in einem anderem Mitgliedstaat. Gemäß Artikel 9 können aus angeblichen Verletzungen dieses Protokolls erwachsende Streitigkeiten zwischen einem solchen Investor und einem Mitgliedstaat durch dessen nationale Gerichte oder durch Schiedsverfahren beigelegt werden, wobei dem Investor ein Wahlrecht zwischen dem ICSID und einem Ad-hoc Schiedsverfahren gemäß den UNCITRAL-Regeln eingeräumt wird. Gleichlautende Bestimmungen enthält auch das Freihandelsabkommen zwischen Kolumbien, Mexiko und Venezuela[382] in den Artikeln 17.16 bis 17.24. Bestimmte staatliche Maßnahmen, z.B. solche die der nationalen Sicherheit dienen, sind vom Anwendungsbereich aber ausgeschlossen.

V. Zusammenfassung

Die Darstellung der unterschiedlichen Streitbeilegungsmechanismen hat ergeben, daß Schiedsverfahren zwischen Staaten und Investoren grundsätzlich zur Beilegung von Investitionsstreitigkeiten geeignet sind. Das System der internationalen privaten Wirtschaftsschiedsgerichtsbarkeit eröffnet einer geschädigten Partei über die New Yorker Konvention den Zugang zu den staatlichen Vollstreckungssystemen der 122 Mitgliedstaaten und ist daher äußerst effektiv.

Dieses System ist jedoch für Streitigkeiten zwischen zwei privaten Parteien entwickelt worden. Sofern es auf Streitigkeiten zwischen einem Staat und einer privaten Partei angewendet wird, wirkt sich die staatliche Natur als Hemmschuh aus und führt zu verschiedenen Problemen. Es hat sich jedoch schrittweise ein völkerrechtlicher Ordnungsrahmen entwickelt, der das System der privaten Wirtschaftsschiedsgerichtsbarkeit an die Besonderheiten der Investitionsstreitigkeiten anpaßt und diese Probleme zumindest teilweise behebt. Zunächst wurden Investitionsschiedsverfahren mit der Gründung des ICSID der Geltung nationaler Rechtsordnungen entzogen. Sodann wurden zunehmend bilaterale Investitionsschutzverträge und regionale Freihandelsverträge abgeschlossen, die die

381 Http://sice.oas.org/trade/mrcsrs/decisions/an1193.stm. Dazu *Sacerdoti*, RdC 267 (1997), S. 251, 427.

382 Http://www.sice.oas.org/Trade/G3_E/G3E_TOC.stm.

Beilegung von Streitigkeiten wegen der Verletzung ihrer Investitionsschutzvorschriften auf die Durchführung von Investitionsschiedsverfahren, z.B. unter der Schirmherrschaft des ICSID, verweisen. Durch diese Verweise entfällt die Notwendigkeit einer vertraglichen Bindung zwischen Investor und Staat und wird der Anwendungsbereich der Schiedsverfahren entsprechend ausgedehnt. Es existiert jedoch kein einheitliches rechtliches Régime. Ob und zu welchen Bedingungen Investitionsstreitigkeiten durch Schiedsverfahren beigelegt werden können, kann dadurch unter Umständen von Staat zu Staat differieren.

E. Zwischenergebnis des ersten Teils

Als Ergebnis des ersten Teils ist festzuhalten, daß sich Investitionsstreitigkeiten in einem komplexen rechtlichen Netz aus staatlichen und völkerrechtlichen Normen abspielen.

Das materiellrechtliche Investitionsschutzrecht wird durch völkerrechtliches Gewohnheitsrecht und völkerrechtliche Investitionsschutzverträge gebildet. Während der völkergewohnheitsrechtliche Investitionsschutz weltweit gilt, aber nur rudimentär gegen Enteignungen schützt, enthalten die bilateralen Investitionsschutzverträge zwar detailliertere Regelungen. Die Verträge werden aber meist nicht zwischen den Industrieländern abgeschlossen, in die 2/3 der weltweiten Auslandsinvestitionen fließen. Das Netz dieser Verträge gewährt auch keinen einheitlichen Schutz, denn die Investitionsschutzverträge unterscheiden sich in ihren Schutzstandards teilweise erheblich.

Sofern Investitionsstreitigkeiten durch Schiedsverfahren beigelegt werden, spielen sich diese Verfahren in einem Spannungsfeld zwischen völkerrechtlichen Regelungen und staatlichen Rechtsordnungen ab. Denn der Mechanismus der Wirtschaftsschiedsgerichtsbarkeit ist in nationale Rechtsordnungen eingebunden, die die Verfahren unterstützen, aber auch kontrollieren. Der für Investitionsschiedsverfahren geschaffene völkerrechtliche Ordnungsrahmen aber überlagert diese Einbindung, wenn die Verletzung völkerrechtlicher Investitionsschutzverträge durch Staat-Investor-Schiedsverfahren beigelegt werden soll.

Nachfolgend wird anhand des Energiechartavertrages geklärt, wie sich diese völkerrechtlichen Überlagerungen auf die rechtliche Stellung der Investoren und die rechtliche Einordnung der Verfahren auswirken.

Teil II
Das Streitbeilegungsverfahren des Energiechartavertrages im Spannungsfeld zwischen Völkerrecht und nationalem Recht

A. Schiedsverfahren im Energiechartavertrag

I. Der Energiechartavertrag (ECT)

1. Entstehungsgeschichte

Hintergrund und Entstehungsgeschichte des Energiechartavertrages sind durch die ökonomisch-politischen Ereignisse der Jahre 1990-1994 beeinflußt[383]. Im Februar 1990, vor dem Hintergrund des Umbruchs in Osteuropa, schlug der damalige niederländische Ministerpräsident *Ruud Lubbers* die Zusammenarbeit aller europäischen Staaten in einer "European Energy Community" vor, die in einer "European Energy Charter" festgelegt werden sollte. Ziel war es, durch ausländische Investitionen und Anbindung an Westeuropa die neuen Demokratien wirtschaftlich zu stärken. Dieser Vorschlag wurde von den osteuropäischen Staaten akzeptiert, denn sie brauchten westliches Kapital und Technologie, um ihre Wirtschaft zu modernisieren. Die Anbindung an Westeuropa versprach auch Minderung der Abhängigkeit von Rußland. Rußland hoffte, mit Hilfe ausländischer Investitionen seine Öl- und Gasindustrie zu modernisieren, um über einen kontinuierlichen Export einen Deviseneinfluß zu sichern, während die ölreichen Staaten Zentralasiens die Chance sahen, eine eigenständige Ölindustrie aufzubauen. Die westeuropäischen Staaten, die zu 44% von Energieimporten abhängig sind, suchten aufgrund der Unruhen in Algerien und der irakischen Invasion in Kuwait nach neuen, langfristigen Energiequellen.

383 Zum Hintergrund und zur Entstehungsgeschichte ausführlich *Dorian/Khartukov*, International Oil and Gas Investment in the CIS States, in: *Wälde*, The Energy Charter Treaty, S.37-67. Die folgende Darstellung basiert auf *Doré*, Negotiating the Energy Charter Treaty, in: *aaO*, S. 137-153.

Verhandlungen über die "European Energy Charter" begannen zunächst nur zwischen den europäischen OECD-Ländern. Aufgrund starken diplomatischen Drucks der USA wurden dann auch diese und Japan, Australien und Neuseeland eingeladen. Die European Energy Charter wurde im Dezember 1991 unterzeichnet. Gleichzeitig wurde beschlossen, die Charter durch einen Vertrag zu ergänzen, der ein rechtliches Rahmenwerk für die Ziele der Charta bilden sollte. Ursprünglich sollten die Verhandlungen über den Energiechartavertrag im Sommer 1992 abgeschlossen sein. Aufgrund von Streitigkeiten über den Drittzugang zu Leitungsnetzen und Differenzen zwischen Frankreich und den USA, die durch die GATT-Verhandlungen genährt wurden, zogen sie sich aber bis Ende 1994 hin. Der Energiechartavertrag wurde am 17.12.1994 verabschiedet und stand für sechs Monate zur Unterzeichnung offen. Nach Ablauf dieser sechs Monate hatten 49 Staaten und die Europäische Gemeinschaft den Vertrag unterzeichnet. Die USA hatten den Vertrag letztendlich nicht unterzeichnet, da sie ihre Vorstellungen nur teilweise durchsetzen konnten[384].

2. *Struktur*

Der Vertrag besteht aus acht Teilen, 14 Annexen, fünf Konferenzentscheidungen, die in den Vertrag integriert sind, sowie mehreren "Understandings", die den Vertrag erläuternde Vereinbarungen darstellen. Eine ausführliche Darstellung würde den Rahmen dieser Arbeit sprengen, weswegen im folgenden nur die Kernstruktur, das sind die acht Vertragsteile, erläutert werden[385].

Teil I (Artikel 1-3) enthält nur die Präambel, Definitionen sowie die Beschreibung von Ziel und Zweck des Vertrages. *Teil II* regelt den Handel mit Energieprodukten. Gemäß Artikel 4 ECT soll keine Vorschrift des Vertrages für Vertragsparteien des GATT[386] dessen Verpflichtungen zuwiderlaufen ("derogate"). Artikel 5 ECT verbietet die Anwendung von

---

384 Dazu *Fox*, The United States and the Energy Charter Treaty, in: *Wälde* (Hrsg.), The Energy Charter Treaty, S. 194-201.

385 Zum folgenden *Bamberger*, An Overview of the Energy Charter Treaty, in: *Wälde*, The Energy Charter Treaty, S. 1-34.

386 Gemäß Artikel1 Abs.11 (a) umfasst "GATT" sowohl das GATT 1947 oder GATT 1994 oder beide, wenn anwendbar. In den Absätzen (b) - (d) werden diese wiederum genauer spezifiziert.

handelsbezogenen Investitionsmaßnahmen, die mit Artikel III und XII GATT unvereinbar wären. Da die Bestimmungen des ECT insoweit wortgleich mit denen des TRIMS-Abkommens sind, wird zu erwägen sein, inwieweit Artikel 5 ECT TRIMS-konform ausgelegt werden muß[387]. Artikel 6 ECT enthält Wettbewerbsvorschriften. Die Vertragsstaaten verpflichten sich, Marktverzerrungen und Marktbarrieren abzubauen sowie dafür notwendige Wettbewerbsregeln zu erlassen und durchzusetzen[388]. Artikel 7 ECT regelt die Durchleitung von Energie durch bestehende Netzleitungen, Artikel 8 ECT Verpflichtungen zum Technologietransfer und Artikel 9 ECT den Zugang zum Kapitalmarkt. *Teil III*, das sind die Artikel 10-17 ECT, beschäftigt sich mit dem Schutz ausländischer Investoren und wird im folgenden noch ausführlich erläutert, ebenso wie *Teil V*, der die Streitbeilegung regelt. *Teil IV* (Artikel 18-25) enthält diverse Vorschriften, z.B. über Umweltschutz und Steuern. Die Artikel 29-32 des *Teil VI* sind Überleitungsvorschriften.

Teil VII richtet eine *Energy Charter Conference* ein (Artikel 34) mit einem Sekretariat (Artikel 35), auf die nachfolgend in einem Exkurs kurz einzugehen sein wird. *Teil VIII* mit den Artikeln 38-50 enthält Schlußbestimmungen z.B. über Beitritt, die provisorische Anwendungen des Vertrages und die Zulässigkeit von Vorbehalten (keine, Artikel 46).

3. *Exkurs: Die Energy Charter Conference (ECC) als internationale Organisation*

Eine Analyse der Regelungen des Teils VII über die *Energy Charter Conference* führt zu dem Schluß, daß die ECC eine internationale Organisation darstellt. Internationale Organisationen werden definiert als auf längere Zeit angelegter Zusammenschluß von mindestens zwei Völkerrechtssubjekten, der auf der Basis einer völkerrechtlichen Einigung zustandegekommen ist, mindestens ein handlungsbefugtes Organ mit eigener Willensbildung besitzt und dem Völkerrecht untersteht[389].

---

387 vgl. *Footer*, Trade and Investment Measures, in *Wälde* (Hrsg.), The Energy Charter Treaty, S. 445, 458.

388 Ausführlich *Holmes*, Competition, in: *Wälde* (Hrsg.), The Energy Charter Treaty, S. 546-560.

389 So mit unterschiedlichen Formulierungen *Seidl-Hohenveldern/Loibl*, Rn. 0105; *Schermers/Blokker*, § 33; *Epping*, in: *Ipsen*, S. 69-71; *Klein*, in: *Vitzthum*, Völkerrecht, S. 278.

Die ECC ist zunächst ein auf längere Zeit angelegter Zusammenschluß von mindestens zwei Völkerrechtssubjekten auf der Basis einer völkerrechtlichen Einigung. Die Vertragsstaaten treffen sich gemäß Artikel 24 ECT regelmäßig in der ECC, in die sie jeweils einen Vertreter entsenden. Die Aufgaben der Energiechartakonferenz sind in Artikel 34 Abs. 3 festgelegt. Zu ihnen gehört es, die Umsetzung der Prinzipien der Charta und des Vertrages zu fördern und unterstützen. Die Konferenz beschließt über Beitritte zum Vertrag, autorisiert, berät und beschließt Assoziationsabkommen[390] sowie Vertragsänderungen. Die Konferenz kann auch Unterorgane einsetzen, wenn sie dies als notwendig für die Erfüllung ihrer Verpflichtungen erachtet. Das Abstimmungsverfahren für die ECC ist in Artikel 36 geregelt und sieht ein abgestuftes System von Einstimmigkeit (z.B. für Vertragsänderungen), qualifizierter Mehrheit (Budgetfragen) und ¾-Mehrheit (Grundregel) vor. Diese Zusammenarbeit der Vertragsstaaten in der ECC ist auf unbestimmte Zeit angelegt, jedoch können die Vertragsstaaten 5 Jahre nach Ratifizierung jederzeit austreten bzw. kündigen ("withdrawal"). Die ECC besitzt mit der Konferenz auch ein Organ mit eigener Willensbildungsmöglichkeit. Das Organ einer Internationalen Organisation besitzt in der Regel dann die notwendige eigene Willensbildung, wenn es aus Delegierten von zwei oder mehr Staaten besteht und somit nicht von einem einzelnen Staat abhängig ist[391]. Nicht notwendig ist, daß dieses Organ die Mitgliedstaaten zur Befolgung seines Willens verpflichten oder seinen Willen zwangsweise durchsetzen kann[392]. Daß die Konferenz, die aus je einem Vertreter sämtlicher Vertragsstaaten besteht, durch ihre Beschlüsse einen eigenen Willen verkündet und nicht nur den gesammelten Willen der Mitgliedstaaten handelt, ergibt sich daraus, daß auch mit qualifizierter oder ¾ Mehrheit entschieden werden kann. Artikel 35 ECT setzt ein Sekretariat ein, das aus einem Generalsekretär und seinen Mitarbeitern besteht. Der Generalsekretär wird von der Konferenz mit ¾-Mehrheit ernannt. Das Sekretariat führt die Aufgaben aus, die ihm vom Vertrag sowie von Zusatzprotokollen und Konferenzbeschlüssen zugewiesen sind. Dazu ge-

---

390 Gemäß Artikel 43 können Assoziationsabkommen mit Staaten, Internationalen Organisationen oder Regionalen wirtschaftlichen Integrationsgemeinschaften (z.B. EG) abgeschlossen werden, um Ziele der Charta und des Vertrages zu fördern.

391 *Schermers/Blokker*, § 44.

392 *Seidl-Hohenveldern/Loibl*, Rn. 0112.

hört es, der Konferenz in ihrer Arbeit zu assistieren. Das Sekretariat ist ferner zuständig für Beziehungen zu anderen Organisationen. Gemäß Artikel 35 Abs. 5 kann es notwendige "administrative und vertragliche Vereinbarungen" treffen, um seine Pflichten erfüllen zu können. Durch das Sekretariat kann die ECC auch mit anderen Organisationen, deren Aufgabenbereich mit den Zielen des Vertrages zusammenhängt, kooperieren.

Mit Inkrafttreten des Energiechartavertrages nach 30 Ratifikationen (Artikel 44) im April 1998[393] entstand auch die ECC. Vor diesem Zeitpunkt nahm eine provisorische Konferenz die Aufgaben der ECC wahr. Denn die völkerrechtliche Einigung als Grundlage einer Organisation kann in Form eines Vertrages vorliegen, muß aber nicht. Vielmehr können auch Staatenvertreter, die in einer internationalen Konferenz versammelt sind, durch Beschluß eine internationale Organisation gründen[394]. Nach Artikel 45 ECT war der Vertrag von den Vertragsstaaten provisorisch anzuwenden, und nach Absätzen 4-6 trafen die Vertragsstaaten sich bis zum Inkrafttreten in einer provisorischen Konferenz und gab es ein provisorisches Sekretariat, die beide jeweils die vertraglichen Funktionen wahrnehmen. Dies kann als Beschluß zur Gründung einer provisorischen internationalen Organisation angesehen werden, die sich mit Inkrafttreten des Vertrages in die endgültige internationale Organisation umgewandelt hat[395].

Internationale Organisationen besitzen nicht automatisch Rechtsfähigkeit, weder im Völkerrecht noch im nationalen Recht. Die Rechtsstellung einer internationalen Organisation gegenüber ihren Mitgliedstaaten ergibt sich vielmehr aus dem Gründungsvertrag[396]. Ebenso ist das Ausmaß einer rechtlichen Handlungsfähigkeit oder bestehender Immunitäten dem Vertrag zu entnehmen. Bei der Interpretation der Bestimmungen ist davon auszugehen, daß eine internationale Organisation die Befugnisse hat, die sie zur Erfüllung ihrer Pflichten benötigt ("implied-

---

393 *Bamberger/Wälde*, The Energy Charter Treaty: Entering a New Phase, CEPMLP Online Journal 3-16, S. 1.

394 *Schermers/Blokker*, § 34; *Seidl-Hohenveldern/Loibl*, Rn. 0402.

395 *Seidl-Hohenveldern/Loibl*, Rn. 0405.

396 *Klein*, in. *Vitzthum*, Völkerrecht, S. 309; *Seidl-Hohenveldern/Loibl*, Rn. 0302.

powers")[397]. *Bamberger*, Rechtsberater der *International Energy Agency* und Leiter des Rechtsausschusses der Vertragskonferenz, führt aus, daß die Vertragsparteien nur restriktiv Kompetenzen verleihen wollten[398]. So wird der Organisation keine ausdrückliche Rechtspersönlichkeit zuerkannt, weder im Völkerrecht noch im nationalen Recht. Ebenso findet sich keine Regel über Immunitäten und Privilegien der Organisation gegenüber den Mitgliedstaaten. Die provisorische Konferenz mußte erst dem Sekretariat, das seinen Sitz in Brüssel hat, ausdrücklich innerstaatliche belgische Rechtspersönlichkeit verleihen, damit es unabhängig funktionieren kann. Anderseits hat Belgien mit Abschluß des Sitzabkommens und Gewährung von Immunitäten für die Organisation die Rechtspersönlichkeit der Konferenz anerkannt[399]. Zwar kann eine gewisse Rechtspersönlichkeit daraus abgeleitet werden, daß die Konferenz mit anderen internationalen Organisationen zusammenarbeiten soll und das Sekretariat ermächtigt ist, administrative und vertragliche Vereinbarungen zu treffen. Das genaue Ausmaß der Rechtspersönlichkeit kann hier jedoch nicht geklärt werden. Ebenso wie bestimmte Kompetenzen der UN und der EG sich erst im Streitfall geklärt haben, bleibt auch hier abzuwarten, wie das Sekretariat und die Konferenz nach Inkrafttreten des Vertrages die ihnen verliehenen Kompetenzen nutzen und die Mitgliedstaaten reagieren werden.

II. Investitionsschutz im Energiechartavertrag

Teil III des Energiechartavertrages enthält Bestimmungen über die Förderung und den Schutz von Investitionen. Diese Bestimmungen schützen sowohl die Phase bis zur eigentlichen Investition (Prä-Investitionsregime) und die Phase, nachdem die Investition erfolgt ist (Post-Investitionsregime). Die Bestimmungen des Prä-Investitionsregimes verpflichten den Staat z.B. stabile, günstige und transparente Investitionsbedin-

---

397 IGH, *Reparations for Injuries Case*, ICJ Reports 1949, 174, 182; IGH, *Administration Tribunal*, ICJ Reports 1954, 46, 56; allgemeine Interpretationsregel: *Klein*, in *Vitzthum*, Völkerrecht, S. 288; *Seidl-Hohenveldern/Loibl*, Rn. 1603ff.

398 *Bamberger*, Epilogue, in: *Wälde* (Hrsg), The Energy Charter Treaty, S. 591, 599.

399 *Bamberger*, aaO. Nicht zu erfahren ist, um welche Immunitäten es sich handelt und ob dieses Abkommen dem Völkerrecht unterliegt.

gungen zu schaffen (Artikel 10 Abs. 1 ECT)[400]. Der zu untersuchende Artikel 26 Abs. 1 ECT verlangt nun eine Streitigkeit in Bezug auf eine "Investition" und damit, daß diese Investition bereits erfolgt ist[401], so daß nur die Bestimmungen des Post-Investitionsregimes nach Artikel 26 ECT gerügt werden können und auch nur im folgenden darzustellen sind.

1. Investitionen

Der Energiechartavertrag verwendet einen außerordentlich weiten Investitionsbegriff. Gemäß Artikel 1 Abs. 6 ECT sind "Investitionen" alle Vermögenswerte, die im Eigentum oder unter direkter oder indirekter Kontrolle eines Investors stehen[402]. Beispielhaft, jedoch nicht abschließend, werden danach Investitionen aufgezählt. Danach umfaßt der Begriff der Investitionen jegliches Recht von finanziellem Wert, z.B. Rechte unter Konzessionen und aus gültigen Verträgen mit Regierungen und unterstaatlichen Stellen, Exporterlaubnisse, Nutzungsrechte für Pipelines, Anteile an Firmen sowie Schulden und Gewinne[403].

Der Begriff der Investition schließt alle Investitionen auf dem Gebiet des Mitgliedstaates ein, ob vor Inkrafttreten des Energiechartavertrages oder danach vorgenommen, schützt aber nur gegen Handlungen ab Inkrafttreten. Dieser weite Schutz wird sektoral eingeschränkt auf den Anwendungsbereich des Vertrages, da die Investition mit einer wirtschaftlichen Aktivität im Energiesektor verbunden ("associated") sein muß. Gemäß Artikel 1 Abs. 5 umfassen "wirtschaftliche Aktivitäten im Energiesektor" alles von der Erforschung und Ausbeutung von Energie bis hin zum Handel und Verkauf von Energieprodukten. Wann nun eine Investi-

400 Ausführlich dazu *Wälde*, JWT 1994, S. 5, 30-37, wo auch diskutiert wird, ob solche Verpflichtungen überhaupt bindend sind.

401 *Wälde*, JWT 1994, S. 5, 37. Eine Investition ist nicht erst erfolgt, wenn z.B. bei der Erschließung eines Ölfeldes Öl gefördert wird, da von Erforschung bis zum Fördern durchaus 10 Jahre vergehen können. Vielmehr ist jeder Zwischenschritt, jedes erworbene Recht bereits als Investition anzusehen.

402 " 'Investment' means every kind of asset, owned or controlled directly or indirectly by an investor [...]".

403 *Wälde*, JWT 1994, S. 5, 24-25.

tion mit solchen Aktivitäten "verbunden" ist, ist unklar und bedarf vermutlich der Entscheidung im Einzelfall[404].

Eine geschäftliche Tätigkeit, die vom Investitionsbegriff des Artikel 1 Abs. 6 geschützt wird, muß von einem "Investor" i.S.v. Artikel 1 Abs. 7 ECT erfolgen. Investoren sind natürliche Personen, die die Staatszugehörigkeit eines der Vertragsstaaten besitzen oder dort dauerhaft residieren, sowie juristische Personen, die nach dem Recht eines Vertragsstaates gegründet wurden. Inkorporation allein genügt jedoch nicht, aus dem Zusammenhang mit Artikel 17 ECT folgt, daß der Schwerpunkt der geschäftlichen Aktivität ebenfalls in dem Vertragsstaat liegen muß. Scheinfirmen können daher den Schutz des Vertrages nicht erlangen[405].

Der Investor muß diese Investition direkt oder indirekt kontrollieren. Bei der Beurteilung, ob solche Kontrolle ausgeübt wird, sind alle Umstände des Falles zu berücksichtigen, u.a. der Geschäftsanteil, der Einfluß auf Management und Geschäftsführung des Investitionsprojektes sowie die Möglichkeit, Mitglieder des Management zu ernennen[406].

2. *Investitionsschutz*

a) *Artikel 10 ECT*

Investitionen sollen "fair and equitable treatment" und "most constant protection and security" genießen. Dies statuiert keineswegs eine strikte Haftung für jegliche Schäden, sondern ist Ausdruck der Sorgfaltspflicht eines Staates gegenüber ausländischen Investoren. Was dieser Sorgfaltspflicht entspricht, muß nach den Umständen des Falles entschieden werden. Vor dem Hintergrund möglicherweise schwacher Regierungen in den Nachfolgestaaten der GUS ist ein Staat nur dazu verpflichtet, das,

---

404 *Wälde*, JWT 1994, 5, 27 führt dies weiter aus. Da Firmen, die nur zufällig mit Energiefirmen in geschäftlichen Kontakt treten, nicht vom Vertrag geschützt sein sollten, müßte der geschäftlichen Aktivität eine eindeutig energiespezifische Richtung zugrundeliegen. Was dies sein soll, führt er leider nicht an.

405 *Wälde*, JWT 1994, S. 5, 28.

406 Understanding zu Artikel 1(6), ILM 34 (1994) 373, 375. Die "Understandings" wurden mit Unterzeichnung der Schlußakte der Konferenz angenommen, stellen eine Übereinstimmung über die Auslegung da und sind somit gemäß Artikel 31 Abs. 2 a) der *Wiener* Konvention über das Recht der Verträge als Auslegungsmittel heranzuziehen.

was vernünftigerweise erwartet werden kann, an Schutz zu gewähren[407]. So kann z.B. die russische Regierung nicht verpflichtet werden, Investoren absoluten Schutz vor der Mafia zu gewähren, wenn sie selbst ihre eigenen Bürger nicht davor schützen kann[408].

Das Verbot, durch unvernünftige oder diskriminierende Maßnahmen Management, Nutzung und Genuß der Investition zu beeinträchtigen, stellt einen Schutz gegen staatliche Akte dar, die zu einer schleichenden Enteignung führen könnten. Neben diesem Verbot enthält Artikel 10 Abs. 3 noch eine Kombination aus Gleichbehandlungs- und Meistbegünstigungsgrundsatz, indem geregelt wird, daß unter dem Begriff "Behandlung von Investitionen" ein Gebot zu verstehen ist, ausländische Investoren nicht schlechter als eigene Investoren oder Investoren aus Drittstaaten zu behandeln. Zwar gelten die Verpflichtungen des Vertrages als Minimalstandard somit auf jeden Fall. Begünstigt die Regierung eines Gaststaates aber die eigenen Investoren, so muß dieser Standard auch auf ausländische Investoren erstreckt werden, sofern keine legitimen Gründe für eine Differenzierung vorliegen[409]. Die Meistbegünstigungsklausel des Artikel 10 Abs. 3 ECT bezieht sich nicht auf die Details der einzelnen privaten Investitionsverträge, da diese eine ausgefeilte Einzelfallregelung darstellen. Es geht vielmehr um die Verpflichtung, daß die allgemeine Behandlung von Investoren, z.B. bei Zoll- oder Exportbestimmungen, nicht schlechter sein darf als für Investoren aus anderen Staaten.[410]

Auffallend und neuartig ist der letzte Satz von Artikel 10 Abs. 1 ECT: "*Each Contracting Party shall observe any obligations it has entered into with an Investor or an Investment of an Investor of any other Contracting Party.*". Die Vertragsstaaten müssen somit jegliche vertragliche Verpflichtungen, die sie mit einem Investor oder seiner Investition eingegangen sind, befolgen. Dadurch, daß die Verpflichtung auch auf die Investition eines Investors ausgedehnt wird, erfaßt der Energiechartavertrag auch den Fall, daß der Investor im Gaststaat eine Firma gründet und der Staat mit dieser Firma, einer selbständigen juristischen Person, einen Vertrag schließt. Die Formulierung des Artikels 10 ECT läßt jedoch den

---

407 Vgl. *Salacuse*, Bilateral Investment Treaty Regimes in the ECT, in: *Wälde* (Hrsg.), The Energy Charter Treaty, S. 421, 440.

408 *Wälde*, JWT 1994, S. 5, 41.

409 *Wälde*, JWT 1994, S. 5, 43-45.

410 *Wälde*, JWT 1994, S. 5, 47.

Status dieser Verträge offen, ebenso wie die Konsequenzen aus einer Nichterfüllung solcher Verpflichtungen. Die bereits erörterte Problematik der Internationalisierung und Stabilisierung von Verträgen taucht somit wieder auf. Eine auf den Wortlaut beschränkte Interpretation würde dazu führen, daß jeder Bruch eines privaten Investitionsvertrages auch als Bruch des Energiechartavertrages anzusehen wäre. In Verbindung mit der Verantwortung der Vertragsparteien für das Handeln unterstaatlicher, regionaler und privater Instanzen könnte das aber zu einer staatlichen Garantie für die Erfüllung privater Investitionsverträge führen[411].

Eine solche Auslegung, die jede Nichterfüllung privatrechtlicher Verpflichtungen als Bruch des Energiechartavertrages ansieht, könnte mit Artikel 18 Abs. 1 ECT unvereinbar sein. In Artikel 18 Abs. 1 ECT erkennen die Vertragsstaaten die staatliche Souveränität über natürliche Ressourcen an, bestätigen aber auch, daß diese gemäß den Bestimmungen des Völkerrechts ausgeübt werden muß. Zwar bezieht sich Artikel 18 nicht ausdrücklich auf vertragliche Verpflichtungen gegenüber einem Investor, die Bestimmungen des Völkerrechts schließen aber auch Artikel 10 Abs. 1 ECT ein. Würde der Staat jedoch durch privatvertragliche Verpflichtungen gegenüber dem Investor gebunden, so wäre seine Souveränität über die Ressourcen faktisch auf Null reduziert, da jede Ausübung der Souveränität, z.B. durch neue Gesetze, die Verträge gegenüber ausländischen Investoren verletzen könnte. Somit wird zwar Artikel 10 Abs. 1 ECT durch Artikel 18 ECT begrenzt, Artikel 18 ECT verweist aber wiederum auf Artikel 10 Abs. 1 ECT - ein Zustand der Unklarheit, der von Kommentatoren beklagt wird[412].

Eine Lösung ergibt sich unter Berücksichtigung von Sinn und Zweck des Artikel 10 Abs. 1 ECT: Die Verträge zwischen Staat und Investor sollen speziellen Schutz genießen. Liest man diese Vorschrift vor dem Hintergrund des Konfliktes zwischen der Souveränität über natürliche Ressourcen und der Vertragstreue[413], so ist dieser Artikel als eine völkervertragsrechtlich verankerte Stabilisierungsklausel zu verstehen, durch die legitime Erwartungen des Investors bezüglich einer Vertrags-

---

411 *Wälde*, JWT 1994, S. 5, 48.

412 *Wälde*, JWT 1994, S. 4, 50; *Paasivirta*, Energy Charter Treaty and Investment Contracts, in: *Wälde* (Hrsg), Energy Charter Treaty, S. 349, 359-360; *Norton*, Expropriation and the Energy Charter Treaty, in: (ebd.), S. 365, 372.

413 Siehe oben S. 90f.

einhaltung geschaffen werden. Die Ausübung staatlicher Souveränität, z.B. durch Enteignung oder Vertragsänderung, bleibt zulässig, aber entschädigungspflichtig unter Artikel 13 ECT und führt zu einer höheren Entschädigungssumme[414]. Eine solche Auslegung des Artikel 10 Abs. 1 ECT stimmt überein mit der h. M. über die Wirkung von Stabilisierungsklauseln und berücksichtigt auch die legitimen Interessen des Gaststaates. Artikel 10 Abs. 1 ECT führt damit nicht zu einer Internationalisierung der privaten Investitionsverträge in dem Sinne, daß jede Beeinträchtigung durch den Staat verboten und unmöglich wäre. Übt der Staat jedoch seine Souveränität über natürliche Ressourcen aus und verletzt oder beeinträchtigt dabei den Investitionsvertrag, so ist er entschädigungspflichtig.

b) Artikel 11 und 12 ECT

Artikel 11 ECT enthält Bestimmungen über die Einreise und Beschäftigung von Schlüsselpersonal des Investors. Artikel 11 Abs. 1 ECT verpflichtet den Gaststaat lediglich, Gesuche des Investors bezüglich der Einreise und Beschäftigung dieses Personals wohlwollend zu überprüfen, und ist damit nur schwer durchsetzbar und sanktionierbar. Ist Schlüsselpersonal jedoch erst einmal die Einreise-, Aufenthalts- und Arbeitserlaubnis erteilt worden, so ist der Staat verpflichtet, dieses Personal entsprechend den Bedingungen dieser Erlaubnis arbeiten zu lassen und nicht vorzeitig auszuweisen[415]. Artikel 11 erstreckt dieses Recht nicht nur auf Personal des Investors, sondern auch auf Personal von Investitionen des Investors und damit auf einheimische Tochterfirmen. Die im Fall *Sumitomo*[416] noch vorhandene Lücke wird damit geschlossen.

Artikel 12 ECT schützt den Investor gegen Verluste aufgrund Bürgerkriegs, Notstands und innerer Unruhen. Die Vertragsstaaten sind verpflichtet, Investoren, die Verluste aufgrund einer solchen Situation erleiden, in Bezug auf Rückgabe, Schadensersatz und Entschädigung nicht schlechter zu stellen als jeden anderen Investor, sei es ein einheimischer oder einer aus einem Drittstaat. Unabhängig von dieser Regelung ist ei-

---

414 *Wälde*, JWT 1994, S. 5, 49-50; *Paasivirta*, Energy Charter Treaty and Investment Contracts, in: *Wälde* (Hrsg), Energy Charter Treaty, S. 349, 360, 363.

415 *Wälde*, JWT 1994, S. 4, 50.

416 Siehe oben S.59f.

nem Investor, der Verluste aufgrund von Requirierung oder unnötiger Zerstörung seiner Investition durch staatliche Streitkräfte erleidet, auch Restitution oder sofortige, angemessene und effektive Entschädigung zu gewähren.[417]

c) *Artikel 13 ECT*

Artikel 13 Abs. 1 ECT schreibt vor, daß Investitionen von Investoren aus Vertragsstaaten nicht enteignet oder nationalisiert, oder Maßnahmen mit gleicher Wirkung wie Nationalisierung und Enteignung unterworfen werden dürfen. Ausnahmsweise sind solche Maßnahmen zulässig, wenn sie im öffentlichen Interesse liegen, nicht diskriminierend sind, in einem geordneten Verfahren erfolgen und von der prompten Zahlung effektiver und adäquater Entschädigung begleitet werden.

Der Entschädigungsstandard entspricht damit der Hull-Formel. Es wurde bereits dargelegt, daß trotz hunderter Investitionsschutzverträge, die auch alle die Hull-Formel verwenden, deren Geltung als Völkergewohnheitsrecht fraglich ist. Der Energiechartavertrag ändert diese ungewisse Rechtslage nicht. Die Vertragsstaaten haben im Understanding 1(a) zum Vertrag festgelegt, daß "*the provisions of the Treaty have been agreed upon bearing in mind the specific nature of the Treaty aiming at a legal framework to promote long-term co-operation in a particular sector and as a result cannot be construed to constitute a precedent in the context of other international negotiations*" [418]. Die Vorschriften des Vertrages und damit auch Artikel 13 als Nachweis einer allgemeinen Rechtsüberzeugung heranzuziehen, dürfte somit schwer möglich sein.

Bemessen wird die Entschädigung nach dem "fair market value" der enteigneten Investition zum Zeitpunkt unmittelbar vor Beginn der staatli-

417 Diese Verpflichtung gehört zu den ursprünglichen Verpflichtungen eines Staates gegenüber Ausländern. Lange bevor Enteignungen aus politischen und wirtschaftlichen Motiven stattfanden, wurde ausländisches Eigentum in Revolutionen und Bürgerkriegen beschlagnahmt oder zerstört. Vergleiche z.B. einen Streit zwischen Großbritannien und Portugal von 1826, indem es um die völkerrechtswidrige Beschlagnahme des Eigentums englischer Bürger zur Niederschlagung einer Revolution ging, in: *McNair*, International Law Opinions Bd. 2, S. 245-247.

418 ILM 34 (1995), S. 374. Dieses Understanding ist gemäß Artikel 31 Abs. 3 WVRK in die Interpretation miteinzubeziehen.

chen Maßnahmen[419]. Da eine Enteignung oftmals aber nur den Schlußpunkt einer langen Reihe von Handlungen bildet, wird vorgeschlagen, als Stichpunkt den letzten Tag vor der ersten staatlichen Maßnahme zu wählen[420]. Der Begriff der "Maßnahmen mit gleicher Wirkung wie Nationalisierung und Enteignung" nimmt Fälle schleichender bzw. indirekter Enteignung in den Schutz des Artikel 13 mit auf. Artikel 13 Abs. 3 stellt klar, daß eine Enteignung auch die Fälle mit einschließt, in denen ein Staat die Vermögenswerte einer lokal inkorporierten Firma enteignet, in der ein Investor eine Investition besitzt, z.B. durch Aktienanteile. Damit wird auch die Konstellation erfaßt, die im *Barcelona-Traction*-Fall zu Problemen geführt hatte. In Verbindung mit Artikel 21 Abs. 5 ECT schützt Artikel 13 auch gegen enteignende und diskriminierende Besteuerung.

Zusammen mit dem sehr weiten Investitionsbegriff werden so die Interessen und Rechte von Investoren als Aktionäre z.B. eines Joint-Ventures umfassend geschützt. Jede staatliche Handlung, die einem Investor ein "asset", d.h. ein vermögenswertes Recht entzieht oder dieses wertlos macht, stellt unter dem ECT eine entschädigungspflichtige Enteignung dar. Damit gewährt der Energiechartavertrag eine "Bestandsgarantie" für die vermögenswerten Rechte eines Investors, deren Verletzung zur Entschädigung verpflichtet.

d) Artikel 14 ECT

Artikel 14 ECT gibt dem Investor ein weitgehendes Recht auf Repatriierung seines Kapitals. Erfaßt werden nicht nur Gewinne, sondern auch das Startkapital, vertragliche vereinbarte Zahlungen sowie Entschädigungs- und Ausgleichszahlungen. Die Repatriierung hat prompt und effektiv zu sein, zugrunde zulegen sind marktübliche Wechselkurse, oder, wenn es solche nicht gibt, die Rate für Sonderziehungsrechte ("special drawing rights") des IWF. Durch diese Mechanismen soll verhindert werden, daß

---

419 Ausführlich dazu *Norton*, Expropriation and the Energy Charter Treaty, in: *Wälde* (Hrsg), The Energy Charter Treaty, S. 365- 385 und *Sornarajah*, Compensation for Nationalization, in (Ebd.), S. 386-408. Beide setzen sich mit den Einzelheiten der Berechnungsmethoden auseinander und der Frage, wieso die Hull-Formel verwendet wurde.

420 *Wälde*, JWT 1994, S. 5, 53.

Staaten sich ihrer Verpflichtung durch Manipulation der Wechselkurse entziehen[421].

In Artikel 14 Abs. 4-6 sind Ausnahmen von dieser Verpflichtung vorgesehen. So können die Staaten, um die Rechte von Gläubigern zu schützen, den Transfer von Kapital verbieten. Sie können auch ihre gesetzlichen Regelungen über Ausgabe und Handel mit Kreditsicherheiten sowie Urteile in Zivil-, Straf- und Verwaltungssachen durchsetzen, sofern dies weder diskriminierend noch böswillig geschieht. Nachfolgestaaten der Sowjetunion können auch vereinbaren, daß Transfers zwischen ihnen in den jeweiligen Landeswährungen erfolgen können. Die Vertragsstaaten dürfen auch den Transfer von "returns in kind", z.B. Zahlungen in Rohöl gemäß einem production-sharing agreement, verbieten, wenn sie nach dem GATT deren Export verbieten könnten.

3. Einbindung von unterstaatlichen Instanzen und Staatsfirmen

Verpflichtet wird aus den Bestimmungen des dritten Teils des Energiechartavertrages jeder Vertragsstaat. Verantwortlich ist er damit gemäß den Grundsätzen der Staatenverantwortlichkeit auch für das Handeln seiner Organe, der Organe substaatlicher Einheiten und sonstiger autorisierter Personen. Problematisch ist aber nun, inwieweit das Handeln staatlich kontrollierter Firmen zugerechnet werden kann, diese also in den in die Pflichtenkatalog eingebunden werden können. Im Fall von Energieinvestitionen ist eine solche Einbindung besonders wichtig. Private Energiemonopolisten kontrollieren oftmals die Verarbeitung und Verbreitung von Energieprodukten, so z.B. *Transneft* und *Gazprom* in Rußland, oder *EDF* und *GDF* in Frankreich. Der Zugang zu Transport- und Exportpipelines, die in der Hand solcher Monopolisten sind, kann für den Erfolg einer Investition entscheidend sein.

Der Energiechartavertrag regelt in Artikel 22 und 23 diese Konstellationen[422]. Artikel 22 Abs. 1 und 2 beziehen sich zunächst auf Staatsfirmen. Staaten sind verpflichtet, sicherzustellen, daß solche Firmen sich in Übereinstimmung mit den Verpflichtungen des Staates gemäß Teil III ECT verhalten. Ferner darf keine Staatsfirma zu einem Handeln ange-

---

421 *Wälde*, JWT 1994, S.5, 56.

422 Ausführlich *Wälde/Wouters*, State Responsibility in a liberalized World Economy, Neth. Yb. Int'l Law 27 (1996), S. 143-191.

halten werden, das mit anderen Vorschriften des Vertrages unvereinbar wäre. Artikel 22 Abs. 3 erstreckt die Verpflichtung, vertragsgemäßes Handeln sicherzustellen, auf "entities with regulatory, administrative or other governmental authority". Darunter fallen nicht nur Behörden, sondern auch Körperschaften des öffentlichen Rechts oder Beliehene, z.B. Anwaltskammern oder der TÜV[423]. Artikel 22 Abs. 4 nun verbietet jeder Vertragspartei, "entities which its grants exclusive or special privileges" zu einem Handeln anzuleiten, das den vertraglichen Verpflichtungen zuwiderlaufen würde. Artikel 23 stellt zusätzlich klar, daß jede Vertragspartei voll verantwortlich für die Beachtung des Vertrages ist und die notwendigen Maßnahmen erlassen muß, um die Beachtung durch regionale und lokale Regierungen und Behörden sicherzustellen. Gemäß Artikel 23 Abs. 2 können die Streitbeilegungsmechanismen des ECT auch für solche Maßnahmen in Gang gesetzt werden, die von regionalen oder lokalen Stellen stammen.

Die Verpflichtung, vertragsgemäßes Handeln sicherzustellen, wird praktisch bedeutsam für das Diskriminierungsverbot[424]. Während Firmen zwar nicht enteignen können, kann eine diskriminierende Behandlung z.B. beim Pipelinezugang, ähnliche Wirkung haben. Insoweit die Staaten dann nicht die "erforderlichen Maßnahmen" erlassen haben, um Diskriminierungen zu verhindern, ist die Verletzung dieser Pflicht mittels Artikel 26 ECT judizierbar[425]. Somit kann die Regierung eines Gaststaates nicht ihren Verpflichtungen entgehen, indem sie durch private oder regionale Instanzen handelt.

III. Voraussetzungen eines Schiedsverfahrens

1. Streitigkeit gemäß Artikel 26 Abs. 1 ECT

Voraussetzung dafür, daß Artikel 26 ECT angewendet werden kann, ist zunächst eine Streitigkeit zwischen einem Mitgliedstaat und einem Inves-

---

423 *Wälde/Wouters*, Neth. Yb. Int'l Law 27 (1996), S. 143, 165.

424 Vgl. *Wälde/Wouters*, Neth. Yb. Int'l Law 27 (1996), S. 143, 171, 179.

425 *Wälde/Wouters*, Neth. Yb. Int'l Law 27 (1996), S. 143, 184. Artikel 22 und 23 schaffen keine neuen Verpflichtungen, sondern definieren nur dem Umfang der Verpflichtungen aus Teil III des Vertrages.

tor aus einem anderen Mitgliedstaat, die eine Investition des letzteren im Staatsgebiet des ersteren betrifft. Die Streitigkeit muß eine behauptete Verletzung der Verpflichtungen des Staates aus dem 3. Teil des Energiechartavertrages beinhalten. Liegt eine solche Investitionsstreitigkeit vor, ist sie gemäß den jetzt zu erörternden Bestimmungen des Artikel 26 ECT beizulegen.

2. *Auswahl des Schiedsverfahrensmechanismus*

Artikel 26 ECT bietet im Falle einer Investitionsstreitigkeit wegen der Verletzung von Teil III verschiedene Wege an. Grundsätzlich sind diese Streitigkeiten durch Verhandlungen beizulegen. Eine dreimonatige "Abkühlungsfrist" bietet dem Staat die Chance, umstrittene Maßnahmen rückgängig zu machen und dem Investor, auf die Interessen des Gaststaates einzugehen. Diese Frist berücksichtigt die Abneigung vieler Staaten, sich zwingenden Schiedsverfahren mit ausländischen Investoren zu unterwerfen[426]. Eine Verhandlungsphase liegt aber auch im Interesse des Investors, der nach Möglichkeit die Geschäftsbeziehung mit dem Staat fortsetzen will.

Nur wenn innerhalb von drei Monaten keine Lösung herbeigeführt wird, kann der Investor unter drei verschiedenen Streitbeilegungsmethoden wählen:

- er kann den Streit den Gerichten oder Verwaltungsinstanzen des Gaststaates unterbreiten, Artikel 26 Abs. 2 (a),
- er kann vertraglich mit dem Staat vereinbarte Streitschlichtungsmechanismen aktivieren, Artikel 26 Abs. 2 (b), oder
- nach Artikel 26 Abs. 2 (c) die Streitbeilegung nach den weiteren Bestimmungen des Artikels 26 wählen. Zu diesen Bestimmungen gehört Artikel 26 Abs. 4, wonach der Investor zwischen vier verschiedenen Schiedsverfahren wählen kann: Schiedsverfahren vor dem ICSID oder, wenn nur einer der beiden Vertragsparteien des ECT auch Ver-

---

426 *Vandevelde*, Arbitration Provisions, in: *Wälde* (Hrsg), The Energy Charter Treaty, S. 409, 414. *Wälde*, Arb. Int'l. 12 (1996), S. 429, 437 führt aus, daß die Abneigung gegen Schiedsverfahren keineswegs auf Entwicklungsländer begrenzt sei. Vielmehr hätten die meisten ölfördernden Industrieländer, z.B. die USA, Großbritannien und Norwegen, Schiedsverfahren für Investitionstreitigkeiten im Energiesektor durch Gesetz bisher ausgeschlossen, obwohl sie die Zulässigkeit solcher Verfahren gegenüber Entwicklungsländern fordern.

tragsstaat des ICSID ist, vor der "Additional Facility" des ICSID; ein Ad-hoc Verfahren nach den UNCITRAL-Schiedsregeln oder ein Verfahren vor dem Schiedsgericht der Stockholmer Handelskammer.

Diese Verfahren schließen sich gegenseitig nicht aus. Grundsätzlich kann der Investor vor nationale Gerichte ziehen oder ein vertraglich festgelegtes Schiedsverfahren in Gang setzen, und dann, wenn ihm die Ergebnisse nicht zusagen, auf ein Artikel 26-Schiedsverfahren wechseln[427]. Dies folgt aus einem Gegenschluß aus Artikel 26 Abs. 3 (b) (i), der diese Möglichkeit gerade für die im Annex ID aufgeführten 24 Vertragsparteien ausschließt, so u.a. Rußland, die EG und die meisten Mitgliedsstaaten der Europäischen Gemeinschaft.

3. *Keine vertragliche Schiedsvereinbarung erforderlich*

a) *Zustimmung des Staates in Artikel 26 Abs. 3 ECT*

Herausragendes Merkmal des Mechanismus unter Artikel 26 ECT ist, daß keine vorherige privatvertragliche Schiedsvereinbarung zwischen Staat und Investor notwendig ist. Alle Vertragsstaaten haben in Artikel 26 Abs. 3 bereits ihre unbedingte Zustimmung gegeben, einen Streitfall einem Schieds- oder Schlichtungsverfahren gemäß den Vorschriften des Artikel 26 zu unterbreiten. Obwohl die Zustimmung unbedingt ("unconditional") ist, wird ihre Reichweite doppelt eingeschränkt: Artikel 26 Abs. 3 (b) regelt, daß die Vertragsstaaten, die in Annex ID aufgeführt sind, ihre Zustimmung nicht für Fälle geben, in denen der Investor den Streit nach Abs. 2 (a) oder (b), d.h. vor den Gerichten des Gaststaates oder durch ein anderes, vorher vereinbartes Verfahren beilegen lassen wollte. Daraus läßt sich im Gegenschluß folgern, daß die Ausschöpfung des nationalen Rechtswegs im Regelfall nicht Voraussetzung der Einleitung eines Schiedsverfahrens nach Artikel 26 Abs. 4 ist, sondern eine Alternative. Artikel 26 Abs. 3 (c) legt fest, daß die in Annex IA aufge-

---

427 *Vandevelde*, Arbitration Provisions, in: *Wälde* (Hrsg), The Energy Charter Treaty, S. 409, 415; *Wälde*, Arb. Int'l. 12 (1996), S. 429, 456. Diese Möglichkeit wirft Probleme auf, da widersprechende Entscheidungen vermieden werden sollen. Die New Yorker Konvention sieht für den Fall, daß die andere Partei ein Gerichtsverfahren anstrengt, die Möglichkeit vor, dies gemäß Artikel II stoppen zu lassen. Für die Fallkonstellation des ECT passt diese Möglichkeit nicht. Ausführlich zu diesem Problem *Wälde*, aaO, S. 429, 459-461.

führten Vertragsstaaten ihre Zustimmung nicht für Streitigkeiten geben, die aufgrund von Artikel 10 Abs. 1 letzter Satz ECT, d.h. aufgrund einer möglichen Verletzung des privatrechtlichen Investitionsvertrags, entstehen[428].

Der Wortlaut "unconditional" scheint zwar nur zu implizieren, daß die Zustimmung unbedingt ist und somit keinen Bedingungen unterliegt, nicht jedoch, daß sie unwiderruflich ist. Es wurde aber bereits bei der Erläuterung des ICSID-Verfahrens ausgeführt, daß eine solche Zustimmung eines Staates in einem völkerrechtlichen Investitionsschutzvertrag gültig und wirksam ist[429]. Dies gilt auch für den Energiechartavertrag. Die Unwiderruflichkeit der Zustimmung ergibt sich zunächst gerade aus Sinn und Zweck dieser vorweggenommenen Zustimmung. Dem Investor soll unabhängig von der aktuellen Willenslage des Gaststaates der Zugang zu einem Schiedsverfahren eröffnet werden. Könnte der Staat seine Zustimmung widerrufen und so dem Investor den Zugang versperren, wäre es nicht nötig gewesen, zuerst diese Zustimmung in Artikel 26 Abs. 3 hineinzuschreiben[430]. Weiterhin weckt Artikel 26 Abs. 3 ECT auch legitime Erwartungen auf Seiten des Investors, die spätestens nach erfolgter Investition Schutz verdienen. Ein Widerruf der Zustimmung oder Berufung auf ein innerstaatliches Gesetz, das die Zustimmung für ungültig erklärt, würde gegen das *estoppel*-Prinzip verstoßen[431] und als Einwand gegen die Jurisdiktion zurückgewiesen werden. Letztlich ist es auch Ziel des ECT, wie in Artikel 2 festgelegt, ein rechtliches Rahmenwerk zu schaffen, um die langfristige Kooperation im Energiesektor zu fördern. Dies ist nur möglich, wenn die rechtlichen Rahmenbedingungen stabil bleiben. Zu diesen Rahmenbedingungen gehört auch der Zugang zu effektiven Rechtsschutzmechanismen. Wenn der Zugang zu den Mecha-

---

428 *Wälde*, Arb. Int'l 12 (1996), S. 429, 456 Fn. 100 führt aus, daß theoretisch das eigentlich weite Recht des Investors auf ein Schiedsverfahren so u.U. bis auf Null reduziert werden kann in Ländern, die beide Möglichkeiten wahrgenommen haben, z.B. Norwegen. Entstände ein Streit über die Verletzung einer norwegischen Konzession, so müßte der Investor vor norwegische Gerichte ziehen. Sobald er dies aber tut, hätte er sein Recht auf ein Schiedsverfahren verloren.

429 Siehe oben S. 99f.

430 *Wälde*, Arb. Int'l 12 (1996), S. 429, 451 mit Fn. 81; *Tucker*, Leiden J. Int'l Law 11 (1998) S. 513, 522.

431 *Wälde*, Arb. Int'l 12 (1996), S. 429, 451 mit Fn. 81; *Burdeau*, Rev. Arb. 1996,S. 3, 16; vgl. auch *Amco Asia v. Indonesia*, ILM 23 (1984), S. 351, 381; *Hirsch*, S. 54.

nismen jederzeit vom Staat widerrufen werden könnte, wären die rechtlichen Rahmenbedingungen für Investoren alles andere als stabil.

b) Zustimmung des Investors begründet Schiedsvereinbarung

Will der Investor nun eine der vier möglichen Schiedsverfahren aktivieren, so muß er gemäß Artikel 26 Abs. 4 ECT noch seine Zustimmung zu einem entsprechenden Verfahren geben. Die Zustimmung des Staates in Artikel 26 Abs. 3 und die des Investors gemäß Artikel 26 Abs. 5 begründen eine Schiedsvereinbarung und sind ausreichend für ein "written consent" gemäß den ICSID-Regeln, ein "agreement in writing" gemäß der New Yorker Konvention und für das Erfordernis "the parties to a contract [to] have agreed in writing" gemäß Artikel 1 UNCITRAL-Schiedsregeln.

Durch diese beiderseitige Zustimmung werden nicht nur die jurisdiktionellen Voraussetzungen für die Verfahren sowie die Anerkennung der Schiedsvereinbarung gemäß der NYK erfüllt. Die Zustimmung des Investors ist ferner notwendig für die Endgültigkeit eines Schiedsspruchs, wenn dieser für den Investor ungünstig ausfällt. Ohne seine Zustimmung läge kein "agreement" vor und könnte die Anerkennung und Vollstrekkung eines solchen Schiedsspruchs von dem Investor angegriffen werden[432]. Um die Durchsetzbarkeit zu erhöhen, sieht Artikel 26 Abs. 5 (b) zwei weitere Sicherungen vor: erstens kann jede Partei eines Streits verlangen, daß das Verfahren in einem Mitgliedstaat der New Yorker Konvention durchgeführt wird, und zweitens gilt die rechtliche Fiktion, daß Ansprüche in einem solchen Verfahren als solche aus einer "commercial relationship" i.S.v. Artikel I der NYK gelten.

IV. Anwendbares Recht

Gemäß Artikel 26 Abs. 6 soll ein nach Artikel 26 Abs. 4 zustandegekommenes Tribunal die streitigen Punkte in Übereinstimmung mit dem Vertrag sowie anwendbarer Normen und Prinzipien des internationalen Rechts entscheiden. Damit wird dem Interesse des Investors, die Hand-

---

432 *Paulsson*, Arbitration without Privity, in: *Wälde*, The Energy Charter Treaty, S. 422, 434, 437.

lungen des Gaststaates nach Völkerrecht beurteilen zu lassen, Rechnung getragen. Der Wortlaut des Artikel 26 Abs. 6 ECT schreibt zwar positiv vor, internationales Recht anzuwenden, schließt jedoch nicht ausdrücklich nationales Recht aus. Es sind nun mehrere Fälle denkbar, in denen die Anwendung nationalen Rechts in Betracht kommt und sich die Frage nach dem Verhältnis von Vertrag und nationalem Recht stellt.

Im ersten und einfachsten Fall liegt eine staatliche Maßnahme vor, z.B. eine Enteignung oder die Verweigerung von Arbeitserlaubnissen. Eine Kollision zwischen den Normen des ECT und dem nationalen Recht besteht dann nicht, da ECT und staatliches Recht unterschiedliche Tatbestände haben. Das staatliche Recht ist nicht Entscheidungsmaßstab für den konkreten Streit. Der Streit entzündet sich vielmehr an den getroffenen staatlichen Maßnahmen, welche an den Vorschriften des Vertrages auf ihre Rechtmäßigkeit hin zu überprüfen sind. Während die Investition Objekt der staatlichen Maßnahmen ist, sind die staatlichen Maßnahmen Objekt der Vorschriften des Vertrages[433].

Im zweiten Fall enthält die vom Investor gewählte Verfahrensordnung, z.B. der Stockholmer Handelskammer, Vorschriften über das anzuwendende Recht. Danach ist das von den Parteien gewählte Recht anzuwenden oder die nationale Rechtsordnung, die sich aus der Anwendung bestimmter Kollisionsregeln ergibt. Bedenken, daß in diesem Fall eine Kollision zwischen der Rechtswahl des ECT und der Verfahrensordnung existieren könnte[434], sind aber unbegründet. Eine Kollision könnte nur vorliegen, wenn beide Vorschriften zu unterschiedlichen Ergebnissen kommen, d.h. der ECT die Anwendung internationalen Rechts und die Verfahrensordnung mangels Rechtswahl der Parteien die Anwendung nationalen Rechts vorschreibt. Eine Rechtswahl der Parteien liegt unter dem Energiechartavertrag jedoch vor, nämlich die der Anwendung des Vertrages und sonstigen internationalen Rechts. Mit Zustimmung des Investors und Wahl einer Verfahrensordnung kommt eine Schiedsvereinbarung zustande, deren Inhalt sich aus Artikel 26 ECT als ganzem ergibt. Ebenso wie die Jurisdiktion des Schiedsgerichts gemäß Artikel 26 Abs. 1 ECT auf eine behauptete Verletzung des dritten Teils des ECT beschränkt ist, ist das anwendbare Recht in Artikel 26 Abs. 6 festgelegt. Diese Einschränkungen sind Bestandteil des "Angebotes" des

433 So wohl auch *Wälde*, Arb. Int'l 12 (1996), S. 429, 457.

434 *Wälde*, Arb. Int'l 12 (1996), S. 429, 458.

Staates in Artikel 26 Abs. 3 ECT, das der Investor mit seiner Zustimmung annimmt.

Eine Kollision liegt ebenfalls nicht vor, wenn Staat und Investor einen privaten Investitionsvertrag abgeschlossen haben und diesen Vertrag einem bestimmten nationalen Recht unterstellt haben, da die vertraglichen Beziehungen zwischen den Parteien und die davon unabhängigen Beziehungen unter dem ECT sorgfältig zu trennen sind. So kann der Investor die Streitigkeit einem vertraglich vereinbarten Schiedsgericht gemäß Artikel 26 Abs. 2 b) oder einem ECT-Schiedsgericht gemäß Artikel 26 Abs. 3 c) unterbreiten. Die Jurisdiktion des ECT-Schiedsgerichts beruht dann nicht auf eventuell bestehenden vertraglichen Beziehungen der Parteien, sondern auf der Schiedsklausel, die unter dem Energiechartavertrag zustandekommt. Dementsprechend ist für das Schiedsgericht nur die Rechtswahl des Artikel 26 Abs. 6 ECT verbindlich. Eine Rechtswahlklausel in einem privaten Vertrag zwischen beiden hat für die Frage des anwendbaren Rechts keine Relevanz.

Nationales Recht kann auch nicht maßgeblich werden, wenn ein nach Artikel 26 zustandegekommenes Schiedsgericht über die Verletzung des Artikel 10 Abs. 1 letzter Satz zu befinden hat, d.h. über die Verpflichtung des Staates, seine vertraglichen Verpflichtungen gegenüber dem Investor einzuhalten. Unterliegt der Vertrag dem Recht des Gaststaates, und wird der Vertrag durch nachfolgende Gesetze abgeändert oder aufgehoben, so hat der Staat seine Verpflichtung aus Artikel 10 Abs. 1 ECT, nämlich den Vertrag einzuhalten (wie er geschlossen wurde), nicht eingehalten.

Sollte aber einmal eine Kollision entstehen, ergibt sich ein Vorrang des Artikel 26 Abs. 6 ECT durch Auslegung des Energiechartavertrages. Gegen eine vorrangige Anwendung nationalen Rechts spricht hier sowohl der Zusammenhang mit Artikel 26 Abs. 1 und Teil III des ECT wie auch Sinn und Zweck des Verfahrens. Sinn und Zweck dieses dritten Teils ist es, den Investor zu schützen. Das Schiedsverfahren ist in seiner Jurisdiktion auf eine behauptete Verletzung der Investitionsschutzvorschriften des Teils III des Vertrages beschränkt. Sinn und Zweck des Verfahrens ist es damit, angebliche Verletzungen dieser Vorschriften im Schiedsverfahren überprüfen zu lassen. Ein Vorrang nationalen Rechts im Schiedsverfahren würde beidem zuwiderlaufen und ist daher abzulehnen. Das Schiedsgericht hat demnach die Vorschriften des Energy Charter Treaty sowie sonstiges anwendbares Völkerrecht anzuwenden. Insoweit nationales Recht angewendet werden muß, gilt dies nur insoweit, als daß dieses nationale Recht nicht den völkerrechtlichen Normen widerspricht.

V. Anerkennung und Vollstreckung des Schiedsspruchs

Anerkennung und Vollstreckung eines Schiedsspruches werden durch mehrere Regelungen gesichert. Artikel 26 Abs. 8 ECT legt zunächst fest, daß Schiedssprüche endgültig und bindend für die Parteien sind. Eine Anfechtung vor nationalen Instanzen ist somit nicht möglich. Hat der Investor ein ICSID-Schiedsverfahren gewählt, so richtet sich die Vollstreckung nach dem bereits beschriebenen Mechanismus. Findet das Schiedsverfahren aber unter der Schirmherrschaft der Stockholmer Handelskammer oder sogar als Ad-hoc-Verfahren statt, regelt die New Yorker Konvention die Anerkennung und Vollstreckung. Artikel 26 Abs. 5 b) legt fest, daß ein Schiedsverfahren als aus einer "commercial relationship" anzusehen ist und ermöglicht somit die Vollstreckung durch die NYK.

Ausdrückliche Regelungen in Bezug auf die staatliche Immunität gegen Vollstreckung sind nicht vorhanden. Es wird hier jedoch unterbreitet, daß ein stillschweigender Verzicht der Mitgliedstaaten auf ihre Immunität durch Unterzeichnung des ECT vorliegt. Das Schiedsverfahren ist beschränkt auf die Verletzung der Investitionsschutzvorschriften. Hat der Gaststaat diese Vorschriften verletzt, so ist er nach den Grundsätzen der Staatenverantwortlichkeit zum Schadensersatz verpflichtet. Könnte der Gaststaat der Erfüllung dieser Verpflichtung unter Berufung auf seine Immunität gegen Vollstreckung entgehen, würden diese Vorschriften leerlaufen, das Verfahren würde sich nicht von einem normalen Schiedsverfahren unterscheiden. Nach Sinn und Zweck des Verfahrens muß hier ein Verzicht auf die Immunität vorliegen.

VI. Zusammenfassung

Die Analyse des Streitbeilegungsverfahrens des Energy Charter Treaty mußte zwangsläufig auf eine Vertragsauslegung beschränkt bleiben, da noch keine Investitionsstreitigkeiten durch ein Schiedsverfahren beigelegt worden sind. Eine solch abstrakte Analyse kommt jedoch zu dem

Schluß, daß die Regelungen des ECT die bestehenden Probleme von Staat-Investor-Schiedsverfahren in zufriedenstellender Weise beantwortet.

Dem Investor bietet der ECT einen freien Zugang zu einem Schiedsverfahren, da die Zustimmung des Gaststaates hierzu bereits in Artikel 26 Abs. 3 ECT gegeben wurde. Dem Investor stehen drei verschiedene Schiedsverfahren offen, wobei der Zugang zum ICSID aufgrund dessen unbestreitbarer Vorteile gegenüber normalen Schiedsverfahren, z.B. des Ausschlusses nationaler Gerichte, wohl zu bevorzugen ist. Auch der Gaststaat sollte ICSID-Verfahren wegen des Ausschlusses diplomatischen Schutzes bevorzugen.

Die Frage des anwendbaren Rechts wurde deutlicher als im ICSID geregelt. Zwar kommt ein Hinweis auf nationales Recht des Gaststaates nicht mehr vor, jedoch werden die Interessen des Gaststaates dadurch nicht unangemessen beeinträchtigt, da sich das Schiedsverfahren auf Verletzungen der Investitionsschutzvorschriften des ECT beschränkt. Diese decken alle typischen Investitionsrisiken ab und sogar das Risiko der Verletzung des privaten Investitionsvertrages. Theorien der "Internationalisierung" der privaten Staat-Investor-Verträge, die das Mißtrauen der Entwicklungsländer geweckt haben, sind daher in einem ECT-Verfahren überflüssig, wodurch eine Spannungsquelle entfällt. Der ECT regelt auch in Artikel 22, 23 die Einbindung des Staates, indem dieser auch für Handlungen unterstaatlicher Stellen und sogar staatlicher Firmen verantwortlich ist. Die Vertragsstaaten des ECT haben durch Unterzeichnung auch auf ihre Immunität gegen Vollstreckung verzichtet. Die Verschränkung der materiellen Schutzstandards des dritten Teils mit dem Schiedsverfahren, die zu einer entpolitisierten Streitbeilegung führen soll, wäre ansonsten sinnlos. Im Endergebnis bietet der Energiechartavertrag damit ein allen Anforderungen genügendes Streitbeilegungsverfahren. Er trägt so zur Stabilität in den internationalen Investitionsbeziehungen bei, die im Bereich des Energiesektors von besonderer Bedeutung für das internationale System ist.

B. Völkerrechtsunmittelbare Rechte der Investoren unter dem Energiechartavertrag

In der vorangegangenen Analyse wurde aufgezeigt, daß der Energiechartavertrag den Vertragsparteien umfangreiche Handlungs- und Unterlassungspflichten gegenüber Investoren, die Angehörige anderer Vertragsparteien sind, auferlegt. Investitionen müssen geschützt und vertragliche Bindungen mit Investoren beachtet werden (Artikel 10); die Vertragsparteien sollen Investoren erlauben, Personal ihrer Wahl zu beschäftigen (Artikel 11 Absatz 2); Investoren aus Vertragsparteien sind für Verluste aufgrund von Bürgerkrieg o.ä. genauso zu entschädigen wie andere Investoren (Artikel 12); Investitionen eines Investors dürfen nur enteignet werden, wenn u.a. prompte, effektive und angemessene Entschädigung gezahlt wird (Artikel 13) und jede Vertragspartei hat die Freiheit des Kapitaltransfers in Bezug auf Investitionen zu garantieren (Artikel 14).

Wenn zwischen einem Investor und einer Vertragspartei wegen einer angeblichen Verletzung einer dieser Pflichten eine Streitigkeit entsteht, kann der Investor diese Streitigkeit einem Schiedsgericht unterbreiten. Investoren können mithin die Verletzung dieser Schutzvorschriften rügen. Das wirft die Frage auf, ob die genannten Vorschriften den Investoren Ansprüche gewähren, d.h. das Recht, von der Vertragspartei das in der Norm ausgedrückte Tun oder Unterlassen verlangen zu können. Denn Schiedsverfahren sind eine Form konsensualer Streitbeilegung: sie dienen der Klärung gegenseitiger Rechte und Pflichten. Die Parteien des Verfahrens sind gleichzeitig auch Parteien der dem Verfahren zugrundeliegenden rechtlichen Beziehungen. Im Energiechartavertrag ist diese Übereinstimmung nicht gegeben: Der Investor ist nicht Vertragspartei, kann aber dennoch gegenüber einer Vertragspartei die Verletzung der Vertragsvorschriften rügen.

Im folgenden wird daher untersucht, ob die Vorschriften des Energiechartavertrages nicht nur rein zwischenstaatliche Verpflichtungen sind, sondern auch den Investoren Rechte gewähren. Unter der Prämisse, daß Investoren in einem Schiedsverfahren auf der Basis von Artikel 26 Energiechartavertrag überhaupt die Verletzung von Rechten rügen, ist dabei allein interessant, ob diese Rechte auf dem Vertrag selbst beruhen und nicht auf einer Umsetzung des Vertrages in innerstaatliches Recht, sie also als völkerrechtsunmittelbar und nicht als innerstaatlich zu qualifizieren sind. Denn wenn Rechte der Investoren nur auf innerstaatlichem Recht beruhen sollten, beruhen sie ja gerade nicht auf dem Vertrag. Dann erzeugen die Vorschriften des Vertrages nur zwischenstaatliche Rechte und Pflichten.

Zur Beantwortung der Frage, ob es sich um völkerrechtsunmittelbare Rechte handelt, ist zunächst die Qualifizierung als völkerrechtsunmittelbare oder innerstaatliche Rechte näher zu erläutern (*I*). Danach ist herauszuarbeiten, ob und unter welchen Voraussetzungen ein völkerrechtlicher Vertrag Investoren, d.h. innerstaatlichen natürlichen und juristischen Personen, völkerrechtsunmittelbare Rechte einräumen kann (*II*). Auf der Grundlage der so gewonnenen Ergebnisse kann untersucht werden, ob der Energiechartavertrag Investoren völkerrechtsunmittelbare Rechte einräumt (*III*).

I. Qualifizierung als innerstaatliche oder völkerrechtsunmittelbare Rechte

1. Die "Qualifizierung" als Frage nach dem Geltungsgrund

Die Qualifizierung eines Rechts als völkerrechtsunmittelbar oder innerstaatlich basiert auf der Unterscheidung zwischen dem völkerrechtlichen Inkrafttreten des Vertrages einerseits und dessen innerstaatlicher Umsetzung anderseits. Es soll untersucht werden, ob die Vorschriften des Energiechartavertrages, deren Verletzung die Investoren rügen, unmittelbare völkerrechtliche Rechte der Investoren begründen. Unter "unmittelbar" wird dabei verstanden, daß die Investoren bereits mit Inkrafttreten des Vertrages die Möglichkeit erworben haben, die Verletzung dieser Vorschriften zu rügen, also z.B. die Zahlung von Entschädigung wegen Enteignung zu verlangen, unabhängig davon, ob und wie der Vertrag in die innerstaatliche Rechtsordnung des jeweiligen Vertragsstaates übernommen wurde.

Das innerstaatliche Inkrafttreten und die innerstaatliche Geltung des Energiechartavertrages ist für diese Untersuchung somit ohne Bedeutung. Außerhalb der Betrachtung bleiben daher die verschiedenen Theorien, den Vertrag in die innerstaatliche Rechtsordnung zu übernehmen[435].

---

435 Vgl. dazu die Übersicht bei *Dahm/Delbrück/Wolfrum*, S. 104-124.

Nach der Transformationstheorie kann Völkerrecht nur innerstaatliche Geltung erlangen, wenn es in innerstaatliches Recht transformiert wurde. Nach der Inkorporationstheorie wird das Völkerrecht kraft staatlicher Ermächtigung als Teil des staatlichen Rechts in dieses inkorporiert. Die Adoptionstheorie geht davon aus, daß ein staatlicher Vollzugsbefehl die Anwendung des Völkerrechts als Völkerrecht anordnet. Die innerstaatliche Geltung beruht nach diesen Theorien auf nationalem Recht, sei es auf der Norm, durch die der Vertrag transformiert wird, oder der, die den Vertrag inkorporiert oder seinen Vollzug befiehlt. Rechte, die ein Vertrag eventuell begründet, wären dann innerstaatliche Rechte.

Für die Untersuchung, ob unmittelbar durch Inkrafttreten des Vertrages völkerrechtliche Rechte begründet werden, ist der Theorienstreit zwischen Monismus und Dualismus ebenfalls nicht relevant[436]. Nach den dualistischen Auffassungen stehen Völkerrecht und nationale Rechtsordnungen getrennt nebeneinander. Beide unterscheiden sich hinsichtlich der Rechtsquellen, des Regelungsgegenstandes und der Normadressaten. Völkerrecht kann nur innerstaatlich gelten, wenn es durch einen staatlichen Befehl in innerstaatliches Recht umgesetzt wird. Nach den monistischen Auffassungen sind Völkerrecht und staatliches Recht Elemente einer einheitlichen Gesamtrechtsordnung, die auf einem gemeinsamen Geltungsgrund beruhen. Völkerrechtliche Normen gelten gemeinsam mit dem staatlichen Recht unmittelbar ohne Notwendigkeit eines staatlichen Anwendungsbefehls. Ihre Anwendung beruht nur dann auf einer staatlichen Norm, wenn sie der staatlichen Konkretisierung bedürfen[437].

Ein Eingehen auf diese jahrzehntealte Debatte würde zum einen den Rahmen der Arbeit sprengen. Sie ist zum anderen aber auch nicht nötig, da diese Theorien aus völkerrechtlicher Sicht das Verhältnis von Völkerrecht und Landesrecht beschreiben und für den Kollisionsfall eine Lösung aus völkerrechtlicher Sicht anbieten. Vorliegend wird aber nicht untersucht, ob Investoren ohne staatlichen Umsetzungsakt auf der innerstaatlichen Ebene Rechte erworben haben. Es gilt zu prüfen, ob sie auf der völkerrechtlichen Ebene Rechte ohne staatlichen Umsetzungsakt erworben haben. Letztlich ist ein Eingehen auf diese Debatte auch unnötig, da die innerstaatliche Geltung sich nicht nach Völkerrecht regelt. Das

436 Vgl. dazu ebenfalls *Dahm/Delbrück/Wolfrum*, S. 99/100.

437 *Seidl-Hohenveldern*, S. 121; *Dahm/Delbrück/Wolfrum*, S. 101.

Völkerrecht fordert nur, daß es in nationales Recht umgesetzt wird, überläßt das wie und mit welchem Rang aber dem nationalem Recht[438].

2. *Bedeutung der Qualifizierung*

Wie die Rechte des Investors zu qualifizieren sind, kann sich entscheidend auf die Effektivität des Schutzes des Investors auswirken. Erlangen die Investoren nur durch innerstaatliches Recht Ansprüche, so sind diese Ansprüche abhängig vom Status des Vertrages im innerstaatlichen Recht. Die Investoren können dann Ansprüche nur gegen solche Staaten geltend machen, die den Vertrag in ihre innerstaatliche Rechtsordnung integriert haben. Diese Staaten könnten durch spätere Gesetzgebung Inhalt und Umfang der Ansprüche modifizieren oder sie sogar ganz aufheben. Bestehen somit Ansprüche nur im innerstaatlichen Recht, würde die Schutzfunktion des Vertrages beeinträchtigt. Sind aber Ansprüche auch völkerrechtsunmittelbar gegeben, wären die Ansprüche unabhängig von der nationalen Umsetzung. Investoren könnten mit Inkrafttreten des Vertrages gegen alle Vertragsstaaten, die den Vertrag ratifiziert haben, vorgehen.

Eine Qualifizierung als völkerrechtsunmittelbare Rechte wirkt sich daher vorteilhaft auf die Position des Investors aus. Daß die Rechte völkerrechtsunmittelbar sein sollten, bedingt jedoch noch nicht, daß sie es auch sind - aus einem Sollen folgt kein Sein. Es gilt somit im folgenden zunächst festzustellen, ob und unter welchen Voraussetzungen Investoren überhaupt Träger völkerrechtsunmittelbarer Ansprüche sein können. Erst danach kann geprüft werden, ob die Ansprüche unter dem Energiechartavertrag als völkerrechtsunmittelbar zu qualifizieren sind.

3. *Begriffliche Voraussetzungen*

Eine jede Rechtsordnung richtet sich an Adressaten, denen sie Rechte zuerkennt oder Pflichten auferlegt. Diese Adressaten werden als Rechtssubjekte bezeichnet. In der Völkerrechtslehre ist das Konzept des Völkerrechtssubjektes mit erheblichen Unklarheiten belastet, die nicht nur Folge sachlicher Gegensätze, sondern vor allem terminologischer Un-

438 *Dahm/Delbrück/Wolfrum*, S. 101; *Verdross/Simma*, S. 540.

schärfe sind[439]. Im folgenden ist das hier verwendete Verständnis einiger Grundbegriffe zu klären, um Mißverständnisse zu vermeiden.

a) Völkerrecht

Die klassische Lehre des Völkerrechts sah Völkerrecht als das Recht der allein zwischenstaatlichen Beziehungen an. Es sei nur an Staaten adressiert und nur diese seien Völkerrechtssubjekte[440]. Dieses Verständnis des Völkerrechts schließt bereits *per definitionem* aus, daß andere Akteure als Staaten Träger völkerrechtlicher Rechte sein können. Legte man diese Prämisse der nachfolgenden Untersuchung zugrunde, könnten Investoren nicht Träger völkerrechtlicher Rechte sein.

Ein solchermaßen von vornherein begrenztes Verständnis des Völkerrechts ist abzulehnen, da es auf der Prämisse beruht, daß nur Staaten Träger völkerrechtlicher Rechte sein können, nicht aber auf dem Ergebnis einer Untersuchung, daß nur Staaten es sind. Apriorische Definitionen erweisen sich, da nicht falsifizierbar, für die Frage, ob andere Akteure als Staaten Träger völkerrechtlicher Rechte sind, nicht von Nutzen[441]. Letztlich beruht diese Ansicht auch auf einem Zirkelschluß. Wenn Adressaten einer Rechtsordnung Rechtssubjekte dieser Rechtsordnung sind, so besagt diese Definition: "Völkerrecht ist nur an Staaten adressiert, weil nur Staaten Rechtssubjekte des Völkerrechts (=Adressaten) sind". Begründet man die alleinige Völkerrechtssubjektivität von Staaten mit der zwischenstaatlichen Natur des Völkerrechts, so drückt man ein und dasselbe mit anderen Worten nur noch einmal aus[442].

Das Völkerrecht wird daher im folgenden nicht apriorisch definiert, sondern als Rechtsordnung der internationalen Beziehungen verstanden. Es ist damit keine starre, auf bestimmte Adressaten begrenzte Rechtsordnung, sondern paßt sich den tatsächlichen Bedürfnissen der internatio-

---

439 Beispiele bei *Wetzel*, S. 254ff; *Kischel*, S. 235ff; *Grassi*, S. 83ff.

440 StIGH, *Lotus Case* (1927), PCIJ Ser. A No.10, S. 18; *Heilborn*, System des Völkerrechts (1896), S. 58ff; *Liszt/Fleischmann*, Völkerrecht (1925), S.85. Vgl. auch die Darstellung der historischen Entwicklung dieser Ansicht bei *Janis*, Subjects of International Law, Corn. Int'l. L. J. 17 (1984), S. 61-78.

441 *Anzilotti*, S. 90; *Verdross/Simma*, S. 255; *Broms*, Subjects, in: *MacDonald/Johnston* (Hrsg), S. 383, 412; *Kischel*, S. 242.

442 *Noeergaard*, S. 21; *Ross*, S. 14; *Kischel*, S. 242.

nalen Gemeinschaft an[443]. Das Völkerrecht ist zwar immer noch ein primär zwischenstaatliches Recht und Staaten bleiben die wichtigsten Akteure in der Völkerrechtsordnung[444], doch ist der Kreis der Adressaten des Völkerrechts prinzipiell offen[445].

b) Völkerrechtssubjekt

Der Begriff des Völkerrechtssubjektes ist von Autoren unterschiedlich definiert worden[446]. Uneinigkeit besteht z.B. darin, ob ein Völkerrechtssubjekt Träger von Rechten und Pflichten sein muß, oder ob es genügt, potentiell Träger von Rechten oder Pflichten sein zu können. Keine der Definitionen kann dabei für sich absolute Richtigkeit beanspruchen.

Für die Zwecke der folgenden Untersuchung werden als Völkerrechtssubjekte alle Wirkungseinheiten[447] verstanden, die Träger subjektiver völkerrechtlicher Rechte und/oder Pflichten sind[448], d.h. denen das objektive Völkerrecht solche subjektiven Rechte oder Pflichten zurechnet[449]. Abzugrenzen sind sie von den völkerrechtlichen Objekten, denen solche Rechte und Pflichten nicht zugerechnet werden. Die Objekte werden nur völkerrechtlichen Tatbeständen zugerechnet, d.h. sie sind Be-

---

443 Ausführlich dazu *Friedmann*, The Changing Structure of International Law (1964); *Higgins*, Problems and Process, S. 49/50; IGH, *Reparations for Injuries*, ICJ Reports 1949, S. 4, 174; *Ijalaye*, S.2; *Okeke*, S.2.

444 *Dahm/Delbrück/Wolfrum*, S. 26; *Verdross/Simma*, S. 222; *Jennings/Watts*, Oppenheims I/1 S. 6.

445 *Dahm/Delbrück/Wolfrum*, S. 23; vgl. *Verdross/Simma*, S. 255; *Ijalaye*, S. 2.

446 Nachweise für die einzelnen Meinungen finden sich bei *Bruno*, S. 11-28; *Noergaard*, S. 21-27 und *Grassi*, S. 83-99.

447 Zum Begriff *Mosler*, Die Erweiterung des Kreises der Völkerrechtssubjekte, Berichte der deutschen Gesellschaft für Völkerrecht Bd.4 (1961), S. 39, 45: "Ich verstehe darunter Organisationen und Einrichtungen, die als gesellschaftliche Gebilde wirken und denen, falls sie die von der Rechtsordnung aufgestellten Kriterien besitzen, auch Rechtswirksamkeit zukommt." Im Unterschied zu *Mosler* wird die Definition hier aber nicht auf Organisationen und Einrichtungen und damit juristische Personen beschränkt, sondern auch auf natürliche Personen erweitert.

448 *Jennings/Watts*, Oppenheim I/1, S. 119; *Verdross/Simma*, S. 222; *Hailbronner*, in: *Vitzthum*, S. 188; *Grassi*, S. 90; *Okeke*, S. 9; *Knubben*, S. 2.

449 *Knubben*, S. 1.

zugspunkt völkerrechtlicher Tatbestände, nicht aber der an die Tatbestände geknüpften Rechte und Pflichten[450].

Auch wenn diese Zweiteilung in Subjekte und Objekte vereinzelt unter Kritik geraten ist[451], so soll sie hier doch die Grundlage der Analyse bilden. Zum einen erscheint es als nicht zweckmäßig, Ergebnisse auf der Basis einer völlig neuen Konzeption zu gewinnen, zum anderen sind die Unterschiede nur prinzipieller Natur. Wenn z.B. *Higgins* kritisiert, daß es nicht Subjekte und Objekte, sondern nur Teilnehmer am völkerrechtlichen System ("Participants in the International Legal System") gebe[452], so stellt sie letztendlich doch auf die Frage ab, ob Individuen Träger völkerrechtlicher Rechte sind[453].

c) Völkerrechtssubjektivität

Voraussetzung dafür, daß eine Wirkungseinheit Völkerrechtssubjekt ist, ist zunächst, daß sie überhaupt Träger völkerrechtlicher Rechte oder Pflichten sein kann. Diese Fähigkeit, Träger völkerrechtlicher Rechte und Pflichten zu sein, wird im folgenden als Völkerrechtssubjektivität bezeichnet werden[454]. Die Völkerrechtssubjektivität ist weiter zu unterscheiden in Rechts- und Handlungsfähigkeit. Die Rechtsfähigkeit ist die Fähigkeit, Träger völkerrechtlicher Rechte und Pflichten zu sein. Die Handlungsfähigkeit ist davon strikt zu trennen:

> "It is scarcely necessary to point out that the capacity to possess civil rights does not necessarily imply the capacity to exercise those rights oneself."[455]

---

450 *Knubben*, S. 4.

451 kritisch dazu *Higgins*, Problems and Process, S. 50; vgl. *Jessup*, A Modern Law of Nations, S. 15, die die Subjekt-Objekt Dichotomie ablehnen und nur von "Participants in the international legal order" sprechen. Ebenso *Arzt/Lukashuk*, Participants in International Legal Relations, in: *Damrosch/Dannilenko/Mullerson* (Hrsg.), Beyond Confrontation, S. 61, 62.

452 *Higgins*, Problems and Process, S. 50.

453 *Higgins*, Problems and Process, S. 52-54.

454 vgl. *Grassi*, S. 92; *Mosler*, BdGVR 4 (1961), 39, 52-54; *Dahm/Delbrück/Wolfrum*, S. 22 ("Völkerrechtsfähigkeit"); *Ijalaye*, S. 2; *Menon*, Hague Ybk Int'l L. 3 (1990), S. 30, 31; auch schon *Heilborn*, S. 63.

455 StIGH, *Peter Pázmány University*, PCIJ Ser. A/B No. 61 S. 231.

Dieser Satz des StIGH im Fall *Peter Pázmány University*, der auf das ungarische Zivilrecht bezogen war, gilt auch im Völkerrecht[456]. Rechtsfähig, aber nicht oder nur beschränkt handlungsfähig z.B. waren Protektorate und Treuhandgebiete[457] und, wenn man vom Fortbestand des Deutschen Reichs ausgeht, Deutschland bis zur Wiedervereinigung[458].

Aus der Völkerrechtssubjektivität kann ferner nicht auf eine "basic capacity", auf einen Mindestumfang von Rechten und Pflichten geschlossen werden. Die Völkerrechtssubjektivität ist nur "unentbehrliches Konstruktionselement für jede Art von Rechtsbeziehungen"[459] und Anknüpfungspunkt für einzelne Rechte und Pflichten. Der tatsächliche Umfang der Rechte und Pflichten der Völkerrechtssubjekte hängt von ihren Funktionen und Aufgaben ab[460]. Uneingeschränkte Rechts- und Handlungsfähigkeit haben grundsätzlich nur die souveränen Staaten, während die Rechts- und Handlungsfähigkeit abgeleiteter Völkerrechtssubjekte wie z.B. internationaler Organisationen von ihren Aufgaben und Funktionen bestimmt wird, mithin funktionell begrenzt ist[461]. Grundlegend hat dies der Internationale Gerichtshof im *Reparations for Injuries*-Case dargelegt, in welchem er zu entscheiden hatte, ob die Vereinten Nationen ein Subjekt des Völkerrechts seien und befugt, völkerrechtliche Ansprüche geltend zu machen. Der IGH kam zu dem Schluß, daß die UN Funktionen und Aufgaben wahrnähmen, die nur auf der Basis völkerrechtlicher Rechtspersönlichkeit und völkerrechtlicher Handlungsfähigkeit erklärt werden könnten. Folglich seien sie eine "international person". Dies heiße nicht, daß die UN ein Staat wären, noch daß ihre Rechtspersönlichkeit und ihre Rechte und Pflichten die eines Staates seien. Die Bezeichnung als "internationale Person" impliziere nur, daß die UN ein Völkerrechtssubjekt sei und fähig, völkerrechtliche Rechte und Pflichten

---

456 *Dahm/Delbrück/Wolfrum*, S. 22; *Kischel*, S. 242; *Hailbronner*, in: *Vitzthum*, S. 190; wohl auch der IGH im *Reparations*-Case, ICJ Reports 1949, S. 174, 179.

457 *Verdross/Simma*, S. 133.

458 Dazu *Hailbronner*, in: *Vitzthum*, Völkerrecht, S. 236.

459 *Mosler*, BdDGVR 4 (1961), S. 39, 53.

460 IGH, Reparations for Injuries, ICJ Reports 1949, S. 174, 178; *Dahm/Delbrück/Wolfrum*, S. 22; *Verdross/Simma*, S. 222; *Jennings/Watts*, Oppenheims I/1, S. 120.

461 *Mosler*, BdDGVR 4 (1961) 31, 70; *Verdross/Simma*, S. 222; *Okeke*, S. 18; *Ijalaye*, S. 3

zu besitzen, sowie ihre Rechte durch völkerrechtliche Ansprüche geltend zu machen[462].

II. Begründung völkerrechtsunmittelbarer Rechte durch völkerrechtlichen Vertrag

Die Begründung völkerrechtsunmittelbarer Rechte von Investoren setzt voraus, daß diesen Völkerrechtssubjektivität zukommt und völkerrechtliche Verträge ihnen unmittelbar Rechte einräumen können. Zur Vermeidung von Unklarheiten ist anzumerken, daß unter dem Begriff "Investoren" gemäß dem Energiechartavertrag natürliche und juristische Personen, also alle Personen innerstaatlichen Rechts verstanden werden. Die Diskussion in der völkerrechtlichen Literatur und Judikatur hat sich oftmals auf die Völkerrechtssubjektivität von natürlichen Personen beschränkt und diese unter dem Begriff "Individuen" bzw. "Individuals" geführt. Mit *Jessup* wird aber davon ausgegangen, daß es keinen legitimen Grund gibt, zwischen natürlichen und juristischen Personen in dieser Frage zu unterscheiden. Solange das nationale Recht juristische und natürliche Personen gleichbehandelt, muß das Völkerrecht auch juristische Personen als Individuen anerkennen[463]. Insoweit in den nachfolgenden Erörterungen von "Individuen" gesprochen wird, sind darunter auch juristische Personen zu verstehen.

Nachfolgend wird nicht untersucht, ob speziell transnationalen Unternehmen Völkerrechtssubjektivität zukommt. Es gibt zwar eine im Vordringen befindliche Ansicht in der Literatur, die transnationalen Unternehmen Völkerrechtssubjektivität zuspricht[464]. Diese Ansicht billigt transnationalen Unternehmen die Völkerrechtssubjektivität jedoch aufgrund ihrer Transnationalität bzw. der Eigenarten der abgeschlossenen Verträge mit den Staaten zu[465]. Der Energiechartavertrag hingegen beschränkt den Begriff des Investors nicht auf transnationale Unternehmen. Vielmehr kann auch jede Privatperson, die nur in einem Vertragsstaat des

462 IGH, *Reparations for Injuries*, ICJ Reports 1949, S. 174, 179.

463 *Jessup*, A Modern Law of Nations, S. 19/20.

464 *Herdegen*, S. 58; *Dahm/Delbrück/Wolfrum*, Völkerrecht Bd. I/2 § 109; vgl. auch *Hobe*, S. 261-266.

465 Z.B. *Wildhaber*, BdGVR 18 (1978), S. 38-40; *Böckstiegel*, Der Staat als Vertragsparter.

Energiechartavertrages eine Tankstelle besitzt, "Investor" sein. Die Begriffe "Investor" und "transnationales Unternehmen" sind somit nur teilidentisch: Investoren können transnationale Unternehmen sein, sie müssen es aber nicht sein.

1. Völkerrechtssubjektivität von Investoren

Die Völkerrechtssubjektivität von Investoren setzt voraus, daß der Kreis der Völkerrechtssubjekte nicht *a priori* begrenzt ist und keine Regel des Völkerrechts existiert, die die Völkerrechtssubjektivität von natürlichen und juristischen Personen ausschließt.

Eine Begrenzung des Kreises der Völkerrechtssubjekte wurde früher unter Berufung auf die bereits abgelehnte klassische Definition des Völkerrechts vertreten. Da Völkerrecht das Recht der zwischenstaatlichen Beziehungen sei, wären nur Staaten Völkerrechtssubjekte[466]. Aber auch wenn man die hier verwendete Definition des Völkerrechts als Rechtsordnung der internationalen Beziehungen zugrundelegt, ist die Begrenzung des Kreises der Völkerrechtssubjekte auf Staaten zumindest nicht mehr mit der Realität vereinbar. Der Heilige Stuhl und der Malteserorden sind keine Staaten und dennoch als Völkerrechtssubjekte anerkannt. Ebenso werden Aufständische und kriegführende Parteien im Bürgerkrieg von der herrschenden Lehre seit langem als Völkerrechtssubjekte anerkannt[467]. Die Völkerrechtssubjektivität internationaler Organisationen wurde 1949 vom IGH exemplarisch für die Vereinten Nationen im Rechtsgutachten "Reparations for Injuries suffered in the Service of the United Nations" anerkannt[468] und ist heute unbestritten.

Es gibt auch keine Regel des Völkergewohnheitsrechts, die ausschließt, daß natürliche und juristische Personen Völkerrechtssubjekte sein können. Eine solche Regel würde eine einheitliche Rechtsüberzeugung voraussetzen. Gegen eine solche einheitliche Überzeugung lassen sich nicht nur die Entwicklung des Menschenrechtsschutzes und des Internationalen Strafrechts seit den Nürnberger Prozessen anführen, die

466 Vgl. *Liszt/Fleischmann*, Völkerrecht (1925), S. 85; *Heilborn*, Das System des Völkerrechts (1896), S. 58ff; *Anzilotti*, Völkerrecht (1929), S. 90ff, der allerdings nicht argumentiert, daß nur Staaten es sein können, sondern daß nur Staaten es wären.

467 Vgl. *Broms*, Subjects, in: *McDonald/Johnston*, S. 383, 400ff.

468 IGH, *Reparations for Injuries*, ICJ Reports 1949, 174, 179.

deutlich macht, daß Individuen unmittelbar völkerrechtliche Rechte und Pflichten auferlegt werden können. Auch die völkerrechtliche Literatur, die als Nachweis für eine entsprechende Rechtsüberzeugung herangezogen werden müßte, vertritt gerade das Gegenteil, nämlich daß Individuen Völkerrechtssubjekte sein können[469]. Der Kreis der Völkerrechtssubjekte kann somit als prinzipiell offen bezeichnet werden[470], so daß auch Investoren Völkerrechtssubjekte sein können.

2. *Einräumung von völkerrechtsunmittelbaren Rechten durch Vertrag*

Es wurde dargelegt, daß Investoren - natürliche und juristische Personen - Völkerrechtssubjektivität besitzen, also Träger völkerrechtlicher Rechte und Pflichten sein können. Aus diesem Ergebnis läßt sich aber nicht schließen, daß ein zwischenstaatlicher völkerrechtlicher Vertrag wie der Energiechartavertrag Investoren auch völkerrechtsunmittelbare Rechte einräumen kann. Im folgenden ist daher zu untersuchen, ob und unter welchen Voraussetzungen ein völkerrechtlicher Vertrag natürlichen und juristischen Personen völkerrechtliche Rechte verleihen kann. Eine solche Klärung kann dabei nicht allein durch Analyse bestehender völkerrechtlicher Verträge erfolgen[471]. Ohne herausgearbeitet zu haben, ob und wann ein Vertrag völkerrechtliche Rechte von Individuen begründen kann, hätte eine solche Analyse zwangsläufig nur empirischen Charakter und keinen normativen Wert.

a) *Relativität der Vertragsbeziehungen*

Die Rechtswirkung völkerrechtlicher Verträge erstreckt sich grundsätzlich nur auf die Vertragsstaaten. Für dritte Staaten sind solche Verträge *res inter alios acta*, sie können gemäß dem Prinzip *pacta tertiis nec nocent nec prosunt* ohne ihr Einverständnis weder berechtigt noch verpflichtet werden. Grundgedanke dieses Prinzips ist die Achtung der Sou-

---

469 *Grassi*, S. 117; *Ross*, S. 106; *Menon*, Hag. Yb. Int'l Law 3 (1990), S. 31, 60; *Mosler*, ZaöRV 22 (1962) S. 1, 31; vgl. *Jessup*, A modern Law of Nations, S. 16; *Broms*, in: *McDonald/Johnston* (Hrsg.), 383, 418; *Verdross/Simma*, S. 256ff; *Arzt/Lukashuk*, in: *Damrosch/Dannilenko/Mullerson*, S. 61, 74; auch schon *Liszt/Fleischmann*, S. 86 und *Guggenheim*, Bd.1, S. 6.

470 *Dahm/Delbrück/Wolfrum*, S. 23; vgl. *Verdross/Simma*, S. 255; *Ijalaye*, S. 2.

471 Anders anscheinend *Wetzel*, S. 238-244.

veränität der Staaten, die eine Verpflichtung ohne Einverständnis nicht zuläßt[472].

Der StIGH hat im *Gex-und-Savoy*-Fall zwar die grundsätzliche Möglichkeit von Verträgen zugunsten dritter Staaten bestätigt, sie aber unter Einschränkungen gestellt:

> "It cannot be lightly presumed that stipulations favourable to a third State have been adopted with the object of creating a contractual right in its favour. There is however nothing to prevent the will of sovereign States from having this object and this effect."[473]

Die Einräumung eines Rechtes für einen dritten Staat muß als Absicht der Parteien explizit oder implizit aus dem Vertrag hervorgehen. Eine solche Absicht stellt jedoch eine Ausnahme dar und darf daher nicht leichtfertig vermutet werden[474]. Die Wiener Konvention über das Recht der Verträge (WVRK) erkennt in Artikel 36 die Möglichkeit solcher Verträge zugunsten Dritter zwar an, jedoch bleibt die Zustimmung des Drittstaates erforderlich. Diese Zustimmung wird allerdings gemäß Artikel 36 Abs. 1 WVRK vermutet, solange nicht das Gegenteil erkennbar ist.

b) Möglichkeit völkerrechtsunmittelbarer Ansprüche durch Vertrag

Aus der Möglichkeit eines Vertrags zugunsten dritter Staaten kann aber nur begrenzt auf die Möglichkeit eines Vertrages zugunsten von Individuen geschlossen werden. In den Vorentwürfen zur WVRK war zunächst auch die Möglichkeit von Verträgen zugunsten von Individuen geregelt, die Völkerrechtsunmittelbarkeit solcher Rechte wurde jedoch nicht angesprochen. Die International Law Commission strich diesen Artikel 66

---

472 *Schweisfurth*, International Treaties and Third States, ZaöRV 45 (1985), S. 653-674. Vgl aber *Charney*, Universal International Law, AJIL 87 (1993), S. 529-551.

473 StIGH, *Case of the free Zones of Upper Savoy and the District of Gex*; PCIJ Ser. A/B, No. 46, 147ff.

474 Vgl. auch StIGH, *Certain German Interests in Polish Upper Silesia*, PCIJ Ser. A, no.7, S. 28ff: "A treaty creates only law as between states which are the parties to it; in case of doubt, no right can be deduced from it in favor of third states"

später, da nicht zu erwarten sei, daß über diese Frage der Völkerrechtssubjektivität Einigkeit erzielt würde.[475]

Nach klassischer Auffassung ist die Begründung völkerrechtsunmittelbarer Rechte von Individuen durch Verträgen nicht möglich, sondern können völkerrechtliche Verträge die einzelne Person allein über die jeweiligen nationalen Rechtssysteme erreichen[476]. Sofern Personen durch völkerrechtliche Normen begünstigt wären, würden sie durch den Staat mediatisiert[477]. Unter dem Begriff der Mediatisierung wird verstanden, daß die Staatsangehörigen nicht völkerrechtsunmittelbar, sondern ihrem Staat unterworfen sind, welcher allein völkerrechtsunmittelbar ist[478]. Rechte, die einer Person gemäß Völkerrecht gewährt werden müssen, sind danach in der Regel nicht völkerrechtlicher Natur, sondern Rechte der nationalen Rechtsordnung, die der Staat der Person aufgrund seiner völkerrechtlichen Verpflichtung gewährt. Es handele sich nur um Rechte des Staates, da die Individuen weder über diese "Rechte" verfügen noch sie gegen den Staat geltend machen könnten[479]. Dementsprechend müßte das Individuum sich bei Verletzung solcher Normen an seinen Staat wenden, der dann im Wege diplomatischen Schutzes tätig wird[480].

Als Beleg dafür, daß völkerrechtliche Verträge zugunsten von Individuen völkerrechtlich möglich seien, wird oftmals das Rechtsgutachten des StIGH zu den Danziger Gerichten angeführt:

> "It may be readily admitted that, according to a well established principle of international law, the 'Beamtenabkommen' being an international agreement, cannot, as such, create direct rights and obligations for private individuals. But it cannot be disputed that the very object of an international agreement, according to the intention of the contracting parties, may be the adoption of some definite rules creating individual rights and enforceable by national courts"[481].

---

475 *Wetzel*, S. 256, 261. Vgl. auch *Fitzmaurice*, 4th Report on the Law of Treaties, ILC Yearbook 1959 II, UN Doc. A/CN.4/120, S. 49 und *Waldock*, 3rd Report on the Law of Treaties, ILC Yearbook 1964 II, UN Doc. A/CN.4/167, S. 45.

476 *Chinkin*, S. 122; *Waldock*, Third Report on the Law of Treaties, UN Doc. A/Cn.4/167, IlC Yearbook 1964 II, S. 45; *Liszt/Fleischmann*, S. 84, 85.

477 *Guggenheim*, Völkerrecht Bd.1, S. 415; *Liszt/Fleischmann*, S. 85/86.

478 Vgl. dazu *Verdross/Simma*, S. 39.

479 *Heilborn*, S. 66; *Anzilotti* , S. 98/99.

480 Zum diplomatischen Schutz siehe oben S. 70ff.

481 StIGH, *Jurisdiction of the Courts of Danzig Case* (1928), PCJ Ser.B No. 15 S. 17ff.

Aus dieser Aussage herzuleiten, daß völkerrechtliche Verträge zugunsten von Individuen möglich sind, ist jedoch problematisch. Einerseits lehnt der StIGH im ersten Satz des Zitats die Möglichkeit ab, daß völkerrechtliche Verträge direkt Rechte und Pflichten Privater begründen, anderseits erkennt er danach im zweiten Satz an, daß Ziel eines Vertrages nach dem Willen der Parteien sein kann, Vorschriften anzunehmen ("adoption"), die individuelle Rechte begründen und von nationalen Gerichten durchsetzbar sind. Während *Lauterpacht* das Gutachten als Beweis der möglichen völkerrechtlichen Stellung von Individuen unter völkerrechtlichen Verträgen sieht[482], sind andere Autoren etwas skeptischer und meinen, daß die Aussage des StIGH sich darauf beschränkt habe, daß Staaten sich verpflichten können, innerstaatlich Rechte von Individuen zu schaffen[483]. Das im Fall streitgegenständliche Beamtenabkommen war von Polen nicht in innerstaatliches Recht umgesetzt worden, aber unmittelbar anwendbar. Da es aber vom nationalen Recht abhängt, ob ein unmittelbar anwendbarer Vertrag auch unmittelbar angewandt werden darf[484], wird vertreten, daß die Anwendung des Beamtenabkommens durch die Danziger Gerichte letztlich auf einer Vorschrift des innerstaatlichen Rechts beruht habe[485].

Es kann aber letztlich dahingestellt bleiben, ob die klassische Auffassung zutrifft, und wie das Diktum des Ständigen Internationalen Gerichtshofs auszulegen ist. Denn sowohl die klassische Auffassung als auch das Rechtsgutachten des StIGH beruhen auf dem bereits abgelehnten Verständnis, daß Völkerrecht nur zwischenstaatliches Recht sei und daher nur Staaten Völkerrechtssubjekte seien. Das Konzept der Mediatisierung setzt - wenn man es absolut versteht[486] - ebenfalls eine Begrenzung des Völkerrechts auf zwischenstaatliche Beziehungen voraus. Akzeptiert man aber die Völkerrechtssubjektivität des Individuums, so sind

482 *Lauterpacht*, International Law, S. 27-29.

483 *Buergenthal*, RdC 235 (1992 IV), S. 301, 323/4, *McNair*, Law of Treaties, S. 331; *Wetzel*, S. 237.

484 *Kunig*, in *Vitzthum*, Völkerrecht, S. 124; *Buergenthal*, RdC 235 (1992 IV), S. 301, 324.

485 *Buergenthal*, RdC 235 (1992 IV), S. 313, 324; *Dahm*, Völkerrecht Bd. 3, S. 414.

486 Tatsächlich wenden sich Verträge in der Regel noch an Staaten und bedürfen der Konkretisierung als staatliches Recht. Bei diesem Verständnis der Mediatisierung handelt es sich aber um eine Frage des Norminhalts, vgl. *Dahm/Delbrück/Wolfrum*, S. 101.

auch völkerrechtliche Verträge, die unmittelbar Rechte von Individuen schaffen, möglich. Die innerstaatliche Geltung und Anwendbarkeit eines Vertrages bewirken auch nicht, daß ein Recht an sich erst geschaffen wird. Sie bewirken nur, daß die völkerrechtlichen Normen von innerstaatlichen Organen als nationales Recht angewandt werden können. Die Frage, ob eine völkerrechtliche Norm ein völkerrechtliches Recht des Einzelnen begründet, kann ferner nicht vom nationalen Recht, sondern nur vom Völkerrecht selbst entschieden werden. Das nationale Recht entscheidet nur, ob und wie diese Rechte innerstaatlich gelten. Über die Geltung der Rechte auf völkerrechtlicher Ebene kann es nichts aussagen. Ebensowenig wie Staaten die Nichterfüllung völkerrechtlicher Verträge mit Vorschriften des nationalen Rechts entschuldigen können, kann die völkerrechtliche Rechtszuweisung vom nationalen Recht abhängen. Denn andernfalls könnten Staaten eine völkerrechtliche Rechtsstellung des Individuums dadurch verhindern, daß sie den Vertrag nicht umsetzen. Eine solche Nichtumsetzung kann aber nur verhindern, daß sich das Individuum innerstaatlich auf den Vertrag berufen kann, nicht jedoch den Vertrag selbst beeinflussen.

Da Individuen grundsätzlich völkerrechtsfähig sind, spricht nichts dagegen, daß völkerrechtliche Verträge Individuen Rechte zuweisen. Völkerrechtliche Verträge zugunsten von Individuen sind somit möglich[487]. Wann im konkreten Einzelfall eine unmittelbare Rechtszuweisung vorliegt, gilt es im folgenden herauszuarbeiten.

c) Voraussetzung der Begründung völkerrechtsunmittelbarer Rechte durch Vertrag

Voraussetzung dafür, daß eine Vorschrift eines völkerrechtlichen Vertrags unmittelbar Rechte von Individuen begründet, ist, daß die zu untersuchende Vertragsbestimmung inhaltlich unmittelbar anwendbar ist (1) und daß die Vertragsparteien nicht nur zwischenstaatliche Pflichten, sondern auch Rechte der Individuen begründen wollten (2). Umstritten ist,

---

487 *Delbrück*, Menschenrechte, S. 11; *Verdross/Simma*, S. 256; *Wetzel*, S. 260; *Dahm*, Völkerrecht Bd.1, S. 116; *Seidl-Hohenveldern*, S. 177; *Jennings/Watts*, Oppenheims I/2, S. 847/848; Oberschlesisches Schiedsgericht, *Steiner and Gross v. Polen* (1928), AD 4 No. 188.

ob ferner eine prozedurale Berechtigung, also die Möglichkeit der Rechtsdurchsetzung, bestehen muß (3).

(1) Inhaltlich unmittelbar anwendbar

In der Regel werden völkerrechtliche Verträge nicht direkt den Staatsangehörigen der Vertragsstaaten Rechte zuweisen, sondern erst noch staatlicher Konkretisierung bedürfen, so daß die Rechte der Individuen dann innerstaatlicher Natur sind[488]. Auf der Grundlage dieser Prämisse wird ein völkerrechtlicher Vertrag daher nur dann unmittelbar Rechte zuweisen können, wenn die fraglichen Normen nicht noch staatlicher Konkretisierung bedürfen. Dies ist dann der Fall, wenn der Vertrag "self-executing" bzw. unmittelbar anwendbar ist[489].

Völkervertragsrechtliche Normen können vom Inhalt her unmittelbar angewendet werden und auch Rechte der Individuen begründen, wenn sie unbedingt sind, eine Handlungs- oder Unterlassungspflicht statuieren, welche keine weiteren Vollzugsmaßnahmen der Mitgliedstaaten erfordert und diesen keinen Ermessensspielraum lassen[490]. Daß eine Norm diese

---

488 *Dahm/Delbrück/Wolfrum*, S. 101 , *Seidl-Hohenveldern*, S. 121; *Kunig*, in: *Vitzthum*, Völkerrecht, S. 123.

489 Zum Begriff ausführlich *Koller*, S. 14ff; *Buergenthal*, Self-executing and non-self-executing Treaties; RdC 235 (1992 IV), S. 301ff. Dabei erscheint es zweckmäßig, zwischen zwei Fragen zu unterscheiden: Die erste Frage ist, ob ein Vertrag ohne staatliche Konkretisierung unmittelbar angewandt werden kann. Dabei handelt es sich um eine Frage des Norminhalts. Die zweite, davon getrennt zu behandelnde Frage ist, ob ein unmittelbar anwendbarer Vertrag ohne staatlichen Anwendungsbefehl auch innerstaatlich angewendet werden d a r f, also unmittelbar gilt, vgl. *Koller*, S. 215. Das wiederum hängt davon ab, ob dem staatlichen Recht eine monistische oder dualistische Konzeption zugrundeliegt. Da aber die innerstaatliche Geltung in dieser Untersuchung außen vor bleibt, ist nur die unmittelbar Anwendbarkeit zu untersuchen.

490 Vgl. EuGH, Rs. 26/62 (*van Gend & en Loos*), Slg. 1963, S. 1, ff und Rs. 57/65 (*Lütticke*), Slg. 1966, S. 257ff sowie *Groeben/Thieling/Ehlermann*, Artikel 189 Rn. 10.Dies sind die Kriterien, die der EuGH für die unmittelbare Anwendbarkeit des EG-Vertrages entwickelt hat. Der EuGH hatte schon früh zu entscheiden, ob die Marktbürger unmittelbar aus Bestimmungen des EG-Vertrages Rechte ableiten können. Zwar stellt das Gemeinschaftsrecht eine eigene Rechtsordnung und kein Völkerrecht mehr dar. Insofern hat außer Betracht zu bleiben, warum die jeweiligen Normen des EG-Vertrages i n n e r s t a a t l i c h unmittelbar Rechte des Einzelnen begründen, da der EuGH dies mit den Besonderheiten des EG-Vertrages begründet

Voraussetzungen erfüllt, bedeutet aber noch nicht, daß sie auch tatsächlich völkerrechtliche Rechte des Individuums begründet.

(2) Zuweisung eines Rechts und nicht nur einer Begünstigung

Die konkrete Norm des völkerrechtlichen Vertrages muß ferner auch ein Recht zuweisen und nicht nur eine Begünstigung als Reflex der Erfüllung der zwischenstaatlichen Verpflichtungen enthalten. Gemeinsamer Ausgangspunkt in beiden Fällen ist, daß die Erfüllung der völkerrechtlichen Norm eine für das Individuum günstige Rechtsfolge enthält. Handelt es sich um eine rein zwischenstaatliche Verpflichtung, so kann nur eine Vertragspartei von der anderen die Befolgung der im Vertrag festgelegten Handlungs- oder Unterlassungspflicht verlangen. Handelt es sich dagegen nicht nur um eine zwischenstaatliche Verpflichtung, sondern auch um ein Recht des begünstigten Individuums, so kann auch das Individuum die Befolgung dieser Pflicht verlangen. Entscheidend dafür, ob eine nur rein zwischenstaatliche Verpflichtung und damit nur eine Begünstigung des Individuums erzeugt wird, oder auch eine Berechtigung des am Vertrag unbeteiligten Individuums, ist der Wille der Vertragsparteien[491]. Diesen Willen gilt es durch Vertragsinterpretation festzustellen.

(3) Keine prozedurale Berechtigung erforderlich

Eine Vielzahl von Autoren vertritt die Ansicht, daß entscheidendes Abgrenzungskriterium zwischen einer bloßen Begünstigung als Rechtsreflex und einem eigenem Recht die Einräumung einer prozeduralen Rügemöglichkeit sei. Nach *Verdross/Simma* soll nur dann eine völkerrechtliche Berechtigung vorliegen, wenn dem Individuum durch eine Völkerrechts-

---

hat. Die Frage, wann aber eine Norm inhaltlich geeignet ist, unmittelbar angewendet zu werden, hängt nicht mehr mit dem Normrang oder der Rechtsquelle zusammen, sondern nur noch mit dem Norminhalt. Aufgrund der strukturell gleichen Problematik sind diese Kriterien geeignet, auch hier angewendet werden. Die Kriterien der völkerrechtlichen Literatur werden hier als ungeeignet angesehen, denn sie vermengt meist Anwendbarkeit und Geltung und beschränkt sich auf die Aussage, daß der Vertrag ohne weitere Ausführungakte von staatlichen Organen ausgeführt werden können muß, so *Koller*, S. 214; *Ross*, S. 189; *Bleckmann*, Self-Executing Treaty Provisions, in: EPIL Bd. 7, S. 414; *Buergenthal*, RdC 235 (1992 IV), S. 301, 317.

491 *Wetzel*, S. 237; *Heilborn*, S. 65.

norm "unmittelbar das Recht eingeräumt wird, von einem Staat in einem völkerrechtlichen Verfahren ein Verhalten fordern zu können"[492]. *Kelsen* behauptet "the existence of a right is dependent upon a capacity to initiate an action leading to the enforcement of this right"[493]. Dabei fordert er ein internationales Verfahren[494]. Andere Autoren schließen sich in unterschiedlichen Formulierungen an[495].

Dieser Ansicht ist zunächst entgegenzusetzen, daß sie zwischen Staaten und Individuen differenziert, ohne diese Differenzierung begründen zu können. Denn auch Staaten steht keine allgemeine prozedurale Rügemöglichkeit zu. Sie haben nur dann die Möglichkeit, in einem völkerrechtlichen Verfahren die Einhaltung einer Völkerrechtsnorm zu verlangen, wenn dies ausdrücklich vereinbart wurde. Eine solche Vereinbarung kann z.B. ein "submission agreement" nach Artikel 36 des IGH-Statuts sein. Daß nur Staaten vor dem IGH auftreten können, ist darauf zurückzuführen, daß der IGH nur für Staaten zuständig ist, nicht aber, daß nur Staaten klagen können. Ferner spricht gegen diese Ansicht, daß sie terminologisch einen Zirkelschluß beinhaltet. Die Existenz eines Rechts kann nicht von einer prozeduralen Kapazität abhängen, dieses Recht durchzusetzen. Die prozedurale Kapazität bezieht sich auf ein bestehendes Recht und kann daher nicht Voraussetzung dieses Rechts sein.

Aber auch ansonsten kann diese Ansicht nicht überzeugen. Es wurde bei der Erläuterung des Konzeptes der Völkerrechtsfähigkeit dargelegt, daß zwischen Rechts- und Handlungsfähigkeit grundsätzlich zu unterscheiden ist und der Besitz eines Rechtes nicht unbedingt bedeutet, daß dieses Recht auch ausgeübt werden kann. Dementsprechend kann die Rechtsträgerschaft nicht davon abhängig sein, daß der Begünstigte einer rechtlichen Norm die prozedurale Kapazität besitzt, die Rechtsfolge der Norm in eigenem Namen durchzusetzen[496]. Von dieser Ansicht ging auch der IGH im *Reparations-Fall* aus, als er feststellte

---

492 *Verdross/Simma*, S. 256.

493 *Kelsen*, Principles of International Law, S. 232.

494 *Kelsen*, S. 234.

495 *Liszt/Fleischmann*, S. 86; *Okeke*, S. 19; *Ross*, S. 106; wohl auch *Broms*, S. 418 und *Menon*, S. 85; *Seidl-Hohenveldern*, International Economic Law, S. 11.

496 *Lauterpacht*, International Law, S. 27; *O'Connell*, International Law Bd.1, S. 119; *Higgins*, Problems and Process, S. 53.

" .. that the Organisation is an international person. That is not the same thing as saying that it is a state, which it is certainly not, [..]. What it does mean is that it is a subject of international law and capable of possessing international rights and duties, and that that it has capacity to maintain its rights by bringing international claims."[497]

und insoweit zwischen Rechts- und Durchsetzungsfähigkeit differenzierte. Die Notwendigkeit einer prozeduralen Kapazität läßt sich ferner nicht als Gegenschluß aus dem Institut des diplomatischen Schutzes begründen. Werden Individuen durch einen völkerrechtlichen Vertrag Rechte zugestanden, aber keine völkerrechtliche prozedurale Kapazität, so kann auf völkerrechtlicher Ebene nur deren Heimatstaat tätig werden. Wie der StIGH im *Mavrommatis-Concessions-Case* ausgeführt hat, macht der Staat dabei sein eigenes Recht geltend:

"By taking up the case of one of its subjects and by resorting to diplomatic action or international judicial proceedings, a state is in reality asserting its own rights - its right to ensure, in the person of its subjects, respect for the rules of international law."[498]

Zwar kann nur die Partei, der eine völkerrechtliche Verpflichtung geschuldet wird, einen Anspruch wegen ihrer Verletzung vorbringen[499]. Somit muß der Staat ein eigenes Recht geltend machen. Daß ihm, und nur ihm, das materielle Recht zusteht, kann daraus jedoch nicht abgeleitet werden[500]. Denn wenn Individuen durch völkerrechtlichen Vertrag grundsätzlich Rechte eingeräumt werden können, so ist neben dem Individuum auch der Staat völkerrechtlich berechtigt und kann verlangen, daß seine Angehörigen vertragsgemäß behandelt werden. Ferner kann das "eigene Recht" des Staates auch als formelles Schutzrecht des Staates verstanden werden, seine Staatsangehörigen vor völkerrechtswidriger Behandlung im Ausland zu schützen[501]. Letztlich läßt sich der diplomatische Schutz auch schlüssig begründen, wenn man das beeinträchtigte

---

497 ICH, *Reparations for Injuries*, ICJ Reports 1949, S. 174, 179 (Hervorhebung vom Verfasser).

498 StIGH, *The Mavrommatis Palestine Concessions* (1924), PCIJ Ser. A No.2, S. 12.

499 IGH, *Reparations for Injuries*, ICJ Reports 1949, S. 174, 181/2.

500 Anders anscheinend aber *Seidl-Hohenveldern*, S. 177; *Hailbronner*, in: *Vitzhum*, Völkerrecht, S. 213; *Verdross/Simma*, S. 878.

501 So *Higgins*, Problems and Process, S. 53; *Dahm*, Völkerrecht Bd.3, S. 255; *Lauterpacht*, International Law and Human Rights, S.55.

Recht dem Individuum zurechnet. Denn wenn der Staat den Anspruch seines Staatsangehörigen aufnimmt, so muß ein solcher Anspruch des Angehörigen vorher bestehen[502]. Der Staatsangehörige kann nur dann den innerstaatlichen Rechtsweg erschöpfen und dort Wiedergutmachung verlangen, wenn er einen Anspruch hat. Ein Anspruch nach innerstaatlichem Recht wird z.B. in Fällen der entschädigungslosen Enteignung gerade nicht gegeben sein, vielmehr wird nach innerstaatlichem Recht die Maßnahme rechtmäßig und nur nach Völkerrecht rechtswidrig sein. Der geltend gemachte Anspruch muß daher eigentlich völkerrechtlich sein und daß verletzte Recht auch dem Individuum zustehen.

Es ist somit für die Rechtsträgerschaft nicht notwendig, daß das Individuum die ihn begünstigende Rechtsfolge auch selbst geltend machen kann[503]. Ist es aber keine notwendige Voraussetzung für die Rechtsträgerschaft, kann es auch nicht entscheidendes Abgrenzungskriterium dafür sein, ob ein Recht oder eine Begünstigung vorliegt. Eine prozedurale Kapazität muß somit nicht vorliegen. Entscheidend ist vielmehr allein der Wille der Staaten. Liegt aber eine prozedurale Berechtigung vor, ist dies maßgebliches Indiz für den Willen der Staaten, unmittelbare Rechte der Individuen zu begründen. Denn warum sollten die Vertragsparteien dem Individuum die Möglichkeit einräumen, vor einem völkerrechtlichen Tribunal die Verletzung einer Norm zu rügen, wenn sie damit nicht auch eigene Rechte des Individuums begründen wollten.

3. Zusammenfassung

Völkerrechtliche Verträge können Individuen unmittelbar Rechte einräumen. Voraussetzung dafür ist erstens, daß die fragliche Norm inhaltlich unmittelbar anwendbar ist. Das ist sie dann, wenn sie unbedingt ist. Zweitens müssen die Vertragsstaaten auch ein Recht des Individuums begründen wollen, wobei nicht notwendig ist, daß den Individuen auch die Möglichkeit eingeräumt wird, dieses Recht durchzusetzen. Liegt eine solche Möglichkeit aber vor, indiziert sie einen entsprechenden Willen der Vertragsparteien.

---

502 Vgl. *O'Connell*, International Law Bd. I, S. 119.

503 *Higgins*, Problems and Process, S. 55; *Delbrück*, Menschenrechte, S. 12; *Lauterpacht*, International Law, S. 27.

III. Völkerrechtsunmittelbare Ansprüche des Investors unter dem Energiechartavertrag

Ergebnis der vorangegangenen Untersuchung war, daß natürlichen und juristischen Personen durch völkerrechtlichen Vertrag unmittelbar völkerrechtliche Rechte verliehen werden können, wenn die fraglichen Vorschriften unmittelbar anwendbar sind und ein entsprechender Wille der Vertragsparteien festgestellt werden kann. Auf dieser Basis ist im folgenden zu überprüfen, ob die Vorschriften des dritten Teils des Energiechartavertrages, deren Verletzung der Investor gemäß Artikel 26 Abs. 2 ECT rügen kann, eigene völkerrechtliche Rechte des Investors begründen. Dabei gilt es zunächst, die Normen daraufhin zu überprüfen, ob sie den Anforderungen an eine unmittelbare Anwendbarkeit genügen (1). Danach ist dann zu ermitteln, ob es auch der Wille der Vertragsstaaten war, völkerrechtsunmittelbare Rechte der Investoren zu schaffen (2).

1. Inhaltliche Bestimmtheit

Zunächst müßten die Normen des dritten Teils des ECT, deren Verletzung der Investor im Verfahren nach Artikel 26 ECT rügen kann, inhaltlich unbedingt sein und keiner weiteren Konkretisierung durch den Staat mehr bedürfen. Es muß nicht wortwörtlich ein "Recht" statuiert werden, aber eine unbedingte Handlungs- oder Unterlassungspflicht der Vertragsstaaten vorgesehen sein.

Artikel 10 enthält im wesentlichen drei verschiedene Regelungen. Die Investitionen sollen dauerhaften Schutz und Sicherheit genießen ("*shall enjoy the most constant protection and security*"), keine Vertragspartei darf durch unverhältnismäßige oder diskriminierende Maßnahmen diese Investitionen beeinträchtigen, und jede Vertragspartei soll ihre Verpflichtungen gegenüber einem Investor oder dessen Investition einhalten. Diese Gebote sind hinreichend bestimmt und unbedingt, um unmittelbar angewendet zu werden. Zwar kann mit Ausnahme der Verpflichtung, Verträge einzuhalten, keine der beiden anderen Gebote direkt auf einen streitigen Fall angewandt werden. Es wird immer noch durch eine Konkretisierung im Einzelfall festzustellen sein, ob der mögliche Schutz gewährt wurde oder die Maßnahmen diskriminierend waren. Diese notwendige Konkretisierung ist aber nur Folge des allgemeinen Charakters dieser Verpflichtungen, die ja für eine Vielzahl von - im Detail nicht vorhersehbaren - Fällen gelten müssen.

Artikel 11 Absatz 1 gibt schon dem Wortlaut nach kein Recht auf Einreise, sondern verpflichtet den Staat nur, Anträge auf Einreise und Aufenthaltserlaubnis wohlwollend zu beurteilen. Wann eine Verletzung dieser Pflicht vorliegt, dürfte schwierig festzustellen sein. Es ließe sich nur vorstellen, daß bei diskriminierender Verweigerung (z.B. Angestellte von Esso erhalten Visa, aber nicht die von BP) eine Vertragsverletzung vorliegt. Da aber anderseits jeder Staat frei bestimmen kann, wer sein Territorium betritt, ist Artikel 11 Abs. 1 nicht hinreichend bestimmt und daher nicht unmittelbar anwendbar. Artikel 11 Abs. 2 dagegen ist unbedingt und bedarf keiner weiteren Konkretisierung. Staaten sind verpflichtet, Investoren oder deren Investitionen die Beschäftigung von Personal zu erlauben, für das sie Visa erteilt haben, und für die Dauer und zu den Bedingungen dieser Visa.

Auch Artikel 12 und Artikel 13, die das Recht auf Schadensersatz bei Kriegsschäden und auf Entschädigung bei Enteignung regeln, sind unbedingt und bedürfen keiner weiteren Konkretisierung. Zwar ist Artikel 13 anscheinend insoweit bedingt, als daß Investitionen nicht enteignet werden dürfen, es sei denn die Enteignung ist im öffentlichen Interesse, nicht diskriminierend, erfolgt in einem geordneten Verfahren und ist von prompter, effektiver und angemessener Entschädigung begleitet. Diese "Bedingungen" sind aber nur Voraussetzungen für die rechtmäßige Enteignung durch den Staat. Die Pflicht, nur bei Vorliegen dieser Voraussetzungen zu enteignen und an den Investor eine Entschädigung zu zahlen, ist hingegen unbedingt und hinreichend konkret.

Artikel 14 regelt die Verpflichtung des Staates, den freien Kapitalverkehr zu gewährleisten, wobei exemplarisch bestimmte Kapitalformen aufgezählt werden und Absatz 2 bestimmt, daß dieser Transfer in einer konvertierbaren Währung zu erfolgen hat. Daß die Absätze 4-6 Ausnahmen regeln, kann an der Unbedingtheit nichts ändern, da auch die Ausnahmen wiederum unbedingt sind und keiner weiteren Konkretisierung mehr bedürfen.

Es kann mithin festgestellt werden, daß die wesentlichen Verpflichtungen des dritten Teils des Energiechartavertrages, deren Verletzung Gegenstand eines Schiedsverfahrens zwischen Investor und Staat nach Artikel 26 sein kann, allesamt die Voraussetzungen für eine unmittelbare Rechtszuweisung erfüllen.

2. *Wille der Vertragsparteien, völkerrechtsunmittelbare Rechte zu begründen*

Ob die Vertragsparteien den Willen hatten, völkerrechtsunmittelbare Rechte der Investoren zu begründen, ist durch Auslegung des Energiechartavertrages gemäß den Artikel 31-33 der Wiener Vertragsrechtskonvention zu ermitteln. Wenn nicht alle Vertragsparteien des ECT auch Vertragsstaaten der WVRK sind, so sind die in diesen Artikeln kodifizierten Grundsätze doch als Widerspiegelung geltenden Völkergewohnheitsrechts anwendbar[504].

a) *Grammatikalische Auslegung*

Der Wortlaut der Artikel 10-14 ECT erfüllt zwar die Voraussetzungen für eine unmittelbare Anwendbarkeit, spricht aber nur von Verpflichtungen der Staaten. Diese Verpflichtungen müßten nicht unbedingt gegenüber den Investoren, sondern könnten sehr gut auch nur gegenüber den anderen Vertragsstaaten bestehen. Aus dem Wortlaut kann insoweit weder geschlossen werden, daß völkerrechtsunmittelbare Rechte begründet werden sollen, noch daß es sich nur um zwischenstaatliche Verpflichtungen handelt. Der Wortlaut ist daher neutral.

b) *Systematische Auslegung*

Ein Wille der Vertragsparteien, völkerrechtsunmittelbare Rechte von Investoren zu schaffen, könnte sich aus dem Zusammenhang mit anderen Vorschriften des Energiechartavertrages ergeben.

Artikel 17 des Vertrages, der noch zum 3. Teil gehört, könnte dafür sprechen, daß die Vertragsstaaten nur zwischenstaatliche Verpflichtungen eingehen wollten. Gemäß dieser Vorschrift behalten sich die Vertragsstaaten das Recht vor, die Vorteile ("advantages") des ECT folgenden Gruppen nicht zu gewähren ("grant"): Scheinfirmen, d.h. Firmen, die in einem Vertragsstaat keine substantielle Geschäftsaktivität haben und von Drittstaatsangehörigen kontrolliert werden; einer Investition, wenn deren Investor aus einem Nicht-Vertragsstaat stammt, mit dem dieser Vertragsstaat keine diplomatischen Beziehungen unterhält oder dem ge-

504 *Jennings/Watts*, Oppenheims I/2, S. 1271; *Ipsen*, S. 123.

genüber Maßnahmen bestehen, die Transaktionen verbieten. Daß den Vertragsparteien des ECT freigestellt wird, diesen Gruppen die Vorteile nicht zu gewähren, könnte dafür sprechen, daß es sich nicht um eigene völkerrechtsunmittelbare Rechte handelt. Denn diese würden nicht vom Staat gewährt werden. Demnach könnte es sich bei den Art. 10-14 ECT um reine Begünstigungen handeln. Andererseits ist zu bedenken, daß es bei diesen "Gruppen" sich nicht um "Investoren" i.S.v. Artikel 1 Abs. 7 ECT handelt, da sie nicht einem Vertragsstaat zuzurechnen sind und die Gewährung dieser Rechte daher im staatlichen Ermessen liegt. Die Erstreckung der Vertragsverpflichtungen ihnen gegenüber könnte sich aus *Most-Favoured-Nation*-Klauseln in anderen völkerrechtlichen Verträgen ergeben, so daß ihnen nur ein Reflex einer zwischenstaatlichen Verpflichtung zugute käme. Auch aus Artikel 17 läßt sich somit nicht auf einen eindeutigen Willen der Vertragsstaaten schließen, weder für noch gegen die Schaffung völkerrechtsunmittelbarer Rechte.

Ebenfalls nicht aufschlußreich ist Artikel 47 Abs. 3 ECT. Bei einer Kündigung des Vertrages durch eine Vertragspartei gelten die Vorschriften des Vertrages noch 20 Jahre für Investitionen auf dem Gebiet dieser Partei und für Investoren dieser Partei in anderen Vertragsstaaten. Da mit Kündigung des Vertrages dieser im Regelfall nicht mehr im nationalen Recht gilt, nationale Rechte also nicht mehr geltend gemacht werden können, könnte man daraus ableiten, daß der Energiechartavertrag völkerrechtsunmittelbare Rechte der Investoren begründet. Artikel 47 Absatz 3 ECT läßt sich aber auch mit einer Konzeption des dritten Teils des Vertrages als rein zwischenstaatliche Verpflichtungen vereinbaren. Denn gemäß Artikel 70 Absatz 1 lit. a) der Wiener Vertragsrechtskonvention berührt die Kündigung eines Vertrages nicht die vor Beendigung eines Vertrages begründeten Rechte und Pflichten der Vertragsparteien. Demnach würde eine Kündigung des Energiechartavertrages die Pflichten der Staaten, Investoren vertragsgemäß zu behandeln, nicht berühren. Artikel 47 Abs. 3 ECT begrenzt nur den Zeitraum, in dem die vor Kündigung begründeten Pflichten gegenüber den Investoren noch weitergelten.

Ein Indiz für einen Willen der Vertragsparteien, völkerrechtsunmittelbare Rechte der Investoren zu schaffen, folgt aus dem anläßlich des Vertragsabschlusses getroffenen "Understanding", welches wie der Energiechartavertrag Bestandteil der Schlußakte der Vertragskonferenz ist. Gemäß Art. 31 Abs. 2 (a) der WVRK sind Übereinkünfte der Vertragsparteien, die anläßlich des Vertragsabschlusses zwischen allen Vertragsparteien geschlossen wurde, in der systematischen Auslegung zu berücksichtigen. In Punkt 16 des "Understanding" haben die Repräsentanten vereinbart, Artikel 26 Abs. 2 (a) sei *nicht* so zu interpretieren, daß er eine Vertragspartei zur Umsetzung des dritten Teils des Vertrages in deren nationales Recht verpflichte. Artikel 26 Abs. 2 (a) sieht vor, daß eine Investitionsstreitigkeit vom Investor auch den nationalen Gerichten des Gaststaates vorgelegt werden kann. Der Vertrag kann zwar nicht vorschreiben, daß er auch ohne Umsetzung innerstaatlich gilt, da die Frage der innerstaatlichen Geltung vom nationalen Recht entschieden wird. Wenn die nationalen Gerichte den 3. Teil des Vertrages aber anwenden können sollen, ohne daß der Vertrag notwendigerweise in nationales Recht umzusetzen ist, läßt sich daraus schließen, daß der Vertrag selbst Rechte der Investoren begründen soll. Das Understanding zu Artikel 26 Abs. 2 (a) ECT spricht damit für einen Willen der Vertragsstaaten, daß Teil III des ECT unmittelbar Rechte der Investoren begründen soll.

c) Teleologische Auslegung

Letztlich spricht der Streitbeilegungsmechanismus des Artikels 26 Energiechartavertrag entscheidend für einen Willen der Vertragsparteien, unmittelbare völkerrechtliche Rechte der Investoren zu begründen. Dieser Mechanismus ermöglicht es, Streitigkeiten wegen der angeblichen Verletzung des dritten Teils des ECT direkt zwischen Staat und Investor unter Ausschluß diplomatischen Schutzes durch den Heimatstaat beizulegen. Warum aber sollten die Vertragsparteien es Investoren ermöglichen, die Verletzung von Vertragsvorschriften in eigenem Namen vor einem Schiedsgericht zu rügen, wenn diese Vorschriften nicht auch eigene Rechte der Investoren begründen sollten ? Eine Auslegung als rein zwischenstaatliche Verpflichtungen würde die Effektivität der Streitbeilegung beeinträchtigen, denn der Rechtsschutz des Investors wäre dann abhängig von der Umsetzung des Vertrages in nationales Recht. Wenn eine Vertragspartei den Vertrag nicht in nationales Recht umsetzt, oder durch nachfolgende Gesetzgebung Inhalt und Umfang des Investitionsschutzes abändert, wäre der Investor dann auf diese innerstaatliche Rechtslage beschränkt. Eine vertragswidrige, aber innerstaatlich rechtmäßige Enteignung könnte dann nicht vom Investor, sondern nur vom Heimatstaat im Wege diplomatischen Schutzes gerügt werden. Dieser könnte wegen der

Verletzung eigener Rechte den Anspruch des Investors aufnehmen und völkerrechtlich geltend machen. Abgesehen davon, daß eine solche Konstruktion Einwänden ausgesetzt ist[505], widerspricht sie dem klaren Willen der Vertragsparteien, eine Streitbeilegung außerhalb des Systems des diplomatischen Schutzes zu ermöglichen. Eine Auslegung der Investitionsschutzvorschriften als rein zwischenstaatliche Verpflichtungen ließe sich nur mit Art. 26 ECT in Übereinstimmung bringen, wenn man davon ausginge, daß die Investoren die Rechte ihrer Heimatstaaten in einem eigentlich zwischenstaatlichen Verfahren im eigenen Namen geltend machen, also in Prozeßstandschaft handeln. Dagegen spricht aber nicht nur, daß der Energiechartavertrag differenziert zwischen "Streitigkeiten zwischen Staat und Investor" in Art. 26 und "Streitigkeiten zwischen Vertragsparteien" in Art. 27. Gegen eine Prozeßstandschaft spricht auch, daß - sofern ein Schiedsverfahren nach Art. 26 ECT eingeleitet wird - eine Schiedsvereinbarung direkt zwischen Staat und Investor zustandekommt und damit nicht nur das gesamte Erkenntnisverfahren, sondern auch das Vollstreckungsverfahren nach der New Yorker Konvention in der Hand des Investors liegt und der Heimatstaat völlig ausgeschlossen ist.

Sinn und Zweck des Art. 26 ECT sprechen daher für einen Willen der Vertragsstaaten, völkerrechtsunmittelbare Rechte der Investoren zu begründen.

3. Zusammenfassung und Zwischenergebnis

Die Vorschriften der Artikel 10, 11 Absatz 2, 12, 13 und 14 begründen unmittelbare völkerrechtliche Rechte der Investoren. Sie sind unmittelbar anwendbar, denn sie begründen unbedingte und hinreichend konkrete staatliche Handlungs- und Unterlassungspflichten. Daß die Vertragsparteien des Energiechartavertrages nicht nur zwischenstaatliche Verpflichtungen, sondern eigene Rechte der Investoren schaffen wollten, ergibt sich aus einer systematischen Auslegung des Vertrages. Neben dem anläßlich des Vertragsabschlusses vereinbarten "Understanding" spricht entscheidend die Ausgestaltung des Streitbeilegungsverfahren des Artikels 26 ECT für eine solche Interpretation.

Der Energiechartavertrag verleiht Investoren Völkerrechtssubjektivität und damit allen natürlichen und juristischen Personen, die Staatsan-

505 Vgl. oben S. 135.

gehörige einer Vertragspartei sind und in einer anderen Vertragspartei Investitionen im Energiesektor besitzen bzw. kontrollieren. Die Zuerkennung der Völkerrechtssubjektivität knüpft nicht an die Größe oder Struktur einer juristischen Person an und ist daher nicht auf transnationale Unternehmen beschränkt. Vielmehr knüpft sie allein an das Merkmal "Investion im Energiesektor" an, das von der Geoexploration über den Ölimport bis zum Verkauf an einer Tankstelle alle wirtschaftlichen Aktivitäten umfaßt, so daß neben großen Ölfirmen wie z.B. Shell als niederländischer Firma auch ein deutscher Tankstellenpächter in Frankreich Völkerrechtssubjekt sein kann.

C. Rechtliche Einordnung von Staat-Investor-Schiedsverfahren unter Artikel 26 ECT

I. Rechtliche Einordnung von Schiedsverfahren

Die Analyse der rechtlichen Stellung der Investoren unter dem Energiechartavertrag hat zu dem Ergebnis geführt, daß Investoren Völkerrechtssubjekte sind und somit völkerrechtliche Ansprüche geltend machen können. Im Gegensatz zu der materiellen Rechtslage stellt sich die prozessuale Situation als eine Gemengelage völkerrechtlicher Vorschriften des Energiechartavertrages und Regelungen der internationalen privaten Wirtschaftsschiedsgerichtsbarkeit wie z.B. den UNCITRAL-Schiedsregeln dar. Das Bestehen dieser Gemengelage führt direkt zu der Frage, wie die Verfahren, die auf der Basis von Artikel 26 Energiechartavertrag zustandekommen, rechtlich einzuordnen sind.

1. Die Frage nach der rechtlichen Einordnung als Frage nach der lex arbitri eines Schiedsverfahrens

Der Begriff der "rechtlichen Einordnung" betrifft die Frage, welche Rechtsordnung die *lex arbitri* eines Schiedsverfahrens darstellt, welche Rechtsordnung also über die Gültigkeit des Verfahrens und des Schiedsspruches entscheidet.

Es wurde bereits im Rahmen der Erörterung der internationalen Wirtschaftsschiedsgerichtsbarkeit ausgeführt, daß ein Schiedsverfahren nicht nur aufgrund der Notwendigkeit eines effektiven Schiedsspruchs an eine

- grundsätzlich nationale - Rechtsordnung gebunden ist, sondern daß auch rechtstheoretisch ein externer Beurteilungsmaßstab notwendig ist[506]. Die Gültigkeit einer Schiedsvereinbarung, des Schiedsverfahrens und des Schiedsspruches kann nicht allein durch die interne vertragliche Vereinbarung der Parteien legitimiert werden. Eine vertragliche Vereinbarung, die sich selbst für gültig erklärt, ist von *Teubner* passend als vertragliche Version des Paradoxons vom kretischen Lügner bezeichnet worden[507]. Ebenso wie ein Vertrag nicht in einem rechtlichen Vakuum existieren kann, ist auch ein Schiedsverfahren einer Rechtsordnung verankert, der *lex arbitri*. Diese Rechtsordnung ist vom Verfahrensrecht und vom materiell anwendbaren Recht zu unterscheiden. Die Parteien können zwar das Verfahrensrecht und das materielle Recht frei wählen, aber nur innerhalb der durch die *lex arbitri* gesetzten Grenzen[508].

2. *Einordnungsmöglichkeiten*

Bei der *lex arbitri* kann es um staatliches Recht handeln, dies ist jedoch nicht zwingend. Die Analyse der rechtlichen Einordnung der Verfahren, die auf der Basis des Energiechartavertrages zustandekommen (der Einfachheit halber hiernach ECT-Verfahren), beruht auf der traditionellen Unterscheidung zwischen internationalen privaten Wirtschaftsschiedsverfahren zwischen zwei privaten Parteien, wie sie z.B. vor der internationalen Handelskammer ablaufen, einerseits, und völkerrechtlichen Schiedsverfahren, an denen Staaten beteiligt sind, andererseits[509]. Zum besseren Verständnis des Unterschiedes sind nachfolgend zunächst beide Verfahrensarten in ihrem Verhältnis zu nationalen Rechtsordnungen darzustellen.

---

506 Siehe oben S. 81ff.

507 *Teubner*, Global Bukowina, in: ders., Global Law without a State, S. 3, 15. Das Paradoxon des kretischen Lügners geht auf die Aussage "Alle Kreter lügen" des Kreters Epimenides (7. Jhd. V. Chr.) zurück.

508 *Berger*, Wirtschaftsschiedsgerichtsbarkeit, S. 341.

509 Diese Unterscheidung wird z.B. vorgenommen von *Schlochauer*, Arbitration, in: *Bernhardt* (HRsg), EPIL Bd.1 (1981), S. 13ff und *Mann*, State Contracts and International Arbitration, in: ders., Studies in International Law, S. 256ff.

a) *Internationale private Wirtschaftsschiedsgerichtsbarkeit*

Die private Wirtschaftsschiedsgerichtsbarkeit wird als "international" bezeichnet, wenn Parteien aus zwei verschiedenen Staaten beteiligt sind. Die Verfahren sind aber eigentlich "national", denn sie finden auf dem Territorium eines Staates statt und unterliegen dessen Rechtsordnung. Die *lex arbitri* eines internationalen privaten Schiedsverfahrens ist die Rechtsordnung des Sitzstaates des Schiedsgerichtes, welche als *lex loci arbitri* bezeichnet wird. Zwar können die Parteien eines Wirtschaftsschiedsverfahrens sowohl das Verfahrensrecht als auch das in der Hauptsache anwendbare Recht frei wählen, jedoch die zwingenden Regeln der *lex arbitri* und damit auch der *lex loci arbitri* nicht abbedingen. Die Verankerung in dieser Rechtsordnung verleiht den Schiedssprüchen nach ganz herrschender Meinung ihre bindende Kraft[510]. Die Funktion staatlicher Gerichte ist aber nicht auf die Kontrolle ergangener Schiedssprüche beschränkt. Die New Yorker Konvention verpflichtet die Gerichte der Mitgliedstaaten auch, Schiedsvereinbarungen zu respektieren und durchzusetzen. Gleichzeitig beschränkt sie die Möglichkeit, einen Schiedsspruch aufzuheben, indem die möglichen Gründe dafür erschöpfend aufzählt werden.

Die internationale private Schiedsgerichtsbarkeit wird daher durch die Einbindung in nationale Rechtsordnungen zwar staatlichen Regelungen unterworfen, diese erleichtern jedoch gleichzeitig die umfassende Durchsetzbarkeit von Schiedssprüchen.

b) *Völkerrechtliche Schiedsgerichtsbarkeit*

Die völkerrechtliche Schiedsgerichtsbarkeit wird von der Literatur traditionell auf Verfahren zwischen Staaten oder anderen Völkerrechtssubjekten begrenzt[511]. Solche völkerrechtlichen Schiedsverfahren finden

---

510 *Park*, ICLQ 32 (1983), S. 21. Auch die Vertreter der sogenannten "Delokalisierungstheorie" wie z.B. *Paulsson*, ICLQ 32 (1983), S. 53ff., streiten nicht ab, daß Schiedsverfahren der Anerkennung durch staatliche Rechtsordnungen bedürfen. Aus Praktikabilitätsgründen wollen sie dies aber auf die Rechtsordnung des Vollstreckungsstaates beschränken, da der Sitz des Schiedsgerichtes oftmals zufällig gewählt sei.

511 *Schlochauer*, Arbitration, in: *Bernhardt* (Hrsg), EPIL Bd.1 (1981), S. 13, 14. Vgl. auch Artikel 37 S.1 des I. Haager Abkommens zur friedlichen Erledigung interna-

zwar notwendigerweise auf dem Territorium eines Staates statt, sind aber völlig vom nationalen Recht gelöst und unterliegen ausschließlich dem Völkerrecht[512], das damit ihre *lex arbitri* darstellt. Die Schiedsvereinbarung, aus der die Schiedsgerichte ihre Autorität herleiten, ist in der Regel ein völkerrechtlicher Vertrag[513]. Dem Recht des Sitzstaates sind Schiedsverfahren normalerweise nicht unterworfen, da die staatliche Immunität beider Parteien verhindert, daß sie der Rechtsordnung eines anderen Staates unterliegen[514]. Es steht den beteiligten Staaten allerdings frei, auf ihre Immunität zu verzichten und das Verfahren unter der Rechtsordnung eines bestimmten Staates durchzuführen[515].

Durch die Loslösung von nationalen Rechtsordnungen ist sowohl die kontrollierende als auch die unterstützende Funktion nationaler Gerichte ausgeschaltet. Kein nationales Gericht wird eine Schiedsvereinbarung zwischen Staaten durchsetzen, Unterstützung z.B. bei der Beweiserhebung gewähren oder einen Schiedsspruch wegen gravierender Verfahrensfehler aufheben[516]. Sofern die Parteien auch nichts anderes vereinbart haben[517], fehlt auch eine völkerrechtliche Instanz, die Schiedssprüche wegen Verstoßes gegen grundsätzliche Verfahrensregeln aufheben kann. Zwar gibt es einen solchen Katalog von Aufhebungs- und Nichtigkeitsgründen, zu denen der Grundsatz der Gleichheit der Parteien sowie die Gewährung rechtlichen Gehörs zählen[518]. Ist aber keine Aufhe-

---

tionaler Streitfälle (RGBl. 1910, S. 5), der die Zuständigkeit des gleichzeitig gegründeten Permanent Court of Arbitration in Den Haag darauf beschränkt.

512 *Caron*, AJIL 84 (1990), S. 104, 112; *Mann*, State Contracts and International Arbitration, in: ders., Studies in International Law, S. 256, 257; *Lipstein*, International Arbitration, in: *Cheng/Brown*, Essays in Honour of Georg Schwarzenberger (1988), S. 177; *Rensmann*, S. 71.

513 *Mann*, State Contracts and International Arbitration, in: ders., Studies in International Law, S. 256, 257; *Caron*, AJIL 84 (1990), S. 104, 111; *van Hof*, S. 9.

514 *Caron*, AJIL 84 (1990), S. 104, 113; vgl. *Fox* , ICLQ 37 (1988), S. 1, 7; *Greenwood*, BYBIL 53 (1982), S. 27, 36.

515 *Caron*, AJIL 84 (1990), S. 104, 113; *Mann*, State Contracts and International Arbitration, in: ders., Studies in International Law, S. 256, 257; wohl auch *Rensmann*, S. 71.

516 *Rensmann*, S. 71; *Mann*, State Contracts and International Arbitration, in: ders., Studies in International Law, S. 256, 259; *Fox*, ICLQ 37 (1988), S. 1, 7.

517 Vgl. z.B. IGH, *Arbitral Award of 31. July 1989*, ICJ reports 1991, S. 53ff.

518 *Simpson/Fox*, S. 250-259; vgl. auch die "Draft Convention on Arbitral Procedure" der International Law Commission, YBILC 1953 II, S. 201, 208ff., UN Doc.

bungsinstanz vereinbart, so kann jeder beteiligte Staat die Wirksamkeit selbst beurteilen und unter Hinweis auf Nichtigkeitsgründe die Erfüllung verweigern[519]. Da das Völkerrecht somit weder eine zentrale Aufhebungs- noch eine zentrale Durchsetzungsinstanz kennt, die die entsprechende Funktion nationaler Gerichte ersetzen könnte, hängt die Effektivität eines völkerrechtlichen Schiedsverfahrens folglich allein von der Kooperation der Parteien ab[520].

c) Zusammenfassung

Völkerrechtliche und internationale private Schiedsverfahren unterscheiden sich wesentlich durch ihr jeweiliges Verhältnis zu nationalen Rechtsordnungen.

Internationale private Schiedsverfahren sind an die Rechtsordnungen von Sitz- und Vollstreckungsstaat gebunden, werden dadurch aber auch in deren Kontroll- und Vollstreckungsmechanismus eingebunden. Die Gerichte des Sitzstaates stehen zur Unterstützung und Kontrolle des Schiedsverfahrens bereit und können evident rechtswidrige Schiedssprüche aufheben. Eine erneute Kontrolle findet durch die Gerichte des Vollstreckungsstaates statt, die im Geltungsbereich der New Yorker Konvention anhand eines begrenzten Katalogs von Verfahrensfehlern die Anerkennung und Vollstreckung des Schiedsspruches verweigern können, in allen anderen Fällen aber anerkennen und vollstrecken müssen. Die Anbindung an nationale Rechtsordnungen bettet die internationale private Schiedsgerichtsbarkeit somit in ein rechtliches Rahmenwerk ein, das einerseits kontrollierend, andererseits unterstützend wirkt.

A/CN.4/Ser.A/1953/Add.1. Dieser Konventionsentwurf wurde von der Generalversammlung als zu gerichtsförmig abgelehnt, vgl. Res. 989 (X) vom 14.12.1955, UN GAOR (X) Suppl. 19 S. 47 und schließlich in die "Model Rules on Arbitral Procedure" umgearbeitet, YBILC 1958 II, S. 83ff, UN Doc. A/CN.4/Ser.A/1958/Add.1.

519 *Oellers-Frahm*, Judicial and Arbitral Decisions, in: *Bernhardt* (Hrsg), EPIL Bd.1 (1981), S. 118, 120; *Caron*, AJIL 84 (1990), S. 104, 112; *Rensmann*, S. 73; *Merrills*, S. 107.

520 *Fox*, ICLQ 37 (1988), S. 1, 7; *Rensmann*, S. 72; *Merrills*, S. 107; vgl. *Mangoldt*, S. 150/151. Die "Model Rules on Arbitral Procedure" sehen in Art. 36 zwar den IGH als Kontrollinstanz vor. Da diese Regeln aber nichtbindend sind, müssen sie -und damit auch die Kontrollkompetenz des IGH- vereinbart werden.

Völkerrechtliche Schiedsverfahren sind dagegen nicht an nationale Rechtsordnungen angebunden, sondern nur an das Völkerrecht. Damit aber fehlt ihnen grundsätzlich auch das Kontroll- und Unterstützungssystem staatlicher Gerichte. Mangels eines völkerrechtlichen Äquivalents ist die völkerrechtliche Schiedsgerichtsbarkeit auf den guten Willen und die Kooperation beider Parteien angewiesen, damit ein Verfahren durchgeführt und ein Schiedsspruch auch erfüllt wird.

3. Problemstellung: Die rechtliche Einordnung von Staat-Investor-Schiedsverfahren

Ob Staat-Investor-Schiedsverfahren als privatrechtliche oder als völkerrechtliche Schiedsverfahren zu qualifizieren sind, wirkt sich damit auf die Durchführung des Verfahrens und die Vollstreckung des Schiedsspruches aus. Nur wenn es sich um ein privatrechtliches Verfahren handelt, existiert eine externe Instanz, die das Verfahren im Streitfall unterstützen und kontrollieren kann. Nach der ganz herrschenden Meinung können Schiedssprüche, die nicht in einer nationalen Rechtsordnung verankert sind bzw. von den nationalen Gerichten des Sitzstaates aufgehoben wurden, auch nicht nach der New Yorker Konvention vollstreckt werden[521].

Die Unterscheidung in völkerrechtliche Schiedsverfahren, die zwischen Staaten geführt werden, und privatrechtlichen Schiedsverfahren, die zwischen Privaten geführt werden, führt dazu, daß Schiedsverfahren zwischen Staaten und Investoren nicht *prima facie* in eine dieser beiden Kategorien eingeordnet werden können. Die rechtliche Einordnung von Staat-Investor-Schiedsverfahren hängt daher von der Beantwortung der Frage ab, ob die *lex arbitri* dieser Verfahren Völkerrecht oder die jeweilige nationale Rechtsordnung des Sitzstaates ist. Diese Frage kann nicht dadurch beantwortet werden, daß man die dargestellten charakteristischen Eigenarten von völkerrechtlichen und privatrechtlichen Verfahren

---

521 *Van den Berg*, The New York Convention, S. 28-40; *Bouchez*, J. Int'l Arb. 8 (1991), S. 81, 110; *Lipstein*, International Arbitration, in: *Cheng/Brown*, Essays in Honour of Georg Schwarzenberger (1988), S. 177, 191; *Berger*, Wirtschaftsschiedsgerichtsbarkeit, S. 343; siehe anderseits aber *Rensmann*, S. 207-221 und *Paulsson*, ICC International Court of Arbitration Bulletin 9/1 (1998) S. 14-31.

als Einordnungskriterien verwendet. Denn es ist nicht möglich, aus diesen Kriterien auf die *lex arbitri* zu schließen.

Zunächst ist es nicht möglich, aus der Stellung der beteiligten Parteien auf die Einordnung des Verfahrens zu schließen. Denn die Einordnung als völkerrechtliches oder privatrechtliches Verfahren basiert darauf, daß sich jeweils zwei gleiche Parteien gegenüberstehen: entweder zwei Staaten (oder andere Völkerrechtssubjekte) oder zwei private Parteien. In einem Staat-Investor-Verfahren stehen sich normalerweise Staat und Privater gegenüber und damit zwei ungleiche Parteien.

Aber auch wenn der Investor Völkerrechtssubjekt ist, wie es unter dem Energiechartavertrag der Fall ist, und beide Parteien sich über völkerrechtliche Rechte und Pflichten streiten, kann daraus nicht gefolgert werden, daß die *lex arbitri* eines solchen Verfahrens Völkerrecht ist. Denn ob es sich um einen Streit zwischen Völkerrechtssubjekten über völkerrechtliche Rechte und Pflichten oder um eine Streitigkeit zwischen Privaten über Rechte und Pflichten aus einer nationalen Rechtsordnung handelt, ist insoweit eine Frage der Zuständigkeit des Schiedsgerichts. Es ist kein Grund ersichtlich, warum ein privates Schiedsgericht nicht völkerrechtliche Streitigkeiten entscheiden könnte, und ein völkerrechtliches Schiedsgericht nicht privatrechtliche Streitigkeiten zwischen Staatsangehörigen verschiedener Länder[522].

Auch aus der Wahl des Verfahrensrechtses und des materiellen Rechts läßt sich kein Rückschluß auf die *lex arbitri* ziehen. Zwar können zwei private Parteien vereinbaren, daß als Verfahrensrecht oder materielles Recht Völkerrecht anzuwenden ist[523]. Diese Rechtswahl findet jedoch immer auf der Basis einer *lex arbitri* statt, sei diese Völkerrecht oder nationales Recht. Die Parteien können nicht die Rechtsordnung

---

522 *Caron*, AJIL 84 (1990), S. 104. 138; *Hallier*, S. 14 Fn. 88. So wird das noch zu erörternde Iran-US-Claims Tribunal von *Toope*, S. 270, als "creature of public international law with jurisdiction to hear interstate cases, but with primary duty to adjudicate private commercial disputes" bezeichnet. Ebenso sieht dies *Sandrock*, ArchVR 29 (1990), S. 109, 115. Insoweit ist auch auf die "Mixed Arbitral Tribunals" hinzuweisen, die durch die Versailler Friedensverträge gergründet wurden. Diese werden in der Literatur als Schiedsgerichte völkerrechtliche Natur angesehen, verhandelten aber privatrechtliche Ansprüche der Staatsangehörigen der beteiligten Staaten. Siehe dazu *Wühler*, Mixed Arbitral Tribunals, in *Bernhardt* (Hrsg.), EPIL Bd.1 (1981), S. 142-146.

523 *Mann*, Contracts between States and Aliens, in: *ders.*, Further Studies, S. 264, 267.

wählen, die ihnen die Rechtswahl erst erlaubt[524]. Wenn daher Staat und Investor als Verfahrens- und/oder materielles Recht Völkerrecht wählen, so läßt dies keinen Schluß darauf zu, daß die *lex arbitri* Völkerrecht ist. Ebenso wäre es möglich, daß sie diese Wahl auf der Basis der *lex loci arbitri*, also der nationalen Rechtsordnung am Sitz des Schiedsgerichts, getätigt haben.

Naheliegend erscheint es, bei Vorliegen einer völkervertragsrechtlichen Grundlage auf das Völkerrecht als *lex arbitri* zu schließen. Dieser Schluß, den es noch eingehender zu untersuchen gilt, ist jedoch zumindest teilweise irreführend. Es muß unterschieden werden zwischen völkerrechtlichen Verträgen, die nur eine Schiedsvereinbarung bzw. ein Angebot dafür enthalten, und solchen Verträgen, die ein Schiedsgericht erst ins Leben rufen, wie z.B. das Iran-US Claims Tribunal. Zumindest im ersten Fall kann ein sicherer Rückschluß auf die *lex arbitri* nicht getroffen werden. Wenn ein völkerrechtlicher Vertrag eine Schiedsvereinbarung enthält, dann kann daraus nur geschlossen werden, daß die Gültigkeit der Schiedsvereinbarung vom Völkerrecht geregelt wird. Das die Schiedsvereinbarung beherrschende Recht und die *lex arbitri* können identisch sein, müssen es aber nicht[525]. Zwar regelt die *lex arbitri* die Gültigkeit der Schiedsvereinbarung. Wenn aber die Schiedsvereinbarung einer anderen Rechtsordnung unterliegt, steckt die *lex arbitri* weiterhin die Grenzen ab, innerhalb derer das unter dieser Rechtsordnung gefundene Ergebnis anerkannt wird.

Aufgrund dieser Probleme wird im folgenden zunächst zu untersuchen sein, wie Staat-Investor-Verfahren bisher in Schiedspraxis und Literatur eingeordnet wurden. Eine Analyse der verwendeten Kriterien vor dem Hintergrund des hier erläuterten Konzepts der rechtlichen Einordnung könnte bei der Einordnung der Verfahren unter dem Energiechartavertrag hilfreich sein.

---

524 *Mann*, Lex Facit Arbitrum, in: *Sanders* (Hrsg.), International Arbitration, S. 157, 161; *Berger*, Wirtschaftsschiedsgerichtsbarkeit, S. 341.

525 *Redfern/Hunter*, S. 76.

II. Einordnung von Staat-Investor-Verfahren in Schiedspraxis und Literatur

Während die Frage, ob Verträge zwischen Staaten und Investoren als völkerrechtliche Verträge eingeordnet werden können, Gegenstand einer umfangreichen akademischen Debatte war und noch ist[526], wurde die Einordnung von Staat-Investor-Schiedsverfahren relativ stiefmütterlich behandelt. In mehreren berühmten *Ad-hoc*-Schiedsverfahren seit den fünfziger Jahren wurden jedoch grundsätzliche Positionen niedergelegt (1). Ebenfalls erörtert wurde die Frage der rechtlichen Einordnung von Staat-Investor-Schiedsverfahren im Zusammenhang mit dem International Centre for the Settlement of Investment Disputes und dem Iran-United States Claims Tribunal (2).

1. Ad-hoc Schiedsverfahren

a) Einordnung als völkerrechtliche Schiedsverfahren

(1) Saudi Arabien v. ARAMCO

Als Präzedenzfall für die Annahme, Staat-Investor-Schiedsverfahren seien völkerrechtliche Schiedsverfahren, kann das Verfahren zwischen *Saudi-Arabien* und der amerikanischen Gesellschaft *American Arabian Oil Co.* (ARAMCO) angesehen werden[527]. Das Verfahren beruhte auf der behaupteten Verletzung eines Konzessionsvertrages, in welchem die Parteien sich auf Genf als Schiedsort geeinigt hatten. Die drei Schiedsrichter *Sauser-Hall, Hassan* und *Habachi* waren aber der Ansicht, daß Genfer Recht nicht die *lex arbitri* darstelle. Die Anwendung der *lex loci arbitri*, d.h. des Genfer Rechts, scheide wegen des Grundsatzes der Staatenimmunität aus. Die Immunität eines Staates vor der Jurisdiktion eines anderen Staates schließe die Möglichkeit aus, daß dessen Gerichte ihre Kontroll- und Eingriffsbefugnisse in einem Verfahren ausübten, an dem dieser Staat beteiligt sei:

---

526 Vgl. als jüngstes Werk *Kischel*, State Contracts (1994).

527 *Saudi Arabia v. Arabian American Oil Company*, ILR 27, S. 117ff. Siehe dazu *Dolzer*, ARAMCO Arbitration, in: *Bernhardt* (Hrsg.), EPIL Bd. 2 (1981), S. 19-22.

"Considering the jurisdictional immunity of foreign States, recognized by international law in a spirit of respect for the essential dignity of sovereign power, the Tribunal is unable to hold that arbitral proceedings to which a sovereign State is a party could be subject to the law of another state. [...] It follows that the arbitration, as such, can only be governed by international law."[528].

Die staatliche Partei habe mit ihrer Zustimmung zur Durchführung des Schiedsverfahren auch nicht auf ihre Immunität verzichtet, soweit Streitigkeiten in Bezug auf die Umsetzung der Schiedsvereinbarung betroffen seien:

"By agreeing to fix the Seat of the Tribunal in Switzerland, the foreign State which is a Party to the arbitration is not presumed to have surrendered its jurisdictional immunity in case of disputes relating to the implementation of the "compromis" itself. In such cases, the Draft Convention on Arbitral Procedure, adopted by the International Law Commission of the United Nations at its fifth session (New York 1955), should be applied by analogy."[529].

Das Verfahren wurde als völkerrechtliches Schiedsverfahren eingeordnet.

(2) TOPCO/CALASIATIC v. Libyen

Das Verfahren zwischen der Firma *Texaco Overseas Petroleum Corp./* (Topco/Calasiatic) und *Libyen* war eines von drei Verfahren, die aufgrund der Verstaatlichung der libyschen Erdölindustrie Anfang der siebziger Jahre zustandekamen. Die Firmen Topco/Calasiatic, Lybian American Oil Company (Liamco) und British Petrol Exploration (BP) hatten Konzessionen zur Erdölförderung und wurden durch die Verstaatlichung enteignet[530]. In allen drei Konzessionen war eine Schiedsklausel enthalten. Die Parteien hatten keine Regelung bezüglich des Verfahrensrechts getroffen, sondern das Schiedsgericht ermächtigt, sowohl den Sitz des

---

528 ILR 27, S. 117, S. 155f.

529 ILR 27, S. 117, S. 156.

530 Ausführlich dazu *Greenwood*, State Contracts in International Law - The Lybian Oil Arbitrations, BYBIL 53 (1982), S. 27ff und *von Mehren/Kourides*, International Arbitrations between States and Foreign Private Parties - The Lybian Nationalization Cases, AJIL 75 (1981), S. 476ff.

Schiedsgerichts als auch die anwendbaren Verfahrensregeln zu bestimmen.

Im TOPCO-Verfahren[531] war *René-Jean Dupuy* als Einzelschiedsrichter ernannt. Dupuy legte als Sitz des Schiedsgerichts zunächst Genf fest. Bezüglich der *lex arbitri* schloß er sich der Argumentation im ARAMCO-Fall an und unterstellte das Verfahren direkt dem Völkerrecht. Zum einen könne die Argumentation des ARAMCO-Tribunals direkt übertragen werden[532], zum anderen läge aber auch eine entsprechende stillschweigende Rechtswahl der Parteien vor. Die Verfahrensparteien hätten das Verfahren jeglicher nationaler Souveränität entziehen wollen, so daß nationale Rechtsordnungen als *lex arbitri* nicht in Betracht kämen. Da ein Schiedsverfahren auch nicht in einem rechtlichen Vakuum existieren könne, müsse es direkt dem Völkerrecht unterstehen[533]. *Dupuy* begründete den Willen der Parteien, das Verfahren dem Völkerrecht zu unterstellen, mit einer Vielzahl von Indizien: der Vertragsbestimmung, wonach der Einzelschiedsrichter vom Präsidenten des Internationalen Gerichtshofes ernannt werden solle; den von ihm selbst festgelegten Verfahrensregeln, welche nationales Recht ausschließen würden, und seiner Kompetenz, die Verfahrensregeln auch zu ändern und zu modifizieren[534]. Die Erwägung, nur ein im nationalen Recht verankerter Schiedsspruch sichere die Vollstreckbarkeit, lehnte er ab, da die Parteien ihn nur mit einer deklaratorischen Entscheidung beauftragt hätten. Die Frage der Vollstreckbarkeit falle nicht in seine Entscheidungskompetenz[535].

(3) LIAMCO v. Libyen

In diesem Verfahren[536] traf der Einzelschiedsrichter *Mahmassani* keine eindeutigen Äußerungen zu der Frage, ob Völkerrecht oder das Recht des Schiedssitzes Genf anzuwenden sei. Aus seinen Aussagen zum anwend-

---

531 *Texaco Overseas Petroleum Company/California Asiatic Oil Company v. Government of the Lybian Arab Republic*, ILR 53 (1979), S. 389fff.

532 ILR 53, S. 389, 433.

533 ILR 53, S. 389, 433.

534 ILR 53, S. 389, 434/435.

535 ILR 53, S. 389, 432.

536 *Lybian American Oil Company (LIAMCO) v. Government of the Libyan Arab Republic*, 12.4.1977, ILR 62 (1982), S. 140ff.

baren Verfahrensrecht lassen sich aber diesbezüglich Rückschlüsse ziehen. Es sei:

> "[....] an accepted principle of international law that the arbitral rules of procedure shall be determined by the agreement of the parties, or in default of such agreement, by the decisions of the Arbitral Tribunal, independently of the local law of the seat of arbitration."[537]

Damit traf *Mahmassani* keine Aussage über die *lex arbitri*, sondern nur über die zur Bestimmung des Verfahrensrechts anwendbaren Kollisionsregeln[538]. Es sei nicht auf das Kollisionsrecht des Sitzstaates zurückzugreifen, sondern auf "accepted principles of international law", die er in der *Draft Convention on Arbitral Procedure* der ILC verankert sah[539].

Diese unklare Aussage *Mahmassanis* hat zu unterschiedlichen Wertungen in der Literatur geführt. So wird das Verfahren als im Schweizer Recht[540], in gar keiner Rechtsordnung[541] oder im Völkerrecht[542] verankert gewertet. Vor dem Hintergrund, daß die Parteien keine Bestimmung über das anwendbare Verfahrensrecht getroffen hatten und unter der bereits geschilderten Prämisse, daß ein rechtsordnungsloses Verfahren unmöglich ist, erscheint eine Verankerung im Völkerrecht als schlüssige Deutung der Äußerungen. Denn hätte Mahmassani das Verfahren im Recht des Schiedssitzes, also der Schweiz, verankert gesehen, hätte mangels einer Rechtswahl der Parteien das Genfer Recht die Grundlage für die Wahl des anwendbaren Verfahrensrechts bilden müssen.

(4) Zusammenfassung und Analyse

Die Einordnung der geschilderten Verfahren als völkerrechtliche Verfahren wurde im wesentlichen mit zwei Argumenten begründet: die Tribunale im *Aramco* und *Topco* stützten sich auf die Immunität der staatli-

---

537 ILR 62, S. 140, 180.

538 *Rensmann*, S. 133.

539 ILR 62, S. 140, 180.

540 Von *Mehren/Kourides*, AJIL 75 (1981), S. 476, 509.

541 *Greenwood*, BYBIL 53 (1982), S. 27, 36 und *Lake/Dana*, Law&Pol. Int'l Bus. 16 (1984), S. 755, 804. Auf der Basis des hier verwendeten Konzepts einer notwendigen *lex arbitri* ist ein anationales Verfahren nicht möglich.

542 *Rensmann*, S. 134.

chen Partei. Im *Topco*-Verfahren berief sich Schiedsrichter *Dupuy* zusätzlich noch auf eine Autonomie der Parteien, das Verfahren dem Völkerrecht zu unterstellen. Die Argumentation im *Liamco*-Fall scheint auch auf eine Parteiautonomie gestützt zu sein.

Das Argument des *Aramco*-Tribunals, die staatliche Immunität verhindere, daß ein Schiedsverfahren zwischen einem Investor und einem Staat der Rechtsordnung des Staates unterliege, in dem das Schiedsverfahren stattfindet, ist nicht überzeugend und unhaltbar[543]. Es wurde in dieser Untersuchung bereits dargelegt, daß ein Staat mit Unterzeichnung einer Schiedsvereinbarung mit einer Privatperson auf seine Immunität bezüglich des Schiedsverfahrens verzichtet[544].

Soweit die Tribunale in *Topco* und *Liamco* die Verfahren unter Berufung auf den Parteiwillen dem Völkerrecht unterstellt haben, ist dies auf der Basis der Prämissen dieser Untersuchung als Kriterium weder verwendbar noch überzeugend. Denn diese Schiedssprüche basieren auf der internen Perspektive des Schiedsrichters und der Parteien, diese Untersuchung dagegen auf der externen Perspektive des staatlichen Richters[545]. Aus der "internen" Perspektive des Schiedsrichters können die Parteien ein Verfahren selbstverständlich dem Völkerrecht unterstellen, denn die interne Welt des Schiedsverfahrens wird durch den Parteiwillen bestimmt, an den der Schiedsrichter gebunden ist. Aus der externen Perspektive eines staatlichen Richters hingegen können die Parteien zwar Verfahrensrecht und materielles Recht wählen, allerdings nur auf der Basis einer *lex arbitri*, die zur "externen" Welt gehört und ihrerseits nicht gewählt werden kann. Der Wille der Parteien ist daher für die Frage, ob Völkerrecht oder nationales Recht die *lex arbitri* ist, irrelevant. Daß Schiedsrichter *Dupuy* die Frage der *lex arbitri* nur aus seiner internen Perspektive beurteilt hat, ergibt sich daraus, daß die Vollstreckbarkeit des Schiedsspruches aufgrund des Parteiwillens für ihn irrelevant war. Denn der entscheidende Unterschied zwischen interner und externer Per-

543 *Lipstein*, International Arbitration between Individuals and Governments, in *Cheng/Brown* (Hrsg.), Contemporary Problems of International Law, S. 177, 190; *Mann*, State Contracts and International Arbitration, in *ders.*, Studies in International Law, S. 256, 266. *Mann* ist auf S. 268 sogar der Ansicht, daß das Tribunal "completely misunderstood the nature and effect of immunity."

544 Siehe oben S. 93ff. sowie *Mann*, aaO S. 268 und *Rensmann*, S. 124.

545 Vgl. zu dieser Unterscheidung auch die Einleitung sowie *Caron*, AJIL 84 (1990), S. 104, 109.

spektive ist, daß die externe Perspektive den Maßstab für die Vollstreckbarkeit des internen Parteiwillen setzt[546]. Wenn z.B. die Parteien eines in Deutschland stattfindenden Verfahrens das Verfahren intern dem Völkerrecht unterstellen, so würde dies extern als Wahl des Verfahrensrechts gelten und die Gültigkeit dieser Wahl nach deutschem Recht beurteilt werden. Insoweit dieses Verfahren völkerrechtskonform ablaufen würde, aber gegen zwingendes deutsches Recht verstieße, wäre ein solches Verfahren der Aufhebung unterworfen.Wenn nun *Dupuy* auf die Vollstreckbarkeit keine Rücksicht zu nehmen brauchte, konnte er auch annehmen, daß die Parteien das Verfahren dem Völkerrecht unterstellt haben.

Aus dem Argument, daß aufgrund der Immunität der staatlichen Partei Staat-Investor-Schiedsverfahren nicht der Rechtsordnung eines anderen Staates unterstellt werden dürften, folgt aber im Gegenschluß, das sich der Herrschaftsanspruch der *lex loci arbitri* grundsätzlich auf diese Verfahren erstreckt. Denn die staatliche Immunität kann den Staat nur vor der Anwendung einer Rechtsordnung schützen, wenn diese Rechtsordnung ohne die Immunität gelten würde[547]. Dementsprechend hat das Tribunal auch im *Aramco*-Verfahren argumentieren müssen, daß kein Verzicht auf die Immunität vorliegt, weil das Verfahren sonst von der *lex loci arbitri*, d.h. Genfer Recht, beherrscht worden wäre.

b) Einordnung als internationale private Schiedsverfahren

(1) Sapphire

Im *Sapphire*-Verfahren[548] hatte Einzelschiedsrichter *Pierre Cavin* den Streit zwischen der kanadischen Firma *Sapphire Petroleums Ltd.* und der iranischen Staatsfirma *National Iranian Oil Company* (NIOC) zu entscheiden. Insoweit kann dieser Schiedspruch nur bedingt als Präzedenzfall für Staat-Investor-Schiedsverfahren betrachtet werden, weil nicht der Iran, sondern nur eine Staatsfirma Partei war. Da auf diesen Schiedsspruch aber in *Topco* und *British Petrol* verwiesen wurde,

---

546 Vgl dazu die Erörterungen zur *lex arbitri* S. 81ff.

547 So wohl auch *Rensmann*, S. 126.

548 *Sapphire International Petroleums Ltd. V. National Irainian Oil Company*, ILR 35 (1959), S. 136ff. Dazu *Verdross*, Schw. JB f. Int'l Recht 21 (1964), S.15ff und *Martens*, Sapphire Arbitration, in: *Bernhardt* (Hrsg.) EPIL Vol. 2 (1981), S. 250-252.

gilt es ihn trotzdem darzustellen. *Cavins* Ansicht zur *lex arbitri* läßt sich aus seinen Äußerungen zur Wahl des Verfahrensrechts entnehmen:

> "Authority is to be found, in doctrine and case law, which gives the parties the right to make a free choice of the law of procedure to be applied to the arbitration, as for example, the State to whose judicial sovereignty the arbitration is submitted, [..] ."[549]

Cavin ging damit von Grundsatz der Parteiautonomie aus, der es den Parteien erlaube, das anwendbare Verfahrensrecht frei zu wählen. Grundsätzlich unterstehe das Verfahren aber der judiziellen Kontrolle der Gerichte des Schiedssitzes. Er unterstellte das Verfahren dann Schweizer Recht, da dies dem Parteiwillen entspräche. Zum einen hätten die Parteien einen vollstreckbaren Titel gewollt, was für eine Verankerung in einer nationalen Rechtsordnung spreche, zum anderen hätten sie das Verfahren justizförmig ausgestaltet, was ebenfalls für eine nationale lex arbitri spreche[550].

(2) BP v. Libyen

Im Fall *British Petrol* gegen *Libyen*[551] hatte der Präsident des IGH den schwedischen Richter *Gunnar Lagergren* als Einzelschiedsrichter ernannt. Im Rahmen der Wahl des anwendbaren Verfahrensrechts stellte sich *Lagergren* zunächst die Frage, ob das Verfahren aufgrund der Tatsache, daß eine Partei ein Staat sei, im Völkerrecht oder einem anderen nicht-staatlichen Rechtssystem verankert sei.

Zunächst lehnte er den internationalen Ansatz des *Aramco*-Tribunals ab:

> "The Tribunal cannot share the view that the application of municipal procedural law to an international arbitration like the present one would infringe upon such prerogatives as a State party to the proceedings may have by virtue of its sovereign status."[552]

549 ILR 35, S. 136, 169.

550 ILR 35, S. 136, 168/169.

551 *British Petroleum Exploration Company v. Government of the Lybian Arab Republic*, ILR 53 (1979), S. 297ff.

552 ILR 53, S. 297, 309.

Als Begründung führte er aus, daß innerhalb der Grenzen des Völkerrechts die exekutiven und judikativen Organe einer jeden Rechtsordnung die staatliche Immunität faktisch und rechtlich beschneiden würden. In einigen Rechtssystemen sei diese Kontrolle größer, in einigen geringer. Wenn aber die Parteien sich auf ein Schiedsverfahren geeinigt hätten, so hätten sie auch einen effektiven Rechtsschutz schaffen wollen. Ein in einer nationalen Rechtsordnung verankerter Schiedsspruch sei aber effektiver als ein im Völkerrecht verankerter.

Lagergren unterstellte das Verfahren, das in Kopenhagen durchgeführt wurde, im Ergebnis dänischem Recht[553]. Dabei führte er aus:

> "The tribunal is not competent to establish conclusively the nationality of its Award, for this can only be decided by the courts of Denmark and other jurisdictions in which enforcement of the Award may be sought. However, the Tribunal deems this Award to be Danish, and the proceedings have been designed and conducted to be consistent with this view and intent."[554]

Lagergren legte seinen Ausführungen damit die bereits erwähnte Zweiteilung in die interne und die externe Welt eines Schiedsverfahrens zugrunde, wonach die lex arbitri in letzter Instanz nur von einem externen Beobachter, einem nationalen Gericht, bestimmt werden kann. Um eine möglichst problemlose Anerkennung des internen Verfahrensablaufs durch nationale Gerichte zu erreichen, paßte er das Verfahren von vorneherein an die lex loci arbitri an. Zur weiteren Begründung stützte er sich außerdem auf die o.g. Argumentation von *Cavin* in *Sapphire*.

(3) Analyse

In beiden Fällen haben die Schiedsrichter das Verfahren dem Recht des Schiedsortes, der *lex loci arbitri* unterstellt.

Im *Sapphire*-Fall ging *Cavin* davon aus, daß die Parteien das anwendbare Verfahrensrecht frei wählen könnten, mangels einer solchen Wahl aber dann das Recht des Schiedsortes anzuwenden sei. Daraus folgt, daß seiner Ansicht nach das Verfahren dem Recht des Schiedsortes als *lex arbitri* untersteht. Denn die *lex arbitri* hat neben der kontrollierenden auch eine ergänzende Funktion: sofern die Parteien das dispositive Recht

553 ILR 53, S. 279, 309.
554 ILR 53, S. 279, 309.

des Schiedsortes nicht abbedingen, gilt es im Verfahren. Streng dogmatisch gesehen ist dieses Ergebnis aber nicht verwunderlich, da der Gegner der Fa. Sapphire nicht der iranische Staat, sonder nur eine iranische Staatsfirma war. Damit handelte es sich letztlich um ein "normales" privates internationales Schiedsverfahren.

Im *BP*-Fall unterstellte Schiedsrichter *Lagergren* das Verfahren im Ergebnis dänischem Recht, weil die staatliche Immunität durch die Kontrolle seitens der Gerichte des Schiedssitzes nicht beeinträchtigt würde. Aus seinen Aussagen geht zwar nicht eindeutig hervor, ob er die Immunität als von vorneherein beschränkt sieht, oder ob die Zustimmung zur Schiedsvereinbarung einen entsprechenden Verzicht auf die Immunität bedeutet. Aber die Deutung als Immunitätsverzicht erscheint schlüssiger, da *Lagergren* sie damit begründet, daß die Parteien mit der Schiedsvereinbarung auch ein effektives Verfahren schaffen wollten, der Wille der Parteien und des Staates also für ihn entscheidend war. Auf den Willen der Parteien stellt aber auch die herrschende Meinung ab, die in der Unterzeichnung der Schiedsvereinbarung einen Verzicht auf die Immunität sieht[555].

c) Zwischenergebnis

In den Verfahren *BP* und *Sapphire* wurden Staat-Investor-Verfahren als privatrechtliche Verfahren eingestuft und damit der *lex loci arbitri* unterliegend angesehen. Die Tribunale in den Verfahren *Aramco*, *Topco* und *Liamco* haben zwar Völkerrecht als *lex arbitri* angenommen. Allerdings steht diese Argumentation, soweit sie auf der staatlichen Immunität vor der Jurisdiktion des Sitzstaates beruht, auf tönernen Füßen. Mit Unterzeichnung einer Schiedsklausel verzichtet ein Staat auf seine Immunität vor der Jurisdiktion der Gerichte des Sitzstaates. Daß die Parteien ein Verfahren durch Rechtswahl dem Völkerrecht unterstellen können, ist nur aus der internen Perspektive des Schiedsrichters ein nachvollziehbares Argument. Denn die Parteiautonomie erstreckt sich nur auf den internen Ablauf des Schiedsverfahrens. Die *lex arbitri* hingegen ist die Grundlage der Parteiautonomie und beurteilt die Gültigkeit des internen Ablaufs. Sofern ein Schiedsverfahren sich daher wie im *Topco*-Fall auf eine angebliche Parteiautonomie beruft, um ein Verfahren im Völker-

555 Siehe oben S. 93ff.

recht zu verankern, läßt sich aus dieser "Verankerung" nicht auf die *lex arbitri* schließen. Denn die Partei-autonomie gibt es sowohl im nationalen Recht wie auch im Völkerrecht, so daß aus ihrer Ausübung nicht darauf geschlossen werden kann, auf welcher *lex arbitri* sie basiert.

Aus sämtlichen dargestellten Verfahren kann aber geschlossen werden, daß die *lex arbitri* von Staat-Investor-Verfahren grundsätzlich die nationale Rechtsordnung des Sitzstaates ist, die *lex loci arbitri*. Denn soweit die völkerrechtliche Verankerung irrigerweise mit der staatlichen Immunität begründet wird, setzt dies notwendig voraus, daß die *lex loci arbitri* ihren Geltungsanspruch auch auf Staat-Investor-Verfahren erstreckt. Die Immunität kann nur dann die Anwendung der Rechtsordnung des Sitzstaates ausschließen, wenn diese Rechtsordnung ohne die Immunität gelten würde. Dies läßt sich auch völkerrechtlich schlüssig begründen. Kraft der territorialen Souveränität des Sitzstaates fallen grundsätzlich alle Schiedsverfahren auf seinem Territorium in den Geltungsbereich seiner Rechtsordnung. Grenzen findet die territoriale Souveränität nur in der Souveränität und Immunität eines anderen Staates, auf die dieser mit Unterzeichnung der Schiedsvereinbarung jedoch verzichtet hat. Ad-hoc-Investitionsschiedsverfahren unterliegen damit der *lex loci arbitri*, d.h. dem Recht des Sitzstaates, und sind als internationale private Schiedsverfahren einzuordnen[556].

2. *Schiedsverfahren auf völkervertragsrechtlicher Grundlage*

Die Analyse hat sich bisher auf Schiedsverfahren beschränkt, deren Grundlage eine Schiedsvereinbarung in einem Investitionsvertrag zwischen Staat und Investor war. Als Ergebnis war festzuhalten, daß diese Schiedsverfahren der Rechtsordnung des Sitzstaates, der *lex loci arbitri*, unterliegen und daher als privatrechtliche Schiedsverfahren einzuordnen

556 *Mann*, State Contracts and International Arbitration, in: *ders.*, Studies in International Law, S. 256, 263; *Lipstein*, International Arbitration between Individuals and Governments, in: *Cheng/Brown* (Hrsg.), Contemporary Problems in International Law, S. 177, 195; *Rensmann*, S. 136; *Greenwood*, BYBIL 53 (1982), S. 27, 36 (allerdings widersprüchlich: einerseits hat ein Schiedsgericht zwingende Normen des Sitzrechts zu beachten, anderseits nicht im Bereich des Verfahrensrechts); vgl. auch *Wintershall u.a. v. Quatar*, ILM 28 (1989), S. 795, 801 (Sitz des Schiedsgerichtes war Den Haag, die Geltung zwingenden niederländischen Rechts als Folge anerkannt)

sind. Einer der Gründe hierfür ist, daß die staatliche Partei sich nicht auf ihre Immunität berufen kann, weil sie mit Unterzeichnung der Schiedsvereinbarung auf diese Immunität verzichtet hat.

Die Rechtslage könnte aber anders sein, wenn das Schiedsverfahren auf einem völkerrechtlichen Vertrag beruht. Die Parteien des völkerrechtlichen Vertrages könnten Regelungen getroffen haben, mit der sie die Schiedsverfahren, die im Geltungsbereich des Vertrages stattfinden, der staatlichen Jurisdiktion entzogen haben. Für die rechtliche Einordnung der Verfahren, die auf dem Energiechartavertrag beruhen, erscheint daher eine Analyse der Schiedsmechanismen des ICSID und des Iran-US Claims Tribunal angebracht. Deren völkervertragsrechtliche Grundlage hat in der schieds- und völkerrechtlichen Literatur zu Diskussionen über ihre rechtliche Einordnung geführt. Diese Diskussion und die für die Einordnung verwendeten Kriterien werden im folgenden dargestellt.

a) International Centre for the Settlement of Investment Disputes

(1) Einordnung

Die ICSID-Konvention ist in dieser Arbeit bereits erläutert worden, so daß hier nur noch einmal kurz die Besonderheiten zu wiederholen sind. ICSID-Schiedsverfahren zeichnen sich dadurch aus, daß sie ausschließlich auf der Basis der Konvention und der ICSID-eigenen Schiedsregeln durchzuführen sind (Art. 44). Schiedssprüche unterliegen nach den Art. 50-52 nur dem konventionsinternen Aufhebungs- und Revisionsverfahren. Ferner haben sich die Vertragsstaaten in Art. 53 verpflichtet, ICSID-Schiedssprüche wie letztinstanzliche Urteile eigener Gerichte zu behandeln und sie ohne weitere Prüfung anzuerkennen.

Unter Bezugnahme auf diese Besonderheiten werden ICSID-Schiedsverfahren deswegen übereinstimmend als völkerrechtliche bzw. "truly international" Schiedsverfahren eingeordnet. *Lex arbitri* dieser Verfahren sei die Konvention, die ein "self-contained system" bilde und die Schiedsverfahren losgelöst von nationalen Rechtsordnungen ablaufen lasse[557]. Entscheidend sei, daß diese Besonderheiten nicht in einer nur

---

557 *Lauterpacht*, The World Bank Convention, in: Hommage à Paul Guggenheim, S. 642, 651; *Mann*, State Contracts and International Arbitration, in *ders.*, Studies in International Law, S. 256, 271; *Broches*, RdC 136 (1972 II), S. 337, 385; *Rens-*

intern wirkenden Schiedsvereinbarung zwischen Staat und Investor, sondern in einem völkerrechtlichen Vertrag enthalten seien, und die Vertragsstaaten sich verpflichtet haben, ICSID-Schiedssprüche anzuerkennen und zu vollstrecken. Dadurch hätten sie auf die Geltung ihrer jeweiligen nationalen Rechtsordnung in Bezug auf diese Schiedssprüche verzichtet[558].

(2) Analyse

Die Einordnung der ICSID-Verfahren als völkerrechtliche Schiedsverfahren beruht darauf, daß die ICSID-Konvention nicht nur die interne Welt des Schiedsverfahrens regelt, sondern auch die externe Welt ersetzt und ihre eigene *lex arbitri* ist. Ermöglicht wird dies zunächst dadurch, daß die Konvention faktisch den Rückgriff auf eine *lex arbitri* unnötig macht. Denn die Konvention ist nicht nur ein in sich abschlossenes Regelungssystem, das bei Auftreten einer Lücke vom Tribunal vervollständigt werden kann, sondern regelt auch die Beurteilung der Gültigkeit von Schiedssprüchen unter Ausschluß der nationalen Gerichte und schließt damit den externen Beurteilungsmaßstab der *lex loci arbitri* faktisch aus. Diese Regelungen bewirken aber nur deswegen eine Verankerung der ICSID-Verfahren im Völkerrecht, weil die *lex loci arbitri* nicht nur faktisch, sondern auch rechtlich ausgeschlossen wird. Die in der nationalen Rechtsordnung geltende ICSID-Konvention ist *lex specialis* zu dem restlichen nationalen Recht, das nicht mehr angewendet wird. Mit Umsetzung der Konvention in die innerstaatliche Rechtsordnung der Vertragsstaaten und damit der Verpflichtung, ergangene Schiedssprüche anzuerkennen und zu vollstrecken, haben die Vertragsstaaten auf die Geltung ihrer Rechtsordnungen verzichtet und unterstehen die Verfahren dem Völkerrecht. Da die völkerrechtliche Verankerung auf die Geltung der Konvention zurückzuführen ist, ist sie somit territorial auf die Vertragsstaaten der ICSID-Konvention beschränkt.

Gleichzeitig bestätigt dies das bisher gewonnene Ergebnis: Staat-Investor-Verfahren unterstehen grundsätzlich der *lex loci arbitri*. ICSID-Verfahren unterliegen nur deshalb nicht dem nationalen Recht eines Sitz-

---

mann, S. 146; wohl auch *Toope*, S. 238; *Rubino-Sammartano*, S. 55; *Delaume*, ICSID-Arbitration, in *Lew*, Contemporary Problems, S. 23.

558 *Lauterpacht*, aaO.

staates, weil mit Umsetzung der Konvention in die nationale Rechtsordnung diese selbst ICSID-Verfahren von ihrer Anwendung ausschließt.

b) Iran-U.S. Claims Tribunal

(1) Hintergrund

Die Gründung des Iran-U.S. Claims Tribunal[559] (hiernach das "Claims Tribunal") erfolgte vor dem Hintergrund der iranischen Revolution sowie der Besetzung der Teheraner Botschaft und des nachfolgenden Einfrierens iranischer Auslandsguthaben in den Vereinigten Staaten. Die Krise zwischen beiden Staaten wurde durch Vermittlung Algeriens mit den "Deklarationen von Algier"[560]("General Declaration" und "Claims Settlement Declaration") vom 19.1.1981 entscheidend entschärft. Eine der Maßnahmen der Deklarationen von Algier war die Bildung des Claims Tribunals, das über noch ausstehende Ansprüche der Staatsbürger beider Staaten gegen den jeweils anderen Staat entscheiden sollte. Im Gegenzug verpflichteten sich die Vereinigten Staaten, alle noch an ihren Gerichten anhängigen Verfahren ihrer Staatsbürger gegen den Iran wegen während der Revolution entstandener Verluste auszusetzen.

(2) Aufbau und Besonderheiten des Tribunals

Das Claims Tribunal ist in drei verschiedenen Bereichen zuständig: für Ansprüche der Staatsbürger beider Staaten gegen den jeweils anderen Staat (sog. Claims of nationals)[561], für Ansprüche der beiden Staaten gegeneinander aus Waren- und Dienstleistungsverträgen sowie für die

559 Ausführlich dazu *Aldrich*, The Jurisprudence of the Iran-U.S. Claims Tribunal (1997) sowie *Brower*, The Iran-U.S. Claims Tribunal, RdC 224 (1990 V) S. 123-396.

560 *Declaration of the Government of the Democratic and Popular Republic of Algeria* ("General Declaration") und die *Declaration of the Government of the Democratic and Popular Republic of Algeria Concerning the Settlement of Claims by the Government of the United States and the Government of the Islamic Republic of Iran* ("Claim Settlement Deklaration") vom 19.1.1981, ILM 20 (1981), S. 224ff.

561 Artikel II Abs. 2 Claims Settlement Declaration.

Auslegung der Deklarationen von Algier[562]. Die "claims of nationals", die hier allein zu untersuchen sind, wurden weiter in zwei Gruppen unterteilt: "small claims" mit einem Streitwert bis 250000 US-$ sollten von den Vertretern ("agents") der Regierungen präsentiert werden, größere Verfahren von den betroffenen Parteien selbst. Von den 3700 Verfahren gehörten 450 zu der zweiten Gruppe und hatten Streitwerte bis zu 1 Milliarde US-$[563].

Die Claims Settlement Declaration trifft nur grundsätzliche Bestimmungen über das anwendbare prozedurale wie auch das materielle Recht. Das Tribunal sollte seine Arbeit auf der Basis der UNCITRAL-Schiedsregeln ausführen, soweit diese nicht von den Parteien oder dem Tribunal abgeändert wurden, um die Durchführung der Deklarationen zu ermöglichen. Die Verfahrensregeln, die daraufhin ausgearbeitet wurde, weichen von den UNCITRAL-Regeln nur unwesentlich ab[564]. Die Claims Settlement Declaration bestimmte nicht das anwendbare materielle Recht, sondern in Artikel V nur die Regeln zu dessen Wahl: "*The Tribunal shall decide all cases on the basis of respect for law, applying such choice of law rules and principles of commercial and international law as the Tribunal determines to be applicable, taking into account relevant usages of the trade, contract provisions and changed circumstances*".

(3) Rechtliche Einordnung

Diese Doppelnatur des Claims Tribunals - einerseits Entscheidung über Ansprüche von Privaten gegen den Staat, anderseits Entscheidung zwischenstaatlicher Ansprüche - hat zu unterschiedlichen Ansichten über die Rechtsnatur des Tribunals und der von ihm erlassenen Schiedssprüche geführt. So wird ihm von der Literatur ein "hybrider Charakter" zuerkannt[565], was aber nur heißen soll, das es neben Ansprüchen zwischen Staaten auch Ansprüche Privater gegen die Staaten abhandelt, ohne damit aber diese "gemischten" Verfahren einzuordnen. So wurden diese unter-

---

562 Artikel II Abs. 3 Claims Settlement Declaration i.V.m. Ziff. 16 und 17 General Declaration; Artikel VI Abs.4 Claims Settlement Declaration.

563 *Aldrich*, S. 54.

564 *Caron*, AJIL 84 (1990), S. 104, 143.

565 Vgl. *Toope*, S. 277; *Avanessian*, J. Int'l Arb. 8 (1991), S.5, 9.

schiedlich als völkerrechtlich[566], anational[567] oder privatrechtlich[568] beurteilt[569].

(aa) Völkerrechtliche Rechtsnatur

Die völkerrechtliche Natur der Schiedsverfahren wurde mit der völkerrechtlichen Grundlage des Claims Tribunals begründet[570]: angesichts der völkerrechtlichen Regelungen, die über die Zuständigkeit des Tribunals und seine Verfahrensweise getroffen wurden, könne man kaum annehmen, Iran und die Vereinigten Staaten hätten das Verfahren und die daraus resultierenden Schiedssprüche niederländischem Recht unterstellen wollen[571].

Die Frage der rechtlichen Einordnung der Schiedsverfahren wurde in mehreren Fällen auch von der iranischen Regierung und von iranischen Schiedsrichtern aufgegriffen. Sie waren der Auffassung, es handele sich bei den "Claims of nationals" eigentlich um zwischenstaatliche Verfahren der Gewährung diplomatischen Schutzes[572]. Anlaß waren Fälle, in denen die amerikanischen Staatsbürger auch die iranische Staatsbürgerschaft besaßen. Diese doppelte Staatsbürgerschaft hätte ein Verfahrenshindernis für dieses angebliche diplomatische Schutzverfahren dargestellt[573]. Daß Verfahrensparteien eigentlich die Staaten seien, wird in der Literatur jedoch abgelehnt, denn eine genaue Analyse der Bestimmungen der Claims Settlement Declaration und der UNCITRAL-Schiedsregeln führe zu dem Ergebnis, daß Verfahrensparteien die Staatsangehörigen und nicht die Staaten seien[574]. Allein die Staatsangehörigen seien befugt,

---

566 *Herdegen*, RIW 1989, S. 329, 335; *Fox*, ICLQ 37 (1988), 1,3.

567 *Avanessian*, J. Int'l Arb. 8 (1991), S. 5, 16; *Van Hoff*, S. 10. Zur Unmöglichkeit eines anationalen Schiedsverfahrens S. 81ff.

568 *Caron*, AJIL 84 (1990) S. 104, 129ff.; *Rensmann*, S. 169.

569 Weitere Nachweise bei *Sandrock*, ArchVR 29 (1990), S. 104, 110 Fn. 29.

570 Das Tribunal hat im Fall A/21 (14 Iran-US CTR S. 324, 326) festgestellt, daß die Deklarationen von Algier einen völkerrechtlichen Vertrag darstellen würden und in nachfolgenden Verfahren völkerrechtliche Auslegungsgrundsätze angewendet, *Rensmann*, S. 159

571 *Avanessian*, J. Int'l Arb. 8 (1991), S. 5, 16; *Herdegen*, RIW 1989, S. 329, 335.

572 Ausführlich dazu *Toope*, S. 263-292 und 301-319.

573 *Case concerning the Question of Jurisdiction over Claims of Persons with Dual Nationality* (Case A-18), ILM 23 (1984) S. 489, 498.

574 *Rensmann*, S. 153; *Caron*, AJIL 84 (1990) S. 104, 133.

wesentliche prozessuale Verfahrens-schritte wie Klageerhebung oder -rücknahme vorzunehmen. Ferner würden materiellrechtlich nicht Ansprüche der Staaten behandelt, sondern privatrechtliche Ansprüche der Staatsangehörigen gegen den jeweils anderen Staat. Dies folge u.a. auch aus der Regelung über das anwendbare Recht, die an klassische Regelungen der internationalen privaten Schiedsgerichtsbarkeit angelehnt sei[575]. Schließlich hat auch das Tribunal selbst die iranische Auffassung abgelehnt und die Staatsangehörigen als die materiell berechtigten Verfahrensparteien bezeichnet[576].

(bb) Privatrechtliche Rechtsnatur

Die Verfechter der Ansicht, die Verfahren vor dem Tribunal unterlägen niederländischem Recht und wären damit privatrechtlicher Rechtsnatur, stützen sich im wesentlichen auf eine Auslegung der Deklarationen, die einen entsprechenden Willen beider Staaten ergebe.

Ein solcher Wille ergebe sich zunächst aus der vorgeschriebene Anwendung der UNCITRAL-Schiedsregeln. Die UNCITRAL-Regeln setzen nach allgemeiner Auffassung die Verankerung in einer nationalen Rechtsordnung voraus, z.B. in Artikel 1 Abs. 2: "*These Rules shall govern the arbitration except where any of the rules is in conflict with a provision of the law applicable to the arbitration from which the parties cannot derogate, that provision shall prevail.*"[577], der vom Tribunal auch unmodifiziert übernommen wurde. Ebenfalls für eine nationale *lex arbitri* und damit privatrechtliche Rechtsnatur spreche Artikel 32 Abs. 7, wonach Schiedssprüche im Einklang mit den Bestimmungen des Ortes, an dem sie ergangen sind, beim zuständigen örtlichen Gericht hinterlegt werden müssen[578]. Daß die Verfahren der *lex loci arbitri* und damit niederländischem Recht unterlägen, folge auch aus der Claims Settlement Declaration. Artikel IV Abs. 3 der Claims Settlement Declaration bestimme, daß "*Any award which the Tribunal may render against either*

---

575 *Rensmann*, S. 153; *Sandrock*, ArchVR 29 (1991), S. 104, 115.

576 *Case concerning the Question of Jurisdiction over Claims of Persons with Dual Nationality* (Case A-18), ILM 23 (1984), S. 489ff. Vgl. auch die ausführliche Übersicht der nachfolgenden Rechtsprechung bei *Aldrich*, S. 59-79 und *Rensmann*, S. 155-159.

577 *Caron*, AJIL 84 (1990), S. 104, 139; *Rensmann*, S. 161; *Baker/Davis*, S. 9.

578 *Rensmann*, aaO; *Caron*, AJIL 84 (1990), S. 104, 143.

government shall be enforceable against such government in the courts of any nation in accordance with its laws." Eine effektive und universelle Vollstreckung in nationalen Gerichten sei aber nur bei einer nationalen Rechtsordnung als *lex arbitri* gewährleistet[579].

Aus all dem folge, daß der Iran und die Vereinigten Staaten die Verfahren ihrer Staatsangehörigen gegen den jeweils anderen Staat dem Recht des Sitzstaates unterstellen wollten, also niederländischem Recht[580].

(cc) Analyse

Die Einordnung der Claims Tribunal - Verfahren als privatrechtliche oder völkerrechtliche Schiedsverfahren wird in beiden Fällen mit einem entsprechenden Willen der Staaten begründetet. Für die Einordnung als völkerrechtliche Schiedsverfahren wird die vertragliche Grundlage des Gerichts als ausreichend angesehen, für die Einordnung als privatrechtliche Verfahren diese vertragliche Grundlage erst ausgelegt.

Daraus folgt zunächst, daß -genau wie beim ICSID- von einer grundsätzlichen Geltung der *lex loci arbitri* ausgegangen wird. Denn nur wenn die Rechtsordnung des Sitzstaates an sich gelten würde, kann die völkervertragsrechtliche Grundlage diese Geltung ausschließen. Würden Staat-Investor-Verfahren schon an sich nicht der *lex loci arbitri* unterliegen, wäre die völkerrechtliche Grundlage für die Einordnung irrelevant.

Ohne hier zu entscheiden, welcher Natur die Verfahren zwischen Investor und Staat vor dem Claims Tribunal sind, ist doch anzumerken, daß ein Wille der Staaten zur völkerrechtlichen Verankerung der Schiedsverfahren nicht allein mit der völkervertragsrechtlichen Grundlage begründet werden kann, sondern daß dieser Vertrag ausgelegt werden muß. Insoweit wird zunächst auf die bereits erfolgten Erörterungen zur Problematik, die *lex arbitri* von Staat-Investor-Verfahren festzustellen, verwiesen[581]. Ferner gilt es zwischen dem durch völkerrechtlichen Vertrag gegründeten Schiedsgericht und den Verfahren, die dieses Schiedsgericht durchführt, zu unterscheiden. Ob dieses Schiedsgericht privatrechtliche

579 *Caron*, AJIL 84 (1990), S. 104, 140f.; *Rensmann*, S. 162.

580 *Caron*, AJIL 84 (1990), S. 104, 146; *Rensmann*, S. 169. *Sandrock*, ArchVR 29 (1991), S. 104, 115 schließt sich dem im Ergebnis an.

581 Siehe oben S. 169ff.

oder völkerrechtliche Verfahren durchführt, ist eine Frage der vertraglich geregelten Zuständigkeit des Schiedsgerichts. Es ist kein Grund ersichtlich, warum ein privates Schiedsgericht nicht völkerrechtliche Streitigkeiten entscheiden könnte, und ein völkerrechtliches Schiedsgericht privatrechtliche Streitigkeiten zwischen Staatsangehörigen verschiedener Länder[582]. Das Iran-United States Claims Tribunal hat insoweit eine doppelte Zuständigkeit: es verhandelt zwischenstaatliche Streitigkeiten und solche zwischen Staatsangehörigen eines Staates und dem anderen Staat. Es muß auch noch einmal darauf hingewiesen werden, daß zwei Staaten ein Schiedsverfahren der Rechtsordnung des Sitzstaates unterstellen können, indem sie auf ihre Immunität verzichten. Dann steht es den Parteien eines völkerrechtliches Vertrages aber auch frei, ein durch dieses Verfahren geschaffenes Schiedsgericht für Klagen Privater einer nationalen Rechtsordnung zu unterstellen. Auch ein durch völkerrechtlichen Vertrag geschaffenes Schiedsgericht kann daher Verfahren unter der Herrschaft einer nationalen Rechtsordnung durchführen[583].

Somit kann die völkerrechtliche Rechtsgrundlage eines Schiedsgerichts kein ausreichendes Indiz für einen Willen der Vertragsstaaten sein, auch die Verfahren dem Völkerrecht zu unterstellen. Der Wille der Vertragsstaaten muß vielmehr durch Auslegung des Vertrages ermittelt werden.

c) Zusammenfassung

Schiedsverfahren zwischen Staaten und Investoren, denen ein völkerrechtlicher Vertrag zugrundeliegt, lassen sich nicht *a priori* als völkerrechtliche oder privatrechtliche Verfahren einordnen. Maßgeblich ist vielmehr der Wille der Vertragsparteien, wie er dem völkerrechtlichen Vertrag zugrundeliegt. Die Vertragsparteien können in den Vertrag Regelungen aufnehmen, die bei einer Umsetzung des Vertrages in nationales Recht dazu führen, daß die *lex loci arbitri* keine Anwendung auf diese Verfahren findet. In so einem Fall unterliegen die Verfahren dem Völkerrecht. Beispielhaft dafür sind die Verfahren vor dem International Centre for the Settlement of Investment Disputes. Sie laufen zunächst auf der Basis der ICSID-Konvention faktisch isoliert, d.h. ohne Berührungs-

582 *Caron*, AJIL 84 (1990), S. 104, 138; *Hallier*, S. 14 Fn. 88.
583 *Caron*, AJIL 84 (1990), S. 104, 138; vgl. *Sandrock*, ArchVR 29 (1990), S. 104, 115.

punkte mit nationalen Rechtsordnungen ab. Durch die Umsetzung der Konvention in nationales Recht und die Verpflichtung zur Anerkennung und Vollstreckung der Schiedssprüche wird aus dieser faktischen eine rechtliche Isolierung. Die *lex loci arbitri* befiehlt damit selbst ihre Nichtanwendung auf ICSID-Verfahren. Die Vertragsparteien können mithin durch völkerrechtlichen Vertrag Schiedsverfahren "internationalisieren", d.h. direkt dem Völkerrecht unterstellen. Da die vertraglich zu begründende "Internationalisierung" nur für die Vertragsstaaten gilt, unterliegen Schiedssprüche, die außerhalb dieser Territorien dann vollstreckt werden sollen, gemäß dem Grundsatz *pacta tertiis nec nocent nec prosunt* dann potentiell zumindest wieder der Kontrolle der nationalen Gerichte der Vollstreckungsstaaten.

3. *Zwischenergebnis*

Die Analyse von Schiedspraxis und Literatur hat aufgezeigt, daß die Einordnung von Staat-Investor-Schiedsverfahren abhängig von der *lex loci arbitri* ist. Diese bestimmt selbst, ob ihr Geltungsanspruch auch diese Verfahren umfaßt[584].

Schiedsverfahren zwischen Staaten und Investoren unterliegen grundsätzlich der *lex loci arbitri* und sind damit als internationale private Wirtschaftsschiedsverfahren einzuordnen. Die Immunität der staatlichen Partei verhindert die Anwendung der Rechtsordnung des Sitzstaates nicht, da der Staat mit Unterzeichnung der Schiedsklausel auf die Immunität vor der Jurisdiktion verzichtet hat.

Schiedsverfahren, die auf der Grundlage eines völkerrechtlichen Vertrages ablaufen, können dagegen auch im Völkerrecht verankert sein. Die Vertragsstaaten haben die Möglichkeit, in diesen Verträgen die Geltung ihrer nationalen Rechtsordnungen auszuschließen und die Verfahren damit nur dem Völkerrecht zu unterstellen. Dieses kann z.B. erreicht werden, indem das Verfahren nur auf der Basis des Vertrages abläuft und die Vertragsstaaten sich dann verpflichten, danach ergangene Schiedssprüche auch zu vollstrecken. Durch eine solche Konstruktion, wie sie im ICSID erfolgt ist, wird die Kontroll- und Unterstützungsfunktion nationaler Gerichte ausgeschaltet. Wird demgegenüber eine Kontrolle staatli-

584 *Lipstein*, International Arbitration between Individuals and Governments, in: *Cheng/Brown* (Hrsg.), Contemporary Problems in International Law, S. 177, 195.

cher Gerichte oder eine korrigierende Funktion der nationalen Rechtsordnung festgeschrieben, liegt eine solche "Internationalisierung" nicht vor. Maßgeblich für die Einordnung solcher völkervertragsrechtlicher Schiedsverfahren ist der Wille der Vertragsstaaten, wie er sich aus dem Vertrag ergibt.

III. Einordnung der Schiedsverfahren, die auf der Basis von Artikel 26 Energiechartavertrag zustandekommen

1. Anwendbare Kriterien für die Einordnung von ECT-Verfahren

Für die Einordnung der Schiedsverfahren, die auf der Basis von Artikel 26 Energiechartavertrag zustandekommen (ECT-Schiedsverfahren) hat außer Betracht zu bleiben, daß die Investoren Völkerrechtssubjekte sind und völkerrechtliche Rechte geltend machen. Denn insoweit handelt es sich um eine Frage der Kompetenz des Schiedsgerichts, die keinen Rückschluß auf die *lex arbitri* zuläßt[585]. Die Einordnung hat vielmehr mit der Prämisse zu erfolgen, daß die Rechtsordnung der Sitzstaaten als *lex loci arbitri* grundsätzlich Staat-Investor-Verfahren und damit auch ECT-Verfahren regelt. Eine Ausnahme kann sich insoweit nur aus dem Energiechartavertrag selbst ergeben, wenn ein Wille der Vertragsparteien festzustellen ist, die Verfahren der Geltung ihrer nationalen Rechtsordnungen zu entziehen. Zwar ließe sich dagegen einwenden, daß der Energiechartavertrag sich grundsätzlich vom ICSID und den Deklarationen von Algier, die das Claims Tribunal geschaffen haben, unterscheidet. Denn während diese Verträge Schiedsinstitutionen (das ICSID) und institutionalisierte Schiedsgerichte geschaffen haben (das Claims Tribunal), stellt Artikel 26 des Energiechartavertrag nur das Angebot zum Abschluß einer Schiedsvereinbarung dar. Dieser Einwand ist jedoch unbegründet. Denn da dieses Angebot in einem völkerrechtlichen Vertrag enthalten ist, der in die nationale Rechtsordnung der Vertragsparteien umzusetzen ist, besteht die Möglichkeit, daß dieses Angebot den Willen der Vertragsstaaten zum Ausdruck bringt, ECT-Verfahren der Geltung der *lex loci arbitri* zu entziehen. Nach Umsetzung des Energiechartavertrages in nationales Recht wäre dieser Bestandteil der *lex loci arbitri* der

585 Siehe oben S. 169ff.

Vertragsparteien und könnte so auf ihrem Staatsgebiet ECT-Schiedsverfahren von einer Anwendung derselben ausnehmen.

2. *Auslegung des Energiechartavertrages*

Die rechtliche Einordnung der Schiedsverfahren, die gemäß Artikel 26 Energiechartavertrag zustandekommen, ist somit durch Auslegung des Energiechartavertrages zu ermitteln. Zu beachten ist, daß der Investor zwischen ICSID-Schiedsverfahren, Verfahren nach den UNCITRAL-Regeln und Verfahren vor der Stockholmer Handelskammer wählen kann. Da ICSID-Schiedsverfahren dem Völkerrecht als *lex arbitri* unterliegen, beschränkt sich die nachfolgende Auslegung auf die Frage, ob ein Wille der Vertragsparteien erkennbar ist, die übrigen beiden Verfahrensarten dem Völkerrecht zu unterstellen. Kann ein solcher Wille festgestellt werden, handelt es sich um völkerrechtliche Schiedsverfahren. Fehlt dieser Wille, handelt es sich bei diesen beiden Verfahren um der jeweiligen *lex loci arbitri* unterliegende Schiedsverfahren. Ob ein dementsprechender Wille vorliegt, ist durch Auslegung des Artikels 26 ECT gemäß den Artikel 31ff. WVRK zu ermitteln.

a) *Artikel 26 Abs. 3 lit. a) ECT*

Ein erster Hinweis könnte sich aus Artikel 26 Abs. 3 lit. a) ergeben. Im Zusammenhang mit der bereits im voraus gegebenen Zustimmung der Staaten zur Durchführung eines Schiedsverfahrens spricht der ECT von "[...] consent to the submission of a dispute to *international* arbitration.". Aus dem Begriff "international" kann jedoch nicht auf die Einordnung als völkerrechtliches Schiedsverfahren geschlossen werden. Denn in der anglo-amerikanischen Rechtsterminologie wird "international" sowohl für die private Schiedsgerichtsbarkeit benutzt ("international commercial arbitration") als auch für die völkerrechtliche Schiedsgerichtsbarkeit ("public international law arbitration"). Daß ein Verfahren "international" ist, grenzt es lediglich von Verfahren mit nur innerstaatlichen Sachverhalten ab und impliziert lediglich ein grenzüberschreitendes Element[586].

---

586 *Bühring-Uhle*, S. 44.

b) Artikel 26 Abs. 8 ECT

Ein Wille der Vertragsstaaten zur Internationalisierung der Schiedsverfahren könnte sich möglicherweise aus Artikel 26 Abs. 8 ECT ergeben. Dieser bestimmt:

> "The awards of arbitration, which may include an award of interest, *shall be final and binding upon the parties to the dispute*. An award of arbitration concerning a measure of a subnational government or authority of the disputing Contracting Party shall provide that the Contracting Party may pay monetary damages in lieu of any other remedy granted. Each Contracting Party *shall carry out without delay any such award and shall make provision for the effective enforcement in its Area of such awards.*"[587]

Vertragsparteien sind demnach verpflichtet, Schiedssprüche, die sich auf das Handeln einer unterstaatlichen Einheit beziehen, zu befolgen und Maßnahmen für die effektive Vollstreckung in ihrem Staatsgebiet zu treffen. Dies erinnert zwar an die Vollstreckungsverpflichtung des ICSID-Vertrages, die zur rechtlichen Internationalisierung führt, unterscheidet sich aber letztendlich doch entscheidend davon und erlaubt keinen Rückschluß auf einen Willen der Vertragsstaaten zur völkerrechtlichen Verankerung der Schiedsverfahren.

Denn daß ein Schiedsspruch als endgültig und bindend festgeschrieben wird, ist auch Bestandteil der Schiedsklauseln der bedeutenden Schiedsinstitutionen der Welt und insofern nur Wiederholung einer Selbstverständlichkeit: Schiedsverfahren schließen eine zweite Instanz, die den Schiedsspruch inhaltlich überprüft, ihrem Wesen nach aus[588].

Ebenfalls nicht Ausdruck eines Willens der Vertragsparteien zur Internationalisierung ist die Verpflichtung, Schiedssprüche, die sich auf das Handeln einer unterstaatlichen Einheit beziehen, zu befolgen und Maßnahmen für die effektive Vollstreckung in ihrem Staatsgebiet zu treffen. Es handelt sich nur um eine praktische Notwendigkeit, um die Vollstreckung des Schiedsspruches zu sichern. Denn während Vertrags- und Verfahrenspartei der Staat ist, bezieht sich das Verfahren auf die Rechtmäßigkeit des Handelns einer unterstaatlichen Instanz. Die Vollstreckung

587 Hervorhebung vom Verfasser.

588 Insoweit staatliche Gerichte einen Schiedsspruch überprüfen, ist diese Überprüfung auf die in der New Yorker Konvention aufgezählten formellen Fehler beschränkt. Eine inhaltliche Überprüfung im Sinne einer Revisionsinstanz findet nicht statt.

des Schiedsspruches, der gegen den Staat ergeht, setzt also voraus, daß der Staat sich wiederum gegen die fragliche Instanz wendet. Inwieweit dies innerstaatlich möglich ist, hängt von der innerstaatlichen Rechtsordnung ab. Um zu verhindern, daß der Staat sich unter Berufung auf seine interne Rechtsordnung seiner Verpflichtung zur Befolgung des Schiedsspruches entzieht, verpflichtet Artikel 26 Abs. 8 ECT ihn, notfalls die geeigneten Vorschriften zu erlassen, um die Vollstreckung zu sichern. Ein Wille der Vertragsparteien zur Internationalisierung ergibt sich daraus aber nicht.

c) Artikel 26 Abs. 5 ECT

Daß die Vertragsparteien des ECT die Verfahren nicht dem Völkerrecht unterstellen wollten, ergibt sich letztlich aus Artikel 26 Absatz 5 Energiechartavertrag. Denn in diesem Absatz verweist der Energiechartavertrag auf die New Yorker Konvention. Es wird bestimmt, daß mit Zustimmung des Investors zu einem Schiedsverfahren ein ”agreement in writing” gemäß Artikel II der New Yorker Konvention als zustandegekommen gilt. Ferner bestimmt Artikel 26 Abs. 5 lit. b), daß auf Wunsch einer Partei das Schiedsverfahren in einem Mitgliedsstaat der NYK durchgeführt werden soll und die streitigen Ansprüche als aus ”commercial relationship” herrührend angesehen werden.

Diese Bestimmungen richten sich an die Gerichte der Vollstreckungsstaaten, denn diese wenden die New Yorker Konvention letztlich an. Insoweit die Vollstreckungsstaaten auch Mitgliedstaaten des Energiechartavertrages sind und der Vertrag in nationales Recht umgesetzt ist, stellen diese Bestimmungen bindende Anweisungen an die nationalen Gerichte dar, unabhängig eines sonstigen Auslegungsergebnisses eine wirksame Schiedsvereinbarung und eine ”commercial relationship” zu unterstellen. Diese Anweisungen setzen aber voraus, daß sich die Vollstreckung grundsätzlich nach der New Yorker Konvention richtet. Diese wiederum setzt die Jurisdiktion nationaler Gerichte voraus, so daß es sich nicht um völkerrechtliche Schiedsverfahren handeln kann.

d) Ergebnis der Auslegung

Aus der Bezugnahme auf die New Yorker Konvention in Artikel 26 Abs. 5 Energiechartavertrag ergibt sich, daß die Vertragsparteien die

Verfahren vor der Stockholmer Handelskammer und Ad-hoc-Verfahren gemäß den UNCITRAL-Schiedsregeln nicht internationalisieren wollten. Es handelt sich somit um privatrechtliche Schiedsverfahren, die der jeweiligen *lex loci arbitri* unterliegen. Der Energiechartavertrag eröffnet ferner die Möglichkeit, ICSID-Verfahren durchzuführen. Diese aber sind völkerrechtliche Verfahren. Ein Wille der Vertragsparteien, diese Verfahren zu "re-nationalisieren" ist nicht erkennbar. Dies läßt nur den Schluß zu, daß die Vertragsstaaten im Energiechartavertrag keine Aussage über die Einordnung der jeweiligen Schiedsverfahren treffen wollten. Wie ein Verfahren rechtlich einzuordnen ist, richtet sich somit nicht nach dem Energiechartavertrag, sondern der Wahl des Investors und den gewählten Schiedsverfahrensregeln.

3. Ergebnis

Der Energiechartavertrag trifft keine Aussage über die rechtliche Einordnung der Verfahren, die auf der Basis von Artikel 26 ECT zustandekommen. Da Staat-Investor-Verfahren grundsätzlich der *lex loci arbitri* unterliegen, kann der Investor nur durch Wahl des ICSID ein völkerrechtliches Verfahren in Gang setzen. Wählt er ein Ad-hoc Verfahren, das nach den UNCITRAL-Regeln abläuft, oder unterbreitet er den Streit dem Schiedszentrum der Stockholmer Handelskammer, so handelt es sich um privatrechtliche Wirtschaftsschiedsverfahren, die dem jeweiligen nationalen Recht des Sitzstaates des Schiedsgerichtes, der *lex loci arbitri*, unterliegen.

Daß der Energiechartavertrag keine Aussage über die rechtliche Einordnung der Verfahren trifft, entspricht auch der Funktion des Artikels 26 ECT. Denn dieser enthält nur ein Angebot zum Abschluß einer Schiedsvereinbarung, welches der Investor annehmen kann. Diese Schiedsvereinbarung -sobald zustandegekommen - unterbreitet die Streitigkeit dann dem ICSID, dem Schiedszentrum der Stockholmer Handelskammer oder einem Ad-hoc Tribunal nach den UNCITRAL-Verfahrensregeln. Eine Schiedsvereinbarung enthält aber grundsätzlich keine Bestimmungen über die *lex arbitri*, weil die Vereinbarung nur die interne Verfahrenswelt regelt, die *lex arbitri* aber eine Regelung der externen Welt ist.

Schlußbetrachtung
Staat-Investor Schiedsverfahren im internationalen System

Gegenstand dieser Untersuchung war nicht der Energiechartavertrag an sich. Vor dem Hintergrund einer zunehmenden völkerrechtlichen Regelungsdichte von Schiedsverfahren zwischen Staaten und Investoren sollte vielmehr das Ausmaß dieser "Internationalisierung" exemplarisch anhand von Schiedsverfahren untersucht werden, die auf der Basis des Energiechartavertrages zustandekommen[589]. Dies wurde anhand zweier konkreter Fragen untersucht: erstens, ob der Vertrag Investoren unmittelbar völkerrechtliche Rechte verleiht und zweitens, ob es sich bei diesen Schiedsverfahren um völkerrechtliche oder privatrechtliche Verfahren handelt. Als Ergebnis läßt sich festhalten, daß die "Internationalisierung" nur die materiellen Rechtsbeziehungen der Parteien betroffen und die verfahrensrechtlichen Beziehungen unberührt belassen hat. Der Energiechartavertrag verleiht Investoren unmittelbar völkerrechtliche Rechte, deren Verletzung durch eine Vertragspartei sie in einem Schiedsverfahren rügen können, welches aber grundsätzlich dem nationalen Recht des Sitzstaates des Schiedsgerichts unterliegt. Im Ergebnis können staatliche Gerichte also ein Verfahren kontrollieren, in dem es um die völkerrechtlichen Rechte und Pflichten der beteiligten Parteien geht.

Diese Verschränkung des Völkerrechts mit innerstaatlichen Rechtsordnungen ist Folge der Veränderung der Beilegung von Investitonsstreitigkeiten im Zuge der Globalisierung der Weltwirtschaft.

Unter den Bedingungen der globalen Weltwirtschaft ist eine Durchsetzung des Investitionsschutzrechts ein Bedürfnis sowohl der Investoren als auch der internationalen Gemeinschaft als Ganzes. Während einerseits durch die Liberalisierung des Handels und den technischen Fortschritt für Investoren ein globales Handlungsfeld geschaffen wurde, sind sie andererseits nach einer erfolgten Investition dem ungewissen politischen Risiko im Gaststaat ausgesetzt. Zwar werden die weitaus meisten Investitionsrisiken vom völkerrechtlichen Investitionsschutzrecht abge-

589 Siehe oben S. 1ff.

deckt, jedoch wird das politische Investitionsrisiko für Investoren nur kalkulierbar, wenn dieser Rechtsschutz auch durchgesetzt werden kann. Angesichts der weltwirtschaftlichen Bedeutung von Investitionen sollten die Verfahren nicht nur der Durchsetzung von Rechten der Investoren dienen, sondern auch der Beilegung der Streitigkeit zwischen Gaststaat und Investor. Nur so kann Stabilität in den wirtschaftlichen Beziehungen und damit langfristig globaler Wohlstand gefördert werden[590].

Eine solche Streitbeilegung sollte auf der Ebene erfolgen, auf der die Streitigkeit entstanden ist, d.h. direkt zwischen Staat und Investor[591]. Das Verfahren sollte ferner anhand festgelegter und von den Parteien vereinbarter[592] rechtlicher Regeln ablaufen. Denn Transparenz und Verständnis des Verfahrensablaufs fördern das Vertrauen in das Verfahren, die Voraussehbarkeit des Ergebnisses und verhindern den Eindruck von Willkür[593]. Der Zugang zu dem Verfahren muß ferner in der Hand des Investors als geschädigter Partei liegen. Während der Staat seine Interessen einseitig durch Ausübung seiner Souveränität durchsetzen kann, ist der Investor dazu nur durch Zugang zu einem Rechtsschutzverfahren imstande. Grundvoraussetzung für eine Akzeptanz der getroffenen Entscheidung durch die Partei ist, daß sie durch einen neutralen und kompetenten Dritten erfolgt[594]. Rechte und Pflichten können so nicht von einem Akteur, sei es Staat oder Investor, einseitig zu seinen Gunsten interpretiert werden[595]. Letztlich muß die von diesem Dritten getroffene Entscheidung auch durchsetzbar sein, da der Rechtsschutz sonst nicht effektiv

---

590 *Caron/Shinkaretskaya*, Peaceful Settlement of Disputes, in: *Damrosch/Dannilenko/Mullerson*, S. 309; *Bruno*, S. 63; vgl. *Watts*, GYIL 36 (1993), S. 15, 24; *Hirsch*, S. 2.

591 *Caron/Shinkaretskaya*, Peaceful Settlement of Disputes, in: *Damrosch/Dannilenko/Mullerson*, S. 309, 313; *Caron*, AJIL 84 (1990), S. 104, 155.

592 Vgl. *Toope*, S. 261 und Watts, GYIL 36 (1993), S. 15, 23, der davon spricht, daß die Regeln "gerecht" sein müssen, und *Sornarajah*, J. Int'l Arb. 14/3 (1997), S. 103, 105, der die Notwendigkeit "neutraler" Regeln für die Beilegung von Investitionsstreitigkeiten beschreibt.

593 Vgl. *Watts*, GYIL 36 (1993) S. 15, 28; *Sornarajah*, J. Int'l Arb. 14/3 (1997), S. 103, 105; *Brus*, S. 191/192; *Paulsson*, J. Int'l Arb. 9 (1992), S. 59, 65.

594 *Seita*, Cornell J. Int'l L. 30 (1997), S. 429, 480; *Bruno*, S. 63; *Toope*, S. 261

595 *Brus*, S. 183; *Watts*, GYIL 36 (1993), S. 15, 36; vgl. *Paulsson*, J. Int'l Arb. 9 (1992), S. 59, 65.

ist[596]. Nur wenn der Investor bei rechtswidrigem staatlichen Handeln tatsächlich entschädigt wird, wird das politische Investitionsrisiko und damit die Investition als Ganzes für den Investor kalkulierbar.

Das Streitbeilegungsverfahren des diplomatischen Schutzes war weder aus Sicht der Investoren noch der beteiligten Staaten diesen Anforderungen gewachsen. Als Völkergewohnheitsrecht spiegelt es das staatenzentrierte System des 19. und frühen 20. Jahrhunderts wieder, jedoch nicht die Bedingungen einer globalen Weltwirtschaft. Der Investor hat kein Recht auf diplomatischen Schutz, keinen Einfluß auf das Verfahren und keinen Anspruch auf eine eventuell gezahlte Entschädigung.[597] Für die beteiligten Staaten ist die Ausübung diplomatischen Schutzes ebenfalls nicht immer wünschenswert. Der enorme Anstieg der Auslandsinvestitionen nach dem zweiten Weltkrieg hat die Wahrscheinlichkeit von Investitionsstreitigkeiten entsprechend erhöht. Die Aufnahme diplomatischen Schutzes führt dazu, daß eine eigentlich rein wirtschaftliche Streitigkeit auf die Ebene eines internationalen Konfliktes zwischen Staaten erhoben wird. Angesichts der zunehmenden Zusammenarbeit der Staaten durch die Internationalisierung wirtschaftspolitischer Aufgaben würde das Festhalten am diplomatischen Schutz somit nicht nur die Zahl internationaler Konflikte erhöhen, sondern auch die notwendige internationale Zusammenarbeit stören[598].

Die Depolitisierung von Investitionsstreitigkeiten durch Beilegung auf einer nicht-zwischenstaatlichen Ebene war daher das Ziel sowohl der Investoren als auch der Staaten. Die Investoren begannen schon früh, Schiedsklauseln in ihre privaten Investitionsverträge zu integrieren. Die als Ausweg gewählten Ad-hoc-Verfahren genügten den o.g. Anforderungen aber nur rudimentär. Sie setzten eine vorherige Schiedsvereinbarung voraus und ermöglichten damit nur denjenigen Investoren Rechtsschutz, die mit dem Staat in vertraglicher Verbindung standen. Die aus der Frage der Rechtswahl resultierenden Konflikte führten dazu, daß zumindest die Gaststaaten Schiedsverfahren zuerst mit Mißtrauen betrachteten. Man-

---

596 *Bruno*, S. 63; *Seita*, S. 482; *Watts*, GYIL 36 (1993), S. 15, 36 und 38-40. Unter dem Begriff "Effektivität" wird hier ein Zweck-Mittel-Verhältnis verstanden: Je mehr ein Mittel ein bestimmtes Ergebnis erreicht, desto effektiver ist es, *Wälde*, Effectiveness: The Holy Grail, CEMPL Online Journal Vol II. S. 13-14.

597 Siehe oben S. 72ff.

598 Siehe oben S. 42ff.

gels eines Verzichts der Staaten auf ihre Immunität war auch die Vollstreckung eines Schiedsspruches nicht gesichert[599].

Die grundsätzliche Eignung von Schiedsverfahren zur Beilegung von Investitionsstreitigkeiten[600] führte aber zu ihrer Akzeptanz durch die internationale Staatengemeinschaft. Diese Akzeptanz äußerte sich in der allmählichen Herausbildung eines völkerrechtlichen Ordnungsrahmens, mit dem die Wirtschaftsschiedsgerichtsbarkeit an Investitionsstreitigkeiten angepaßt wurde. Als erster Schritt hierzu ist die Gründung des ICSID anzusehen, dessen Konvention ausdrücklich Schiedsverfahren als geeignete Streitbeilegungsmethode anerkennt und die Ausübung diplomatischen Schutzes durch den Heimatstaat ausschließt. Die Gründung des ICSID sollte auch die den Ad-Hoc Schiedsverfahren inhärenten Probleme beheben, hat dies jedoch nur bedingt vermocht. Seine Schwäche liegt darin, daß es nur ein Forum für Schiedsverfahren bietet und weiterhin eine Schiedsvereinbarung zwischen Staaten und Investoren voraussetzt[601]. Damit aber werden Schiedsverfahren auf die Lösung klassischer Investitionsstreitigkeiten begrenzt, bei denen zwischen Staat und Investor eine vertragliche Bindung besteht. Vor dem weltwirtschaftlichen Hintergrund der sechziger Jahre ist dies verständlich: Investitionsstreitigkeiten beruhten in der Regel auf Konzessionen oder anderen Investitionsverträgen. Mit der Globalisierung der Weltwirtschaft stieg jedoch nicht nur die Summe der Investitionen stark an, auch deren Struktur veränderte sich: eine vertragliche Bindung zwischen Investor und Gaststaat stellt heute die Ausnahme dar. Wenn überhaupt vertragliche Bindungen bestehen, ist Vertragspartner eine Staatsfirma oder eine unterstaatliche Behörde, die nicht in jedem Fall mit dem Staat gleichgesetzt werden kann[602]. In einem zweiten Schritt wurde der völkerrechtliche Ordnungsrahmen daher an diese veränderten Umstände angepaßt. Dies erfolgte zunächst durch bilaterale Investitionsschutzverträge, welche die Zustimmung beider Staaten zu einem Schiedsverfahren bereits enthielten. Die Notwendigkeit einer vorherigen vertraglichen Schiedsvereinbarung zwischen Staat und Investor entfiel mit diesen Verträgen. Dieses Netzwerk bilateraler Verträge mit teilweise unterschiedlichen Schutzstandards wurde durch re-

599 Siehe oben S. 87ff.
600 Siehe oben S. 86.
601 Siehe oben S. 106ff.
602 Siehe oben S. 88ff.

gionale Freihandelsverträge wie NAFTA und MERCOSUR teilweise harmonisiert. Der Energiechartavertrag steht in dieser Entwicklung und stellt eine konsequente, auf den Energiesektor beschränkte multilaterale Ausformung bereits bestehender bilateraler Verträge dar. Das Streitbeilegungsverfahren des Energiechartavertrages erfüllt damit die Voraussetzungen an ein ideales Verfahren: Investoren haben freien Zugang zu einem Rechtsschutzverfahren, die anwendbaren Verfahrensregeln und das materielle Recht sind festgelegt und eine getroffene Entscheidung ist aufgrund des immanenten Verzichts auf die Immunität auch vollstreckbar.

Die völkerrechtliche Berechtigung der Investoren unter dem Energiechartavertrag ist auf diese normative Verankerung der Investitionsschiedsverfahren und damit auf die Notwendigkeit effektiver Streitbeilegung zurückzuführen. Unter dem Einfluß der Globalisierung der Weltwirtschaft hat sich die Beilegung von Investitionsstreitigkeiten zunächst von der staatlichen Ebene auf die effektivere private Ebene verlagert. Im Rahmen eines Schiedsverfahrens traten Investoren den Staaten als gleichgeordnete Partner gegenüber. Der für eine effektive Streitbeilegung notwendige völkerrechtliche Ordnungsrahmen führte zur Anerkennung der Investoren als auch rechtlich ebenbürtige Partner und, durch diese normative Verankerung, zur Verleihung völkerrechtsunmittelbarer Rechte. Denn es ist gerade die Verküpfung der Klagemöglichkeit des Artikels 26 mit den Investitionsschutzvorschriften des dritten Teils des Vertrages, die die Annahme stützt, daß diese Vorschriften nicht nur zwischenstaatliche Verpflichtungen, sondern auch völkerrechtliche Rechte der Investoren begründen. Durch die Verknüpfung der Investitionsschutzvorschriften mit einem Schiedsverfahren kann deren Verletzung direkt und ohne Beteiligung des Heimatstaates beigelegt werden.

Die völkerrechtliche Stellung der Investoren wird durch diese Verknüpfung begründet, gleichzeitig aber auch begrenzt. Der Umfang der Rechts- und Handlungsfähigkeit abgeleiteter Völkerrechtssubjekte wie der Investoren wird von ihren Aufgaben und Funktionen bestimmt, die ihnen die internationale Gemeinschaft zuweist.[603]. Grundlegend hat dies der Internationale Gerichtshof im *Reparations for Injuries*-Fall dargelegt:

---

603 Vgl. *Mosler*, BdDGVR 4 (1961) 31, 70; *Verdross/Simma*, S. 222; *Okeke*, S. 18.

"The subjects of law in any legal system are not necessarily identical in their nature or in the extent of their rights, and their nature depends on the need of the international community. Throughout its history, the development of international law has been influenced by the requirements of international life."[604]

Unter den Bedingungen einer globalen Weltwirtschaft liegt es im Interesse der internationalen Gemeinschaft, daß Investitionsstreitigkeiten direkt zwischen Investor und Gaststaat beigelegt und nicht auf die diplomatische Ebene verlagert werden. Investoren sind nur insoweit Völkerrechtssubjekte, als sie durch den Vertrag berechtigt werden, dessen Verletzung in einem Schiedsverfahren geltend zu machen. Sie können weder völkerrechtliche Verträge abschließen, noch staatliche Immunität in Anspruch nehmen. Inwieweit diese völkerrechtliche Stellung auch die gewachsene Bedeutung der Investoren im internationalen System aufgrund der Globalisierung der Weltwirtschaft widerspiegelt, kann für den Energiechartavertrag nicht ausgesagt werden. Denn soweit Investitionen den Motor der Globalisierung darstellen, handelt es sich in der Regel um Investitionen transnationaler Konzerne. Unter dem Energiechartavertrag aber ist jeder Investor, egal ob natürliche oder juristische Person, ob transnationales Unternehmen oder einzelner Kaufmann, Völkerrechtssubjekt. Jeder Staatsangehörige einer Vertragspartei, der in einer anderen Vertragspartei Investitionen besitzt, wird geschützt. Die völkerrechtliche Stellung setzt allein an seiner Funktion im internationalen System an: Investoren haben investiert und werden deshalb geschützt.

Die Durchsetzung dieser völkerrechtlichen Rechte erfolgt aber nicht ebenfalls in einem völkerrechtlichen Verfahren. Mit der Verlagerung der Streitbeilegung vom diplomatischen Schutz auf die internationale private Wirtschaftsschiedsgerichtsbarkeit hat eine Entstaatlichung der Streitbeilegung stattgefunden. Der entstandene völkerrechtliche Ordnungsrahmen, zu dem der Energiechartavertrag gehört, hat die Staat-Investor-Schiedsverfahren in die Ordnungsstruktur des internationalen Systems integriert, ohne deren Rechtsnatur als internationale private Wirtschaftsschiedsverfahren zu verändern. Dieser Prozeß läßt sich zum einen in das bereits geschilderte Schema der Auswirkungen der Globalisierung der Weltwirtschaft einordnen: die Globalisierung führt zunächst zu einer Denationalisierung grenzüberschreitender wirtschaftlicher Prozesse und einer an-

---

604 IGH, *Reparations for Injuries*, ICJ Reports 1949, S. 174, 178.

schließenden Internationalisierung der rechtlichen Rahmenbedingungen[605]. Der Energiechartavertrag regelt gerade diese Rahmenbedingungen, erfaßt aber nicht die Rechtsnatur des Verfahrens selbst. Dadurch unterscheiden sich Investitionsschiedsverfahren, zumindest soweit sie auf der Basis des Energiechartavertrages ablaufen, von Verfahren vor dem Europäischen Gerichtshof für Menschenrechte oder dem Internationalen Seegerichtshof. Zwar sind seit dem 11. Zusatzprotokoll zur Europäischen Menschenrechtskonvention[606] Individuen vor dem EuGHMR prozeßfähig, und sind sie gemäß Art. 187 lit c), d) und e) des UN-Seerechtsübereinkommens[607] vor dem Internationalen Seegerichtshof partei- und prozeßfähig. Doch diese Verfahren finden vor völkerrechtlichen Gerichten statt und sind völkerrechtliche Verfahren.

Daß die Internationalisierung der Investitionsschiedsverfahren nicht das Verfahren erfaßt hat, ist auf die höhere Effizienz der privaten Schiedsgerichtsbarkeit zurückzuführen. Es ist der Mechanismus der New Yorker Konvention von 1958, der entscheidende Funktion besitzt: er ermöglicht es, Schiedssprüche fast weltweit durchzusetzen. Durch das Regel-Ausnahme-Prinzip, das der Konvention zugrundeliegt, wird das staatliche Vollstreckungssystem der Mitgliedstaaten den Investoren geöffnet. Unabhängig vom aktuellen Willen der Mitgliedstaaaten sind deren Gerichte verpflichtet, Schiedssprüche durchzusetzen. Zusammen mit einem Verzicht auf die Immunität gegen Vollstreckung, wie sie im Energiechartavertrag vorliegt, funktioniert dieser Mechanismus auch effizient für Schiedssprüche gegen Staaten.

Die Untersuchung führt zu dem Schluß, daß sich im Bereich der Weltwirtschaft eine strikte Begrenzung der Anwendungsgebiete des Völkerrechts und der nationalen Rechtsordnungen nicht mehr aufrechterhalten läßt. Das Völkerrecht hat sich an die Veränderungen des internationalen Systems durch die Globalisierung der internationalen Wirtschaftsbeziehungen angepaßt. Der Schutz ausländischer Investoren ist nicht länger eine rein zwischenstaatliche Angelegenheit. Investoren werden vielmehr unmittelbar völkerrechtlich berechtigt und können die Verletzung

605 Siehe oben S. 40ff.

606 Protokoll Nr. 11 zur Konvention zum Schutze der Menschenrechte und Grundfreiheiten v. 11.5.1994, BGBl. 1995 II, S. 570.

607 Seerechtsübereinkommen der Vereinten Nationen v, 10.12.1982, BGBl. 1994 II S. 1799.

ihrer Rechte in einem Schiedsverfahren eigenständig geltend machen. Dieses allerdings unterliegt grundsätzlich der Rechtsordnung eines Staates. Das Völkerrecht bedient sich der innerstaatlichen Vollstreckungssysteme, um eine effektive Durchsetzung eines Schiedsspruches sicherzustellen. Durch die Integration der internationalen privaten Wirtschaftsschiedsgerichtsbarkeit in den völkerrechtlichen Ordnungsrahmen hat sich die Funktion von Staat-Investor-Schiedsverfahren verändert, da sie nicht mehr nur der Beilegung einer wirtschaftlichen Streitigkeit, sondern auch der Durchsetzung des Völkerrechts dienen.

Literaturverzeichnis

Akinsanya, A.: The Expropriation of multinational property in the thirld world, N.Y. 1980.

Aldrich, G.: The Jurisprudence of the Iran-US Claims Tribunal, Oxford 1996.

Amerasinghe, C.F.: State Responsibility for Injuries to Aliens, London 1967.

Anzilotti, D.: Lehrbuch des Völkerrechts Bd.1: Einführung, 3. Auflage, Berlin/Leipzig 1929.

Arzt, D./Lukashuk, I.: Participants in International Legal Relations, in: *Damrosch/ Dannilenko/Mullerson* (Hrsg.), Beyond Confrontation, S. 61-92.

Asante, S.: The Perspective of African Countries on International Commercial Arbitration, Leiden Journal of International Law 6 (1993), S. 331-356.

Atsegbua, L.: International Arbitration of Oil Investment Disputes, African Journal of International Law 5 (1993), S. 634-660.

Avanessian, A.: The New York Convention and Denationaliezed Arbitral Awards, Journal of International Arbitration 8 (1991), S. 5-29.

Badr, G. M.: State Immunity, Den Haag 1984.

Baker, S./Davis, M.: The UNCITRAL Arbitration Rules in Practice: The Experience of the Iran-U.S. Claims Tribunal, Deventer 1992.

Bamberger, C./Wälde, T.: The Energy Charter Treaty: Entering a New Phase, CEPMLP Online Journal 3-16, http://www.dundee.ac.uk/petroleumlaw/other/journal/html/ectphase.htm.

Bamberger, C.: An Overview of the Energy Charter Treaty, in: *Wälde* (Hrsg.), The Energy Charter Treaty, S. 1-33.

Bamberger, C.: Epilogue: the Energy Charter Treaty as a Work in Progress, in: *Wälde* (Hrsg.), The Energy Charter Treaty, S. 591-602.

Banz, M.: Völkerrechtlicher Eigentumschutz durch Investitionsschutzabkommen, Berlin 1988.

Beck, U. : Was ist Globalisierung ?, Frankfurt am Main 1997.

Berger, K.-P.: Aufgaben und Grenzen der Parteiautonomie in der internationalen Wirtschaftsschiedsgerichtsbarkeit, Recht der internationalen Wirtschaft 1994, S. 12-18.

Berger, K.-P.: Formalisierte oder schleichende Kodifizierung des transnationalen Wirtschaftsrechts: Zu den methodischen und praktischen Grundlagen der lex mercatoria, Berlin/N.Y. 1996.

Berger, K.-P.: Internationale Wirtschaftsschiedsgerichtsbarkeit, Berlin/ N.Y. 1992.

Beyer, S.: Der diplomatische Schutz der Aktionäre im Völkerrecht, Baden-Baden 1977.

Bippus, B.: Der internationalrechtliche Schutz von Investitionen im Ausland unter besonderer Berücksichtigung des diplomatischen Schutzrechts der Staaten, Konstanz 1989.

Blanpain, R.: The OECD Guidelines for Multinational Enterprises, Deventer 1979.

Blessing, M.: Choice of Substantive Law in International Arbitration, Journal of International Arbitration 14/2 (1997), S. 39-65.

Blinn, W./Duval, C. u.a.: International Petroleum Exploration and Exploitation Agreements, London 1986.

Böckstiegel, K.-H.: Der Staat als Vertragspartner ausländischer Privatunternehmen, Frankfurt am Main 1971.

Böckstiegel, K.H.: States in the international arbitral process, in: *Lew* (Hrsg.), Contemporary Problems, S. 40-49.

Bonell, M.: Die UNIDROIT-Prinzipien der internationalen Handelsverträge: Eine neue lex mercatoria ?, Zeitschrift für Rechtsvergleichung 37 (1996), S. 152-157.

Bouchez, L.: The Prospects for International Arbitration: Disputes between States and Private Enterprises, Journal of International Arbitration 8 (1991), S. 81-115.

Brewer, T.: International Investment Dispute Settlement Mechanisms, in: *OECD* (Hrsg.), Towards Multilateral Investment Rules, S 85-106, Paris, 1996.

Broches, A.: Bilateral investment protection treaties and arbitration of investment disputes, in: *Schultsz/van den Berg* (Hrsg.), The Art of Arbitration. Liber Amicorum Pieter Sanders, 63- 72, Deventer 1982.

Broches, A.: Denying ICSID's Jurisdiction: The ICSID Award in Vacuum Salt Products Limited, Journal of International Arbitration 13/3 (1996), S. 21-30.

Broches, A.: The Convention on the Settlement of Disputes between States and Nationales of other States, RdC 136 (1972 II), S. 337-410.

Broms, B.: Subjects: Entitlement in the International Legal System, in: *MacDonald/Johnston* (Hrsg.), The Structure and Process of International Law, S. 383-423, Den Haag 1983.

Brower, C.: The Iran - United States Claims Tribunal, RdC 224 (1990 V) S. 123-396.

Brownlie, I.: Legal Status of Natural Resources in International Law, RdC 162 (1979 I), S. 245-318.

Brownlie, I.: Principles of Public International Law, 4th ed. Oxford 1990.

Bruno, R.: Access of Private Parties to International Dispute Settlement: A Comparative Analysis, Harvard Jean Monnet Working Paper 13/97, http://www.law.harvard.edu/Programms/JeanMonnet/papers/97/97-13. html.

Brus, M.: Third party dispute settlement in an interdependent world: developing a theoretical framework, Dordrecht 1995.

Buergenthal, T.: Self-Executing and non Self-Executing Treaties, RdC 235 (1992 IV), S. 303-400.

Bühring-Uhle, C.:Arbitration and Mediation in international business: designing procedures for effective conflict management, Den Haag 1996.

Burdeau, G.: Nouvelles perspectives pour l'arbitrage dans le contentieux économique interéssant les états, Revue de l'Arbitrage 1995, S. 3-37.

Cahier, P.: The strengths and weaknesses of international arbitration involving a State as a party, in: *Lew*, Contemporary Problems, S. 241-249.

Camillieri, J./ Falk, J.: The end of sovereignty ?, Aldeshot 1992.

Carbonneau, T.: Arbitral Adjudication: A comparative Assessment of Its Remedies and Substantive Status in Transnational Commerce, Texas International Law Journal 19 (1984), S. 33-114.

Caron, D./Shinkaretskaya, G.: Peaceful Settlement of Disputes through the Rule of Law, in: *Damrosch/Dannilenko/Mullerson* (Hrsg.), Beyond Confrontation, S. 309- 334.

Caron, D.: The Nature of the Iran-United States Claims Tribunal and the Evolving Structure of International Dispute Resolution, American Journal of International Law 84 (1990), S. 104-156.

Charney, J.: Universal International Law, American Journal of International Law 87 (1993), S. 529-551.

Chinkin, C.: Third Parties in International Law, Oxford 1993.

Christie, G.: What Constitutes a Taking of Property under International Law ?, British Yearbook of International Law 38 (1962), S. 307-338.

Connell, H.: United States Protection of Private Foreign Investment through Treaties of Friendship, Commerce and Navigation, Archiv des Völkerrechts 9 (1961/62),S. 256-277.

Dahm, G./Delbrück, J./Wolfrum, R.: Völkerrecht Bd. I/1, 2. Auflage Berlin 1989.

Dahm, G./Delbrück, J./Wolfrum, R.: Völkerrecht Bd. I/2, § 109 (in Vorbereitung).

Dahm, G.: Völkerrecht Bd. 3, Stuttgart 1958

Damrosch, L./Danilenko, G./Mullerson, R. (Hrsg.): Beyond Confrontation: International Law in the Post-Cold War Era, Boulder 1995.

Delaume, G. : State Contracts in International Arbitration, American Journal of International Law 75 (1981), S. 784-819.

Delaume, G.: ICSID-Arbitration, in: *Lew* (Hrsg), Contemporary Problems in International Arbitration, S. 23-40, Dordrecht 1987.

Delbrück, J.: Globalization of Law, Politics and Markets, Indiana Journal of Global Legal Studies 1 (1993), S. 9-36.

Delbrück, J.: Menschenrechte und Grundfreiheiten im Völkerrecht anhand ausgewählter Texte internationaler Verträge und Konventionen, Stuttgart 1972.

Dezalay, Y./Garth, B.: Dealing in Virtue: Internatioal Commercial Arbitration and the Construction of a Transnational Legal Order, Chicago 1996.

Dhorian, J./Khartukov, E.: International Oil and Gas Investment in the CIS States, in: *Wälde* (Hrsg.), The Energy Charter Treaty, S. 37-67.

Döhring, K. : Handelt es sich bei einem Recht, das durch diplomatischen Schutz eingefordert wird, um ein solches, das dem die Protektion ausübenden Staat zusteht, oder geht es um die Erzwingung von Rechten des betroffenen Individuums ?, in: *Ress/Stein* (Hrsg.), Der diplomatische Schutz im Völker- und Europarecht, S. 13-20, Baden-Baden 1996.

Dolzer, R.: ARAMCO-Arbitration, in: *Bernhardt* (Hrsg.), EPIL Bd. 2 (1981), S. 19-22.

Dolzer, R.: Eigentum, Enteignung und Entschädigung im geltenden Völkerrecht, Berlin/Heidelberg 1985.

Dolzer, R.: New Foundations of the Law of Expropriation of Alien Property, American Journal of International Law 75 (1981), S. 553-589.

Doré, J.: Negotiating the Energy Charter Treaty, in: *Wälde* (Hrsg.), The Energy Charter Treaty, S. 137-153.

Drucker, P.: The Global Economy and the Nation-State. Foreign Affairs 76/5 (1997), S. 159-171.

Dunning, J.: The Role of Foreign Direct Investment in a Globalizing Economy, Banca Nazionale des Lavoro Quarterly Review 48 (1995), S. 125-144.

Ebenroth, C./Karl, J.: Die Multilaterale Investitions-Garantie-Agentur, Heidelberg 1989.

Ebenroth, C.: Code of Conduct - Ansätze zur vertraglichen Gestaltung internationaler Investitionen, Konstanz 1987.

Eklund, C.: A Primer on the Arbitration of NAFTA Chapter Eleven Investor-State Disputes, Journal of International Arbitration 11/4 (1997), S. 135-171.

El Chiati, A.: Protection of Investment in the Context of Petroleum Agreements, RdC 204 (1987 IV), S. 9-170.

Elombi, G.: ICSID Awards and the Denial of Host State Laws, Journal of International Arbitration 11/3 (1994), S. 61-68.

Fatouros, A.: Developing States, in: *Bernhardt* (Hrsg.), EPIL Bd. I (1992), S. 1017-1024.

Fischer, P.: Das transnationale Unternehmen als Phänomen in der Völkerrechtsgeschichte, in: *Fischer/Köck/Verdross* (Hrsg.), Völkerrecht und Rechtsgeschichte. Festschrift für Stephan Verosta, S. 345-370.

Foighel, I.: Nationalization and Compensation, London/Copenhagen 1964.

Footer, M.: Trade and Investment Measures in the Energy Charter Treaty, in: *Wälde* (Hrsg.), The Energy Charter Treaty, S. 445-458.

Fox, H.: Sovereign immunity and arbitration, in *Lew* (Hrsg.), Contemporary Problems, S. 323-331.

Fox, H.: States and the Undertaking to Arbitrate, International and Comparative Law Quarterly 37 (1988), S. 1-29.

Fox, W.: The United States and the Energy Charter Treaty: Misgivings and Misperceptions, in: *Wälde* (Hrsg.), The Energy Charter Treaty, S. 194-201.

Freeman, A.: The International Responsibilty of States for the Denial of Justice, London 1938.
Friedmann, W./Beguin, J.: Joint International Business Ventures in Develping Countries, New York/London 1971.
Friedrichs, J.: Globalisierung - Begriff und grundlegende Annahmen, Aus Politik und Zeitgeschichte B 33-34/97, S. 3-11.
Gading, H.: Der Schutz grundlegender Menschenrechte durch militärische Maßnahmen des Sicherheitsrates - das Ende staatlicher Souveränität ?, Berlin 1996.
Gaillard, E.: The International Centre for the Settlement of Investment Disputes, New York Law Journal April 1998, http://www.ljx.com/practice/arbitration/0402intarb.html.
Garcia-Amador, A.: The Calvo Doctrine, in: *Bernhardt* (Hrsg.), EPIL Bd. I (1992), S. 521-523.
Geck, W.: Diplomatic Protection, in: *Bernhardt* (Hrsg.), EPIL Bd. I (1992), S. 1045-1067.
Gold, D.: Transnational Corporations and Global Economic Integration, Business and Contemporary World 4 (1994),S. 143-151.
Gramlich, L.: Rechtsgestalt, Regelungstypen und Rechtsschutz bei grenzüberschreitenden Investitionen, Baden-Baden 1984.
Grassi, M.: Die Rechtsstellung des Individuums im Völkerrecht, Winterthur 1955.
Greenwood, C.: State Contracts in International Law - The Lybian Oil Nationalizations, British Yearbook of International Law 58 (1982), S. 27-81.
Grewlich, K.: Konflikt und Ordnung in der globalen Kommunikation, Baden-Baden 1997.
Grewlich, K.: Transnational Enterprises in a new International System, Aalphen an den Rijn 1980.
Groeben/Thiesing/Ehlermann (Hrsg.), Kommentar zum EWG-Vertrag Bd. 4: Artikel 189-248, 4. Auflage Baden-Baden 1994.
Guggenheim, P.: Lehrbuch des Völkerrechts Bd.1, Genf 1948.
Gundlach, E./Nunnenkamp, P.: Falling Behind or Catching Up ? Developing Countries in the Era of Globalization, Kieler Diskussionsbeiträge No. 263, Kiel 1996.
Hackworth, G.: Digest of International Law Vol. III, Washington 1942.
Häde, U.: Der völkerrechtliche Schutz von Direktinvestitionen im Ausland, Archiv des Völkerrecht 35 (1997),S. 181-212.

Hallier, H.-J., Völkerrechtliche Schiedsinstanzen für Einzelpersonen, Köln 1962.

Heilborn, P.: Das System des Völkerrechts, Berlin 1896.

Heiskanen, V.: Theory and Meaning of the Law Applicable in International Commercial Arbitration, Finnish Yearbook of International Law 4 (1993), S. 98-129.

Held, D.: Democracy and the Global System, in: *Held* (Hrsg.), Political Theory Today, London 1995.

Herdegen, M.: Internationales Wirtschaftsrecht, 2. Auflage München 1995.

Herdegen, M.: Wirkung von Schiedssprüchen in Streitigkeiten zwischen Privatpersonen und fremden Staaten, Recht der internationalen Wirtschaft 1989, S. 329-336.

Herrmann, A.: Disputes between States and Foreign Companies, in: *Lew* (Hrsg), Contemporary Problems, S. 250-263.

Higgins, R.: Problems and Process: international law and how we use it, Oxford 1994.

Higgins, R.: The Taking of Property by the State: Recent Developments in International Law, RdC 176 (1982 III), S. 263-389.

Hirsch, M.: The Arbitration Mechanism of the International Centre for the Settlement of Investment Disputes, Dordrecht 1993.

Hirst, P.: The Global Economy - myths and realities, International Affairs 73 (1997), S. 409-426.

Hobe, S.: Der offene Verfassungsstaat zwischen Souveränität und Interdependenz: eine Studie zur Wandlung des Staatsbegriffs der deutschsprachigen Staatslehre im Kontext internationaler institutionalisierter Kooperation, Berlin 1998.

Hoffmann, S.: International Systems and International Law, in: *Gray* (Hrsg.), International Security Systems, S. 127-162, Itasca 1969.

Holmes, K.: Legal Implications of the Energy Charter Treaty, Competition - Rules and Liberalisation, Competition, in: *Wälde* (Hrsg.), The Energy Charter Treaty, S. 546-560.

Horlick, G./Marti, A.: NAFTA Chapter 11B, Journal of International Arbitration 14/1 (1997), S. 43-54.

Horn, N. (Hrsg.): Legal Problems of Codes of Conduct for Multinational Enterprises, Deventer 1980.

Igbokwe, V.: Developing Countries and the Law Applicable to International Arbitration of Oil Investment Disputes, Journal of International Arbitration 14/1 (1997), S. 99-124.
Ijalaye, D.: The Extension of Corporate Personality in International Law, New York 1978.
Ipsen, K. (Hrsg.), Völkerrecht, 3. Auflage München 1990.
James, L.: The Rise and Fall of the British Empire, London 1994.
Janis, M.: Indiduals as Subjects of International Law, Cornell International Law Journal 17 (1984), S. 61-78.
Jarvin, S./Derains, Y./Arnaldez, S., Collection of ICC Arbitral Awrds 1986-1990, Paris 1994.
Jenks, C.: The Prospects of International Adjudication, London 1964.
Jennings, R. /Watts, A.(Hrsg.): Oppenheim's International Law, Vol. I: Peace; Part 1, Part 2-4, 9. Auflage Cambridge 1992.
Jessup, P.C.: A Modern Law of Nations, 2nd ed. Archon 1968.
Jessup, P.C.: Transnational Law, New Haven 1956.
Karl, J.: The Promotion and Protection of Foreign Investments Abroad, ICSID-Review - FILJ 11 (1996), S. 1-31.
Kegel, G.: Internationales Privatrecht, 7. Auflage München 1995.
Kelsen, H.: Principles of International Law, 2nd rev. Ed. (Tucker Hrsg.), New York 1967.
Kennedy, P.: Aufstieg und Fall der großen Mächte. Ökonomischer Wandel und militärischer Konflikt von 1500-2000, Frankfurt am Main 1989.
Kischel, U.: State Contracts: völker-, schieds- und internationalprivatrechtliche Aspekte des anwendbaren Rechts, Stuttgart 1992.
Kiss, A./Shelton, D.: Systems Analysis of International Law: A Methodological Inquiry, Netherlands Yearbook of International Law 17 (1986), S. 45-74.
Knubben, R.: Die Subjekte des Völkerrechts, in: *Stier-Somlo* (Hrsg.), Handbuch des Völkerrechts Bd. 2/1, Stuttgart 1928.
Kropholler, J.: Internationales Privatrecht, 3. Auflage München 1997.
Kühn, W.: Express and Implied Choice of the Substantive Law in the Practice of International Arbitration, in: *van den Berg* (Hrsg.), Planning Efficient Arbitration Proceedings, S. 380-390, Den Haag 1996.
Kuusi, J.: The host state and the transnational corporation, Westmead 1977.

Lachmann, J.: Handbuch für die Schiedsgerichtspraxis, Köln 1998.

Lake, W./Dana, J.: Judicial Review of Awards of the Iran-U.S. Claims Tribunal: Are the Tribunal's Awards Dutch ?, Law & Policy. International Business 16 (1984), S. 755-812.

Lalive, P.: Arbitration with foreign states or state-controlled entities: some practical questions, in: *Lew* (Hrsg), Contemporary Problems, S. 289-296.

Langkeit, J.: Staatenimmunität und Schiedsgerichtsbarkeit. Heidelberg 1988.

Laprès, D. (Hrsg.), Business Law in China: Trade, Investment and Finance, Paris 1994.

Lauterpacht, E.: The World Bank Convention on the Settlement of International Investment Disputes, in: En Hommage à Paul Guggenheim, S. 642-664, Genf 1968.

Lauterpacht, H.: International Law and Human Rights, London 1950.

Levy, B.: Globalization and Regionalization: Main Issues in International Trade Patterns, in: *Fatemi* (Hrsg), International Trade in the 21st Century, S. 59-92, Oxford 1997.

Lew, J. (Hrsg.), Contemporary Problems in International Arbitration, Dordrecht 1987.

Lew, J.: Applicable Law in International Commercial Arbitration, Dobbs Ferry 1978.

Lipstein. K.: International Arbitration between Individuals and Governments, in: *Cheng/Brown* (Hrsg.), Contemporary Problems in International Law, Essays in Honour of Georg Schwarzenberger, S. 177-195, London 1988.

Lubbers, R. : The Globalization of Economy and Society, http://www.globalize.org, 1998.

Maniruzzaman, A.: State Contracts with Aliens, Journal of International Arbitration 9/4 (1992), S. 141-171.

Mann, F.A.: British Treaties on the Promotion and Protection of Investments, in: *Mann* (Hrsg.), Further Studies in International Law, S. 234-251, Oxford 1990.

Mann, F.A.: Lex Facit Arbitrum, in: *Sanders* (Hrsg), International Arbitration. Liber Amicorum Martin Domke, S. 157-183, Den Haag 1964.

Mann, F.A.: State Contracts and International Arbitration, in: *Mann*, Studies in International Law, S. 256-301, Oxford 1973.

Mann, F.A.: The Legal Aspect of Money, 4. Auflage Oxford 1992.

Mann, F.A.: The Theoretical Approach Towards the Law Governing Contracts between States and Aliens, in: *Mann*, Further Studies in International Law, S. 264-269, Oxford 1990.

Martens, E.: Sapphire Arbitration, in: *Bernhardt* (Hrsg.) EPIL Bd.2 (1981), S. 250-252.

McGrew, A.: Conceptualizing Global Politics, in: *McGrew/Lewis* (Hrsg.), Global Politics: globalization and the national state, S. 1-15, Cambridge 1992.

McNair, A.D.: International Law Opinions, Vol. 2: Peace, Cambridge 1956.

McNair, A.D.: Law of Treaties, Oxford 1961.

Menon, P.K.: The Subjects of Modern International Law, Hague Yearbook of International Law 3 (1990), S. 30-86.

Merkt, H.: Investitionsschutz durch Stabilisierungsklauseln, Heidelberg 1990.

Merrills, J.G.: International Dispute Settlement, Cambridge 2nd edition 1991.

Mosler, H.: Die Erweiterung des Kreises der Völkerrechtssubjekte, Berichte der Deutschen Gesellschaft für Völkerrecht Bd. 4 (1961), S. 39-75.

Muchlinski, P.T. : Multinational Enterprises and the Law, Oxford 1995.

Murphy, S.: The Elsi-Case: An Investment Dispute at the International Court of Justice, Yale Journal of Internationall Law 16 (1991), S. 391-452.

Noergaard, C.: The Position of the Individual in International Law, Kopenhagen 1962.

Norton, P.: A Law of the Future or a Law of the Past ? Modern Tribunals and the International Law of Expropriation, American Journal of International Law 85 (1991), S. 474-505.

Norton, P.: Back to the Future: Expropriation and the Energy Charter Treaty, in. *Wälde* (Hrsg), The Energy Charter Treaty, S. 365-385.

Nwogugu, E.: The Legal Problems of Foreign Investment in Developing Countries, Manchester 1965.

O' Connell, D.P.: International Law Vol. 1, London 1965.

Oellers-Frahm, K.: Judicial and Arbitral Decisions, in. *Bernhardt* (Hrsg.), EPIL Bd. 1 (1981), S. 118-120.

Okeke, C.: Controversial Subjects of Contemporary International Law, Rotterdam 1974.

Ott, R.: Möglichkeiten und Grenzen der Beilegung von Investitionsstreitigkeiten durch ein Schiedsgericht: die Praxis von ICSID, Bern 1983.

Paasivirta, E.: Participation of States in International Contracts, Helsinki 1990.

Paasivirta, E.: The Energy Charter Treaty and Investment Contracts: Towards Security of Contract, in: *Wälde* (Hrsg.), The Energy Charter Treaty, S. 349-364.

Panic, M.: The end of the nation state ? Structural Change and Economic Dynamics 8 (1997), S. 29-44.

Park, W.: The *Lex Loci Arbitri* and International Commercial Arbitration, ICLQ 32 (1983), S. 21-52.

Paulsson, J.: Arbitration Without Privity, in: *Wälde* (Hrsg.), Energy Charter Treaty, S. 421-441.

Paulsson, J.: Cross-Enrichment of Public and Private Law Dispute Settlement Mechanisms in the International Arena, Journal of International Arbitration 9/1 (1992), S. 59-78.

Paulsson, J.: Delocalisation of International Commercial Arbitration: When and Why it matters, ICLQ 32 (1983),S. 53 -61.

Paulsson, J.: Enforcing Arbitral Awards notwithstanding a Local Standard Annullment, ICC International Court of Arbitration Bulletin 9/1 (1998) S. 14-31.

Peter, W.: Arbitration and Renegotiation of International Investment Agreements, 2. Auflage, Den Haag 1990.

Peters, P.: Investment Dispute Settlement Provisions, Netherlands Yearbook of International Law 22 (1991), S. 91-163.

Petrochilos, G.: Enforcing Arbitral Awards Annulled in their State of Origin under the New York Convention, ICLQ 48 (1999), S. 857-888.

Radbruch, G.: Gesamtausgabe: Rechtsphilosophie Bd. 2, herausgegeben von A. Kaufmann, Heidelberg 1993.

Rawding, N.: Protecting Investments under State Contracts, Arbitration International 11 (1995), S. 341-371.

Redfern, A./Hunter, M.: International Commercial Arbitration, 2. Auflage London 1991.

Reithmann, C./Martiny, D.: Internationales Vertragsrecht, 5. Auflage München 1996.

Rengeling, H.-W.: Privatvölkerrechtliche Verträge, Münster 1971.
Rensmann, T.: Anationale Schiedssprüche, Berlin 1998.
Riesenfeld, S.: Foreign Investment, in: *Bernhardt* (Hrsg.), EPIL Bd. 8 (1983), S. 246-250.
Robé, J.-P.: Multinational Enterprises: The Constitution of a Pluralistic Legal Order, in: *Teubner* (Hrsg.), Global Law without a State, S. 45-78, Aldershot 1996.
Robinson, D.: Expropriation in the Restatement, American Journal of International Law 78 (1984) S. 176-178.
Ross, A.: Lehrbuch des Völkerrechts, Göttingen 1951.
Roth, M. / Happ, R.: Interpretation of Uniform Law Instruments According to Principles of International Law, Uniform Law Review 2 (1997) S. 700-711.
Rubino-Sammartano, M.: International Arbitration Law, Deventer 1990.
Sacerdoti, G.: Bilateral Treaties and Multilateral Instruments for the Promotion and Protection of Investments, RdC 267 (1997),S. 251-455.
Salacuse, J.: The Energy Charter Treaty and Bilateral Investment Treaty Regimes, in: *Wälde* (Hrsg.), The Energy Charter Treaty, S. 321-348.
Sanders, P.: Acts of State as force majeure for State-controlled enterprises?, in: *Böckstiegel* (Hrsg), Acts of State and Arbitration, S. 29-40, Köln 1997.
Sandrock, O.: Das Haager Iranisch-US-amerikanische Schiedsgericht: keine nachahmenswerte Institution ?, Archiv des Völkerrechts 29 (1990), S. 104-130.
Sandrock, O.: Welches Kollisionsrecht hat ein internationales Schiedsgericht anzuwenden ?, Recht der internationalen Wirtschaft 1992, S. 785-795.
Sassen, S.: Losing Control ? Sovereignty in an Age of Globalization, New York 1996.
Saxer, U.: Die Zukunft des Nationalstaates: Staaten zwischen Souveränitätsorientierung und Integrationsoffenheit in einem sich wandelnden internationalen System, Basel 1994.
Schanze, E.: Investitionsverträge im internationalen Wirtschaftsrecht, Frankfurt a.M. 1986.
Schermers, H./Blokker, N.: International Institutional Law: unity within diversity, 3. Auflage Den Haag 1996.

Schlochauer, H-J.: Arbitration, in: *Bernhardt* (Hrsg.) EPIL Bd. 1 (1981), S. 13-17.
Schmidt, J.: Arbitration under the Auspices of the I.C.S.I.D.: Implications of the Decision on Jurisdiction in Alcoa Minerals of Jamaica Inc. V. Government of Jamaica, Harvard International Law Journal 17 (1976), 90-109.
Scholte, J.: Global Capitalism and the State, International Affairs 73 (1997), S. 427-453.
Schot, A.: Legal Aspects of Foreign Investment in the Socialist Republic of Vietnam, Den Haag 1996.
Schreuer, C.: State Immunity - Some Recent Developments, Cambridge 1988.
Schütze, R.: Schiedsgerichtsbarkeit und Schiedsverfahren, 2. Auflage München 1998.
Schweisfurth, T.: International Treaties and Third States, Zeitschrift für ausländisches öffentliches Recht und Völkerrecht 45 (1985), S. 653-674.
Seck, A.: Investing in the Former Soviet Union's Oil Industry: The Energy Charter Treaty and its Implications for Mitigating Political Risk, in: *Wälde* (Hrsg.), The Energy Charter Treaty, S. 110-134.
Seidl-Hohenveldern, I./ Loibl, G.: Das Recht der internationalen Organisationen einschließlich der supranationalen Gemeinschaften, 6. Auflage Köln 1996.
Seidl-Hohenveldern, I.: Corporations in and under International Law, Cambridge 1987.
Seidl-Hohenveldern, I.: The Social Function of Property, in: *Karlshoven*, F.(Hrsg), Essays on the Development of the International Legal Order, S. 77-97
Seita, A.: Globalization and the Convergence of Values, Cornell International Law Journal 30 (1997), S. 429-471.
Shea, D.: The Calvo Clause, Minnesota 1955.
Shihata, I./Parra, A.: Applicable Substantive Law in Disputes between States and Foreign Private Parties: The Case of Arbitration under the ICSID Convention, ICSID Review - Foreign Investment Law Journal 9 (1994), S. 183-213.
Shihata, I.: MIGA and Foreign Investment, Dordrecht 1988.

Shihata, I.: Towards a Greater Depoliticization of Investment Disputes: The Role of ICSID and MIGA, ICSID-Review - Foreign Investment Law Journal 1 (1986), S. 1-25.

Siebert, K. : Weltwirtschaft, Kiel 1998.

Simpson,J. / Fox, H.: International Arbitration, London 1959.

Sornarajah, M.: Compensation for Nationalization, in: *Wälde* (Hrsg.), The Energy Charter Treaty, S. 386-408.

Sornarajah, M.: The International Law on Foreign Investment, Cambridge 1994.

Sornarajah, M: Power and Justice in Foreign Investment Arbitration, Journal of International Arbitration 14/3 (1997), S. 103-139.

Stoll, J.: Vereinbarungen zwischen Staat und ausländischem Investor, Berlin/Heidelberg 1982.

Strange, S.: The Retreat of the State, Cambridge 1996.

Teubner, K.: Global Bukowina, in: *Teubner* (Hrsg.), Global Law without a State, S. 3-30, Aldershot 1996.

Toope, S.: Mixed International Arbitration: Studies in Arbitration between States and Private Persons, Cambridge 1990.

Tucker, A.: The Energy Charter Treaty and "Compulsory" International State-Investor Arbitration, Leiden Journal of International Law 11 (1998), S. 513- 526.

UNCTAD (Hrsg.), Bilateral Investment Treaties in the Mid-90's, N.Y./Genf 1998.

UNCTAD (Hrsg.), International Investment Instruments: A Compendium Vol. III, N.Y./Genf 1996

UNCTAD (Hrsg.), World Investment Report 1996, N.Y./Genf 1996.

UNCTAD (Hrsg.), World Investment Report 1998, N.Y./Genf 1998.

v. Liszt, F.: Das Völkerrecht, 12. Auflage Berlin 1925.

v. Liszt, F.: Das Wesen des völkerrechtlichen Staatenverbandes und der internationale Prisenhof, Breslau 1910.

Vagts, D.: Dispute Resolution Mechanisms in International Business, RdC 203 (1987 III), S. 9-94.

Van den Berg, A. J.: The New York Arbitration Convention and State Immunity, in: *Böckstiegel* (Hrsg.), Acts of State and Arbitration, S. 41-60, Köln 1997.

van den Berg, A. J.: The New York Arbitration Convention of 1958, Deventer 1981.

van Hof, J.: Commentary on the UNCITRAL Arbitration Rules, Den Haag 1991.

Vandevelde, K.: Arbitration Provisions in the BIT's and the Energy Charter Treaty, in: *Wälde* (Hrsg.), The Energy Charter Treaty, S: 409-421.

Velten, R.: Die Anwendung des Völkerrechts auf State Contracts in der internationalen Schiedsgerichtsbarkeit, Berlin 1986.

Verdross, A./Simma, B.: Universelles Völkerrecht, 3. Auflage Berlin 1984.

Verdross, A.: Zwei Schweizer Schiedsprüche über quasi-völkerrechtliche Verträge, Schweizerisches Jahrbuch für Internationales Recht 21 (1964), S. 15-24.

Villiger, M.: Customary International Law and Treaties, 2. Auflage DenHaag 1997.

Vitzthum, W. (Hrsg.): Völkerrecht, Berlin 1997.

von Mangoldt, H.: Die Schiedsgerichtsbarkeit als Mittel internationaler Streitbeilegung, Berlin 1974.

von Mehren, R. / Kourides, P.: International Arbitrations between States and Foreign Private Parties: The Lybian Nationalization Cases, American Journal of International Law 75 (1981), S. 476-552.

Wälde, T. (Hrsg.): The Energy Charter Treaty. An East-West Gateway for Investment and Trade, London 1996.

Wälde, T. : Investment Arbitration under the Energy Charter Treaty, Arbitration International 12 (1996), S. 429-466.

Wälde, T./ Wouters, P.: State Responsibility in a liberalized World Economy, Netherlands Yearbook of International Law 27 (1996), S. 143-191.

Wälde, T./Friedrich, M.: The 1996 Russian Production Sharing Law, CEPMLP Online Journal on Natural Resources Vol. 3/13, http://www.dundee.ac.uk/cepmlp/main/html/journal/vol3-13.html.

Wälde, T./Ndi, G.: Stabilizing International Investment Commitments: International Law vs. Contract Interpretation, Texas Journal of International Law 31 (1996), S. 216-267.

Wälde, T.: Effectiveness: The Holy Grail of Modern International Lawyers: The New Paradigm ? A Chimera ? Or a Brave New World in the Global Economy ?, CEPMLP Online Journal on Natural Resources, Energy and International Business Transactions 2,

http://www.dundee.ac.uk/petroleumlaw/other/journal/html/volume2.html.
Wälde, T.: International Investment under the 1994 Energy Charter Treazy, Journal of World Trade 1995, S. 5-72.
Wälde, T.: Investment Arbitration under the Energy Charter Treaty - From Dispute Settlement to Treaty Implementation, Arbitration International 12 (1996),S. 429-466.
Walker, G. /Fox, M.: Globalization: An Analytical Framework, Indiana Journal of Global Legal Studies 3/2 (1996), http://www.law.indiana.edu/glsj/vol.3/no2/walker.html.
Wallace, C. : Legal Control of the Multinational Enterprises, Den Haag 1982.
Waters, M.: Globalization, London 1995.
Watts, Sir A.: The International Rule of Law, German Yearbook of International Law 36 (1993), S. 15- 45.
Welzmüller, R.: Zu den Folgen der Globalisierung für die nationalen Güter-, Finanz- und Arbeitsmärkte, Aus Politik und Zeitgeschichte B 33-34/97, S. 20-28.
Wetter, G.: Diplomatic Assistance to Private Investment, University of Chicago Law Review 29 (1962), S. 275-326.
Wetzel, R.: Verträge zugunsten und zu Lasten Dritter nach dem Wiener Vertragsrechtsübereinkommen, Göttingen 1973.
White, G.: Nationalization of Foreign Property, London 1961.
Wiener, J.: The "Transnational" Political Economy: A Framework for Analysis, http://snipe.ukc.ac.uk/international/papers.dir/weiner1.html.
Wildhaber, L.: Multinationale Unternehmen und Völkerrecht, Berichte der Deutschen Gesellschaft für Völkerrecht 18 (1978), S. 7-60.

Schriftenreihe der August Maria Berges Stiftung für Arbitrales Recht

Herausgegeben von Dr. Hubertus W. Labes

Band 1 August Maria Berges – Ausgewählte Schriften zum Schiedsrecht. Herausgegeben von der August Maria Berges Stiftung für Arbitrales Recht. 1998

Band 2 Iris Koch: Außergerichtliche Streitbeilegung im japanischen Wirtschaftsverkehr unter besonderer Berücksichtigung der Schiedsgerichtsbarkeit. 2000.

Band 3 Hans-Claudius Scheef: Der einstweilige Rechtsschutz und die Stellung der Schiedsrichter bei dem Abschluß von Schiedsvergleichen nach dem deutschen und englischen Schiedsverfahrensrecht. Eine rechtsvergleichende Untersuchung. 2000.

Band 4 Dominik Lentz: Die internationale Wirtschaftsschiedsgerichtsbarkeit in der Russischen Föderation. Darstellung und Analyse anhand der Praxis des internationalen Handelsschiedsgerichts bei der Handels- und Industriekammer der Russischen Föderation. 2000.

Band 5 Torsten Lörcher: Neue Verfahren der internationalen Streiterledigung in Wirtschaftssachen. Verfahren vor dem Internationalen Seegerichtshof, WTO-Panelverfahren, ICSID-und WIPO-Schiedsverfahren. 2000.

Band 6 Julia Tief: Discovery und Informationspflichten der Parteien in der Internationalen Schiedsgerichtsbarkeit. Ein deutsch-amerikanischer Vergleich. 2000.

Band 7 Richard Happ: Schiedsverfahren zwischen Staaten und Investoren nach Artikel 26 Energiechartavertrag. Eine Studie zum Wandel der Streitbeilegung im Investitionsschutzrecht unter den Bedingungen einer globalen Weltwirtschaft. 2000.

Printed by
CPI books GmbH, Leck